MW01615726

Christopher Wurmdobler

SOLO

Roman

GEGRÜNDET
1999

»Love is a bourgeois construct«
(PET SHOP BOYS)

Für Matthias
und den Salon Limoncello

Gedruckt mit Unterstützung der Kulturabteilung der Stadt Wien,
MA7 / Literaturförderung

Wurmdobler Christopher: Solo /
Christopher Wurmdobler
Wien: Czernin Verlag 2018
ISBN: 978-3-7076-0630-0

© 2018 Czernin Verlags GmbH, Wien
Lektorat: Alice Huth
Autorenfoto: Manfred Langer
Umschlaggestaltung: sensomatic
Satz: Mirjam Riepl
Druck: Finidr
ISBN Print: 978-3-7076-0630-0
ISBN E-Book: 978-3-7076-0631-7

Christopher Wurmdobler

SOLO

Roman

Czernin Verlag, Wien

Gratisgetränke

»Ich glaube, ich werde altersheterosexuell.« Peter war zurückgekehrt von der improvisierten Bar, die man in den Räumlichkeiten einer ehemaligen Postfiliale eingerichtet hatte, vorsichtig drei Longdrinkgläser zwischen seinen Händen balancierend. »Ich habe mich jetzt sicher zehn Minuten mit dem hübschen Barmann unterhalten – und er hat nicht mal nach meiner Handynummer gefragt. Ich bin über dreißig, mein Sexappeal ist weg, ich mach keinen Aufriss mehr.«

»Ooooch«, machten Arnold und Martin gleichzeitig und drehten sich Richtung Bar, wo ein Typ mit Flaschen hantierte, der genauso gut modeln könnte: vielleicht Ende zwanzig, blond, akkurater Seitenscheitel, sauber geschnittener Vollbart im kantigen Gesicht. Und, ach, natürlich Tattoos auf den Unterarmen. So wie sie halt gerade alle aussahen; zumindest jene, die es sich von ihren körperlichen Voraussetzungen her leisten konnten. Der Barmann bekam mit, dass sie ihn beobachteten, und grüßte freundlich.

»Porno«, sagte Arnold, Peter eines der Gläser abnehmend.

»Er hat keine Ahnung, wie gut er aussieht, das ist so wahnsinnig sexy«, fand Martin.

»Er ist trotzdem ein unnötiger Dude. Mit dem hab ich schon das letzte Mal geredet. Sehr süß, stockhetero. Der erzählt nur von seiner Freundin.«

»Die sind doch überhaupt die Ärgsten!« Peter gab Martin seinen Drink, die Freunde stießen so heftig an, dass man hätte hören können, wie die Eiswürfel in ihren Gläsern klimperten, wenn nicht im selben Moment der DJ, der gelangweilt an einem Biertisch hinter einem aufgeklappten MacBook saß und aussah, als müsste er noch schnell die

7

Buchhaltung erledigen, die Anlage so weit aufgedreht hätte, dass die großen Fensterscheiben wackelten.

»Was ist da drin?« Arnold musste brüllen, so laut war es plötzlich im Raum.

»Gin mit irgendeiner Szenelimo.« Peter rührte den Cocktail mit dem Röhrchen um und warf es dann einfach auf den Boden.

»Basilikum«, schrie Martin. Eigentlich hatte er sich vorgenommen, weniger zu trinken. Er langweilte sich auf solchen Veranstaltungen. Aber sie waren eine gute Gelegenheit, möglichst viele von seinen Leuten auf einem Haufen zu sehen. Und es gab Freigetränke für alle, Frinks, wie sie seit Bilderbuch sagten, neuerdings offenbar sogar harte Cocktails mit Grünzeug. Allerdings, diese Erfahrung hatte Martin jetzt ein paarmal gemacht, musste man aufpassen, nicht schon am frühen Abend einen sitzen zu haben. So etwas konnte böse enden. Ein Drink war okay, später würde Martin auf Mineralwasser umsteigen. Oder, besser, zeitig nach Hause. »Was wird denn heute präsentiert?«, fragte er Lena, die, nachdem sie den DJ mit einer eindeutigen Geste dazu verdonnert hatte, die Anlage wieder mehr Richtung Hintergrundrauschen zu drehen, das Trio jetzt mit Küsschen rechts, Küsschen links begrüßte.

»Blödsinn wie immer, aber es gibt gleich Häppchen und das Catering ist diesmal toll.« Lena machte ein vielversprechendes Gesicht. »Wir probieren mal was Neues.« Gemeinsam mit ihrer Freundin Rita, die gerade mit jemand Wichtigem im Gespräch war und ihnen unauffällig zuwinkte, besaß sie eine PR-Agentur. Um die Stimmung bei grundfaden Präsentationen aufzulockern, luden sie oft ihren ganzen Bekanntenkreis zu ihren Events ein. So wie heute. Manchmal kam sich Martin vor wie ein Statist, ein Lückenfüller, um dröge Partys aufzupeppen. Die lässigen Schwulen mit dem guten Geschmack, die für den richtigen Rahmen und gute Stimmung sorgten, sich um die weiblichen Gäste kümmerten, deren Typen abends lieber zu Hause blieben, und die, ganz wichtig, wussten, dass sie die Kunden in Ruhe lassen sollten.

Was auch immer präsentiert wurde, Klamotten, Computerprogramme, die neuesten Errungenschaften der Unterhaltungsindustrie oder wie heute Strumpfhosen: Martin und die anderen gehörten nicht zur Zielgruppe. Ein Fünfzigjähriger und zwei Typen in ihren Dreißigern. Sie hatten die falschen Outfits, die falschen Frisuren, die falschen Berufe, aber immerhin die richtigen Verbindungen. Meist taten sie ein bisschen interessiert, unterhielten sich über an- und abwesende »Dudes« oder sie richteten die Leute aus. Sie lästerten über jene, die aus beruflichen Gründen auf solchen Veranstaltungen zugegen sein mussten. In der Regel waren das Fashion-Bloggerinnen, sogenannte Influencer, und Wiener Prominente oder solche, die sich dafür ausgaben. »Haben die abends nichts Besseres zu tun?«, fragte Martin dann. Oder »Haben die daheim nichts mehr im Kühlschrank?« Einmal hatten sie sogar von einem welk gewordenen Fernsehmoderator ein Autogramm geholt, blöd kichernd wie die letzten Fanboys. Lena hatte das gar nicht witzig gefunden.

»Ich muss euch nachher noch was erzählen«, sagte sie nun und überließ Peter, Arnold und Martin wieder sich selbst, um jemand Wichtigen zu begrüßen.

Mit ihrer Anwesenheit taten sie den Gastgeberinnen einen Gefallen, und wie gesagt: Es gab Free Drinks. Die Frinks waren freilich nicht ungefährlich. Wenn man zu viel getrunken hatte, schickte Lena einen ohnehin meist freundlich aber

9

bestimmt nach Hause. Ein einziges Mal, das war während der Präsentation eines Modelabels in den Räumlichkeiten des Museums für Angewandte Kunst, hatten die Freunde es geschafft zu bleiben, bis sämtliche Alkoholvorräte aufgebraucht waren. Die Barleute machten schon die abstrusesten Mischungen aus den Resten; »AMS«, »Alles muss speiben«, hieß seitdem ihr Lieblings-Cocktail, wenn es bei den Lena-Rita-Events darum ging, die Bar zu plündern.

Wenn man in der Nähe der Paravents stand, hinter denen gerade asiatische Häppchen auf Tabletts verteilt wurden, konnte man sich an so einem Abend tatsächlich richtig satt essen. Man musste nur rechtzeitig die schwarz gekleideten Studentenjobber mit ihren Tabletts abfangen, nicht geschissen zu ihnen sein wie die meisten anderen Gäste, sondern aufrichtig nett, dann wurde man bestens versorgt. »Pressday ist Fressday«, sagten sie immer. Für Martin, Arnold und Peter war es eine Art Statistenhonorar oder Schmerzensgeld, und Lena freute sich, wenn sie ihre Freunde auf Kosten eines Kunden durchfüttern konnte. Vor allem, wenn dieser nicht besonders gut zahlte.

Sie sahen sich um, machten bei der Fotostation ein paar Gruppenbilder, Dreierselfies, die sie gleich ausdrucken ließen und behashtagged auf Instagram stellten. Die üblichen Verdächtigen zupften an Strumpfhosen einer bedeutenden heimischen Marke herum. In allen Farbvarianten baumelten sie von quer durch den Raum gespannten Wäscheleinen. Einige Gäste ließen den Experten raushängen, die meisten hatten nach wenigen Sekunden genug gesehen und widmeten sich wieder dem Netzwerken. Sie überlegten, ob sie die große Blonde, die sich gerade bei den Give-away-Taschen bediente, von der einen Castingshow oder dem Reality-TV-Format aus den frühen Nullerjahren kannten. »War die nicht bei

›Tausche Familie‹?«, fragte Peter. Er hatte eine gallegelbe Strumpfhose von der Leine genommen, sich ein Strumpfhosenbein über den Kopf gestülpt und sah aus wie ein durchgeknallter Bankräuber.

»Wo ist dein Mann?«, fragte er und hielt Arnold eine unsichtbare Pistole an den Kopf.

Arnold duckte sich weg. »David hat Nachtdienst. Wie eigentlich immer.«

»Oho, dann wird's wohl eine lange Nacht für dich. Später noch was vor?«

Arnold grinste.

»Und wo bleibt Mister Steph?«, fragte die Stimme unter der gallegelben Strumpfhose.

»Kommt nicht«, antwortete Martin, der gerade eine WhatsApp von Steph bekommen hatte. »Hat wohl was Besseres vor.« Er mochte es gar nicht, wenn sie »Mister Steph« sagten, es klang so streng feldwebelig und war auch ein bisschen gemein. »Außerdem gibt's hier ja nichts für Veganer, also auch nichts zum Bloggen.«

»Aber Strumpfhosen ohne Tierleid!« Peter machte Anstalten, das andere Hosenbein Martin aufzusetzen, der wehrte sich: »Lass dich bloß nicht von Lena erwischen.«

»Ganz schön elastisch.« Arnold zog die Strumpfhose über Peters Schädel in die Länge, was in einer kleinen Rangelei endete.

Lena war natürlich gleich zur Stelle. »Hört mit dem Scheiß auf«, zischte sie, riss Peter die Strumpfhose, die inzwischen eine Laufmasche hatte, vom Kopf und ließ sie unauffällig hinter einem der Paravents verschwinden. Alle drei machten betretene Gesichter und hielten sich an ihren leeren Gläsern fest.

»Nachschub?« Der gutaussehende Barkeeper-Dude hatte sie beobachtet und war zu ihnen rübergekommen.

Arnold und Peter nickten eifrig, Martin schüttelte den Kopf. »Für mich nichts mehr.«

»Spielverderber.«

»Wenn ich doch morgen früh raus muss.«

»Wir ziehen eh gleich weiter.«

»Ich ziehe garnirgends mehr hin, ich fahr dann heim.«

»O. M. G.«, machte Peter jetzt. Die Tür war aufgegangen und ein Typ, den Martin vom Fortgehen kannte, stand da. Oder kam er ihm nur bekannt vor? In seinen Augen sahen die meisten Typen inzwischen eh ziemlich gleich aus; eigentlich ähnelte er dem Barkeeper, Scheitel, Bart, Tattoos. Nur dass der hier keine Schürze trug.

»Ich habe ihn zuerst gesehen!« Peter war ganz plötzlich aus dem Häuschen. Der Barmann, der ihm seinen neuen Frink brachte – »Extraservice«, sagte er –, schien ihn nicht mehr zu interessieren. »Wieso mit einem Pferd ficken, wenn du ein Einhorn haben kannst?«

»Was hast du uns eigentlich noch erzählen wollen?«, fragte Martin Lena, als er sich von ihr wenig später verabschiedete.

Lena strahlte und zog Rita zu sich. »Es wird geheiratet!«

Erst dachte Martin, es ginge um ein weiteres Lena-Rita-Event und sie brauchten Hochzeitsstatisten. Obwohl das vielleicht dann doch zu weit ginge. »Wer heiratet denn?«

»Na, wir zwei Hübschen.«

»Ach so.« War das zu wenig euphorisch? Martin startete einen zweiten Anlauf. »Das ist super. Ich freu mich. Wann?« Das klang vielleicht ein bisschen verlogen. Aber er freute sich wirklich für die beiden.

»Am 25. März. Und ihr müsst alle kommen.«

Martin holte sein iPhone aus der Tasche. »Wow, schon so bald!«

»Die Einladungen gehen demnächst raus. S. T. D.« Rita
blieb Organisationstalent. »Safe the date.«

»U. A. w. g.?«

»L. I. E. B. E.«, sagte Lena.

Martin entdeckte auf seinem iPhone eine neue Nachricht.
Steph wollte ihn gleich morgen in der Früh treffen. »Ob
Lena und Rita wissen, was S. T. D. bedeutet?«, überlegte er,
als er die Party verließ.

Ich überleb's

Er mochte Lena und Rita. Große Lust auf eine Hochzeit hatte Martin aber nicht. Warum überhaupt heiraten? Dauernd gab es irgendwas zu feiern, und seit einiger Zeit häuften sich Geburtstage, Jubiläen und andere Anlässe. Er saß in der U-Bahn nach Hause, betrachtete die anderen Fahrgäste im Wagen und fragte sich, ob die auch ständig auf irgendwelchen Partys abhingen. Womöglich war es ein Generationending. Vergangenen Sommer, am 21. August, war er fünfzig geworden, aber seine Probleme mit dem Alter hielten sich in Grenzen. Das betonte er jedenfalls immer, wenn ihn jemand darauf ansprach. Er sah jünger aus und fühlte sich auch so. Jedenfalls jünger als fünfzig. Mit seinen roten Haaren, seinem roten Schädel, dem roten Bart und der empfindlichen, hellen Haut, mit den Sommersprossen und seiner stämmigen Gestalt sah Martin mehr aus wie ein irischer Bauer. Er wurde auch oft für irisch gehalten.

Okay, das Haar war dünner geworden, er konnte nicht mehr jeden Frisurenquatsch mitmachen. Einmal im Jahr rasierte er sich den Bart ab, um nachzusehen, was sich darunter verbarg. Die Backen hingen dann vielleicht ein bisschen, der Hals war faltiger geworden, aber eigentlich sah das »Darunter« noch ganz gut aus. Trotzdem hatte er letzten Sommer nicht groß feiern wollen und inständig gehofft, dass es auch niemand von ihm erwartete. Das Schlimmste wäre eine Überraschungsparty gewesen. Um ihn zu ärgern, hatten die Jungs schon Wochen vor seinem Geburtstag immer wieder davon gesprochen, und er: Bitte. Nicht. Obwohl Martin sonst gerne Besuch hatte – Steph und David besaßen sogar eigene Schlüssel für sein Häuschen, durften kommen und gehen, wann sie Lust hatten – und zu seinen

Geburtstagen normalerweise immer ein großes Gartenfest ausrichtete, wollte er diesen so deppert aufgeladenen Runden einfach nicht so groß werden lassen. Selbst auf ein intimes Essen mit seinen besten Freunden hatte er keine Lust. Ach, er wusste auch nicht so recht, suchte nach Ausreden. Er hätte in der Arbeit gerade viel um die Ohren. »Vielleicht spontan. Oder wir holen's nach.« Außerdem müsse er noch die vielen Zwetschgen verarbeiten, die er vor ein paar Tagen vom Baum geholt hatte. Der ganze Eiskasten sei voll, man könne ja unmöglich Getränke einkühlen. Vorsorglich hatte er natürlich trotzdem ein paar Flaschen Sprudel besorgt, nur für den Fall.

An diesem 21. August also, einem extrem heißen Hochsommertag, war er im Büro gewesen. Es hatte länger gedauert, weil ein Projekt Probleme bereitete. Als er sich dann endlich abends gegen halb acht aufs Rad setzte und nach Hause fuhr, geriet er in das ärgste Sommergewitter überhaupt. Die Art warmer Regenguss, bei dem man innerhalb von Sekunden klatschnass ist und es auch schon egal ist, ob man jetzt einfach weiterradelt oder sich triefend in einem Hauseingang unterstellt und die Menschen beobachtet, die vergnügt kreischend Schutz suchen. Martin entschied sich fürs Weiterradeln, die nassen Hosen schlackerten ihm um die Waden, klebten an den Oberschenkeln, seine Stoffschuhe wurden immer schwerer und sein weißes Hemd triefte und wurde durchsichtig, sodass man die Brusthaare und Nippel sehen konnte.

Er war der Einzige, der jetzt auf der Straße unterwegs war. Sogar die Autofahrer hatten angehalten, weil der Regen so stark wurde, dass sie durch die Windschutzscheibe nichts mehr sahen. Den Rucksack mit dem MacBook hatte er zum Glück im Büro gelassen. Martin zog das jetzt durch, und der warme Sommerregen begann ihm Spaß zu machen. Laut singend radelte er durch Wasserwände. Scheiße, wie er Wien liebte, gerade auch in solchen Situationen! Er grölte, ohne dass ihn jemand hören konnte (»I will survive«, ausgerechnet diesen Gay-Klassiker!), schluckte Wasser, japste und schnappte nach Luft, als würde er ertrinken. Fast war es, als tauchte er durch den Regen.

Als er schließlich zu Hause ankam, hatte das Unwetter aufgehört. Die Luft roch klar und sauber. Amseln freuten sich und machten ihren Vogellärm. Es dämmerte, als er das Gartentor aufsperrte, sein Rad an den Geräteschuppen lehnte, und er begann schon auf der Veranda, sich die von der Nässe schweren Klamotten vom Leib zu reißen. Hemd aus, Sneakers aus, Hose und Unterhose gingen nur schwer von seinem feuchten Körper herunter. Nachdem er sein nasses iPhone aus der Hosentasche geschält hatte, warf er die Kleider über einen hölzernen Gartenstuhl. Nackt schloss er die Tür seines Häuschens auf. In dem Moment, als er die Klinke herunterdrückte, fiel es ihm ein: Bitte. Keine. Überraschungsparty.

Er lauschte und drehte das Licht in der Wohnküche auf. Niemand war da.

Kurz war Martin sogar enttäuscht gewesen, dass niemand auf ihn wartete. Dann sagte er sich, dass er ja auf keinen Fall hatte feiern wollen, also jetzt kein Selbstmitleid. Der Gedanke, dass er jetzt nackt vor allen seinen Freunden stehen würde, amüsierte ihn.

Der letzte Sommer war schon so weit weg. Martins U-Bahn-Station, wo in der heißen Zeit immer die Hölle los war, war jetzt im Winter wie verlassen. Er stieg als Einziger aus, allein ging er die Stiegen hinunter, nahm den schlecht beleuchteten

Fußweg. Schon seit seiner Studienzeit bewohnte er das windschiefe Holzhaus in einer Schrebergartensiedlung bei der Alten Donau. Schwedenrostrot gestrichen mit weiß lackierten Kanten, spitzem Giebel und einer hübschen Veranda davor. Er zahlte absurd wenig Pacht, das Häuschen bot kaum Komfort, hatte aber einen riesigen Garten, der ihn regelmäßig überforderte. Seine Nachbarn überforderten ihn allerdings mindestens genauso. In der Anfangszeit verpfiffen diese Kleingartenspießer ihn ständig bei den Kontrolleuren, wenn er den Rasen nicht gemäht hatte oder sich weigerte, das Unkraut auf dem Weg vor seinem Gartentor mit Unkrautvernichtungsmittel zu bekämpfen. Besuchten ihn seine schwulen Freunde, schauten die Spießer blöd. Einmal standen ein paar Bekannte tatsächlich im Fummel vorm Gartentor, gackerten und riefen mit hohen Stimmen »Hallöchen Popöchen«. Martin war die Situation ein bisschen unangenehm gewesen. Gleichzeitig hatte er sich geschämt, dass ihm seine Freunde peinlich waren.

Martin war kein Gärtner. Regelmäßig musste er seinen Dachterrassenfreunden erklären, die sich Tipps von ihm erwarteten, dass er Landschaftsdesign gelernt habe, was mit ihren boboesken Dachterrassenfragen nur bedingt etwas zu tun hätte. Okay, er kannte sich mit Pflanzen aus, liebte es, in der Natur zu sein. Immerhin. Und wenn jemand ein Urban-Gardening-Projekt anging, was Martin immer sehr amüsierte, riet er zu diesen oder jenen Pflanzen und bau, bitteschön, keine Paradeiser in Blumenerde an, da ist nämlich voll viel Scheiß drin, Plastikteile, Kunstdünger und so.

Martin war auf dem Dorf aufgewachsen, seine Eltern besaßen in Oberösterreich eine Landwirtschaft mit einem kleinen Gasthof. Seine Geschwister waren in der Gegend geblieben, die älteste Schwester hatte den Hof übernommen, der Bruder die Gastwirtschaft. Obwohl seine Eltern aufgeschlossen waren, in den frühen Achtzigern hatten sie den Betrieb auf Bio umgestellt, war er ein bisschen der Außenseiter gewesen. Er hatte die Gartenbauschule besucht und sich nach der Matura früh für die Großstadt entschieden, studiert, demonstriert, Haltung gezeigt. Er war ein Stadtmensch geworden, ein Stadtmensch gefangen im Körper eines Landeis.

Erstaunlicherweise gewöhnten sich die Nachbarn mit der Zeit an ihn und seine Gäste. Genauso, wie sie sich an seine Art gewöhnten, den Garten zu gestalten. Hier konnte Martin bei den Schreberstrebern sogar mit seinem Fachwissen punkten. Und er hatte neben der Erziehung der Anrainer zur Toleranz noch eine weitere Mission: weniger Spritzmittel, mehr Nutzfläche. Lange, bevor es chic wurde, baute er sein eigenes Gemüse an, sägte die hässliche Thujenhecke und die unnötigen Ziersträucher um, die der vorherige Pächter angepflanzt hatte, und setzte Obstbäume. Zwetschgen, Marillen, Apfelbäume – alte Sorten natürlich.

Die Bäume wurden größer, und inzwischen überforderte ihn auch die Ernte. Aber es bereitete ihm auch großen Spaß, Obst einzukochen, Marmelade und Kuchen zu machen und damit sein Umfeld zu beglücken. Im Sommer hatte er immer Dreck unter den Fingernägeln vom Garteln, auch wenn er im Job fast nur vorm Computer saß und nicht in der Erde wühlte.

Mit den Jahren hatte sich die Nachbarschaft verändert. Die alten Rasenspießer übergaben an junge Familien, und fast die komplette Anlage war inzwischen fest in der Hand urbaner Öko-Hippies. Martin hatte sich vorgenommen, kein alter Spießer zu werden, und wenn die neuen Nachbarn abends zu lange Party feierten, ums Feuerschalenfeuer saßen oder – das war das Schrecklichste! – ihre Gitarren auspackten, setzte er sich entweder dazu oder, wenn er am nächsten Morgen früh raus musste, stopfte er sich Stöpsel in die Ohren.

Jetzt, wo es kalt war, saßen die Bobonachbarn natürlich alle in ihren großzügigen Altbauwohnungen mit Gasetagenheizung in den innerstädtischen Szenebezirken. Martin war einer der wenigen in der Anlage, die ganzjährig ihr Häuschen bewohnten. Er liebte die Winterstille. In der Nacht hatte es heftig geschneit, und anders als drinnen in der Stadt blieb bei ihm draußen an der Alten Donau der Schnee auch liegen. Am Morgen hatte er sich einen schmalen Pfad vom Haus zum Gartentor freigeschaufelt und war dann mit der U-Bahn ins Büro gefahren. Radeln war ihm im Winter zu mühsam. Zumindest wenn es feucht und kalt war wie heute.

Als er am Schuppen vorbeikam, nahm er ein paar von den Buchenholzscheiten mit, die davor gestapelt waren. Er legte sie vor der Haustür ab; glücklicherweise hatte der Wind den Schnee nicht auf die Veranda geweht. Mit klammen Händen sperrte er die Tür auf, machte Licht. In der Wohnküche war es so kalt, dass er seinen Atem sehen konnte. Er würde den finnischen Kamin anheizen und die dicke wollene Armee-Winterjacke erst ausziehen, wenn die Flammen loderten. Martin suchte nach Feuer. Seit er aufgehört hatte zu rauchen, hatte er auch kein Feuerzeug mehr einstecken und vergaß dauernd, Zündhölzer einzukaufen. In der Lade bei den Kerzen fand er schließlich welche. Er gab zerknülltes Zeitungspapier in den Kamin, ein paar Spreißel Weichholz, die er immer auf Vorrat gespalten hatte, zwei Scheite und zündete das Papier an. Glücklicherweise zog der Kamin, keine dramatischen Rauchschwaden im Raum heute. Er drehte den Wasserhahn auf, füllte den elektrischen Wasserkocher und schaltete ihn ein.

Das Wasser siedete, das Feuer im Kamin loderte und beides zusammen klang wie Regenrauschen. Die Situation damals nach dem Wahnsinnssommergewitter an seinem fünfzigsten Geburtstag wäre ihm natürlich auch ein bisschen unangenehm gewesen. Er nass und nackt vor seinen Freunden: SURPRISE! Obwohl, die meisten kannten ihn nackt, schließlich war er mit ihnen regelmäßig baden drüben am Steg bei der Alten Donau. Sie hatten ohnehin wenig Geheimnisse, glaubte Martin zumindest. Spätestens seit jeder auf Dating-Apps wie Grindr unterwegs war, wussten sie alles voneinander. Auf Grindr konnte man sehen, wer im Umkreis von soundsoviel Kilometern schwul und willig war, ein – in der Regel: sexuelles – Abenteuer zu erleben. Immer wieder sah Martin Profile von Freunden oder Bekannten, er wusste mehr, als ihm manchmal lieb war; von den sexuellen Präferenzen – wer war »Active Top«, wer »Power Bottom«? – bis zur Schwanzgröße.

Martin hatte es immer schon genau wissen wollen. In den Achtzigerjahren mit vierzehn oder fünfzehn hatte er in der Bahnhofsbuchhandlung der Stadt, in der er die Gartenbauschule besuchte, eine Film-Illustrierte entdeckt. Nicht dass ihn das Thema Film sonderlich interessiert hätte. Aber auf dem Titelblatt des Magazins war, altrosa gerahmt, das Foto eines homosexuellen Filmemachers aus Deutschland abgebildet. Der Filmemacher stand, das linke Bein angewinkelt, den Fuß auf einem Hocker abgestellt, blickte nach rechts oben, hatte einen Strauß weißer Lilien in den Händen – und war unbekleidet. Martin fühlte sich magisch angezogen von diesem Foto. Eine Woche lang schaute er täglich in die Buchhandlung, betrachtete das Foto von dem schönen Nackten, blickte verstohlen auf den Schwanz, der sich unter dem haarigen Bauch des Typen kringelte. War die Vorhaut zurückgezogen? Er traute sich freilich nicht, das Heft in die Hand zu nehmen oder es gar zu kaufen, das wäre ihm peinlich gewesen. Schließlich ging Franz, sein bester Freund, in den Laden und klaute es für ihn. »Was ist schon dabei«, hatte der coole Franz gesagt und für sich selbst noch einen »Playboy« mitgehen lassen.

Wenn Martin jetzt die Augen schloss, sah er das Bild wieder vor sich. Kein Wunder, schließlich hatte er einen großen Teil seiner Jugendzeit dazu masturbiert. Dabei war es völlig harmlos, ein wahrscheinlich künstlerisch höchst wertvolles Aktporträt, aber auf keinen Fall pornografisch – sonst hätte man es auch kaum auf dem Cover dieser Filmzeitung abgebildet. Obwohl Martin später von Freunden erfahren hatte, die zu Katalogen des Kunsthistorischen Museums oder Unterhosenmodels im Quellekatalog onaniert hatten, war das Bild wirklich keine typische Wixvorlage, nicht einmal für einen schwulen Jungen vom Land. Aber Martin war total vernarrt in das altrosa gerahmte Foto.

Einmal borgte er sich übers Wochenende sogar ein Mikroskop von der Schule aus. Seine Lehrerin hatte er angelogen, er wolle zu Hause irgendwelche Pilzsporen näher untersuchen. Tatsächlich hatte er vor, den Penis des Mannes auf dem Foto genauer zu betrachten. Martin hoffte, noch tiefer eintauchen zu können in diese aufregende Welt. Allerdings entdeckte er, als er schließlich in seinem Zimmer am Schreibtisch saß und mit schwitzigen Händen die Titelseite unters Mikroskop geschoben hatte, nicht wie ersehnt den riesenfach vergrößerten Schwanz seines Titelhelden, sondern nur viele kleine rote, gelbe und blaue Punkte. Vergrößerte, gedruckte Fotos waren gerastert: Dank dieser Erkenntnis konnte Martin bis heute nicht an einer Plakatwand vorbeigehen, ohne darauf Rasterpunkte zu sehen.

Etwas anderes sollte Martins Leben noch nachhaltiger beeinflussen. Immer wenn er als Jugendlicher die Filmzeitschrift hervorkramte, um sich einen runterzuholen, las er die Coverzeile wieder. »Lieber ein warmer Bruder als ein kalter Krieger« stand da, offenbar ein Zitat des Filmemachers. In den friedensbewegten Achtzigern keine schlechte Ansage, fand Martin. Sein erstes großes Begehren galt also einem Intellektuellen in Pin-up-Pose. Plus: Er hatte seinen ersten, offen schwulen Helden gefunden, in dessen Arme er sich träumte, wo Sex und Karriere eins wurden und das Private politisch. Es hätte schlechter laufen können. Darum genierte er sich irgendwann auch nicht mehr, wenn ihn die tuntigsten Freunde in der Spießersiedlung besuchten, auf High Heels durch die Anlage stöckelten. Auch wenn er selbst nie auf die Idee gekommen wäre, so im Fummel.

Langsam wurde es warm in der Wohnküche. Der Raum war hübsch eingerichtet, aber überhaupt nicht stylish. Freunde, die ihn besuchten, lästerten, dass er keinen Geschmack habe, fanden es erstaunlicherweise bei ihm aber dann doch immer ganz gemütlich. Martin zog Schuhe und Armeejacke aus, ließ den grauen Pulli lieber noch an und schlüpfte in die ausgelatschten Birkenstocks, die er nur zu Hause trug. Er hatte die Theorie, dass die stilvollsten Menschen – auch und vor allem seine Freunde! – in den eigenen vier Wänden jegliches Stilbewusstsein verlieren, was sich vor allem an der Wahl der Pantoffel zeigte. Versiffte Gesundheitssandalen waren da noch das geringste Vergehen. Was Martin im Laufe seines Lebens schon an fürchterlichen

Wohnungsschuhen gesehen hatte! Er selbst war da keine Ausnahme.

Das Wasser kochte, mit einem Klacken schaltete sich der Wasserkocher ab. Martin holte eine große Dose aus dem Achtzigerjahre-Küchenkasten, den er von den Vorbesitzern übernommen und weiß lackiert hatte, öffnete sie, gab eine Handvoll Kräuter – Zitronenmelisse, Minze, Dost aus eigener Ernte – in eine altmodische Teekanne und goss mit dem heißen Wasser auf. So roch der Sommer.

Perfekte Welt

»Du darfst ihn nur ganz oben anfassen, so schaut es gut aus.«

»Spinnst du? Das ist doch die beste Stelle.«

»Oder du nimmst ihn in den Mund …«

»Nimm bloß deine Finger da weg!«

Kurz nachdem Martin gegangen war, verließen auch Peter und Arnold die Lena-Rita-Veranstaltung. Es gab dort nichts mehr zu holen für die beiden. Sie hatten schon einiges intus und Peter fand, dass er es nicht nötig habe, sich noch länger von den Hotties dort ignorieren zu lassen. Nun gingen sie die Mariahilfer Straße runter, und Arnold versuchte, seinen Selfie-Print, einen altmodischen Streifen mit vier Schwarz-Weiß-Einzelbildern, den er bei der Fotostation ausgedruckt hatte, abzufotografieren; quasi ein doppeltes Selfie zu machen. Er wollte sich selbst, den Print und auch ein bisschen Wien bei Nacht samt leichtem Schneefall auf das Foto draufbekommen. Kein leichtes Unterfangen, und Peter war echt ein schlechter Selfie-Berater. »Ich kann auch einfach ein Foto von dir mit dem Foto machen«, bot er Arnold an.

»Dann ist es ja kein Selfie mehr, sondern Fake.«

»Hauptsache es schaut irre spontan aus und keiner auf Instagram sieht, wie lang du da grad herumscheißt. Alter, es ist Winter und wir stehen hier wegen dir blöd in der Kälte rum.«

Schließlich klemmte sich Arnold den Fotostreifen zwischen die Zähne, streckte den linken Arm aus und schoss ein Foto.

Peter war zufrieden. »Der perfekte Ausschnitt.«

Schnell lud Arnold das Foto auf Instagram hoch. Er überlegte zu warten, bis ein Like-Herzchen von David käme, packte das iPhone dann aber doch schnell zurück in die

Hosentasche und zog seine schwarzen Lederhandschuhe wieder an.

Nun war es Peter, der an seinem Handy herumfingerte. Er betrachtete Arnolds Foto und hielt es neben sein Gesicht. »Du könntest ja noch ein Selfie machen, Schatzi, ein dreifaches. Das wär doch was!«

Arnold schaute ihn böse an. Fake. Sowas Deppertes! Ihre Fotos auf Instagram zeigten doch immer den idealen Ausschnitt. Aber es war halt immer nur der Ausschnitt zu sehen und nicht der ganze Wahnsinn um sie herum. War etwas perfekt, ein Abendessen, ein Moment, ein Gefühl, versuchten sie, es irgendwie festzuhalten. Sie hielten alles fest, doch manchmal entglitt es ihnen trotzdem. Das Hässliche, die Enttäuschungen, schlechte Stimmung oder Streit dokumentierten sie natürlich nicht. (Niemand fotografierte die Schüssel Haferschleim, wenn er Magendarm hatte, schmutzige Bettwäsche oder sein verheultes Gesicht bei Liebeskummer. Obwohl …) Doch seltsamerweise blieb die Erinnerung an das Unschöne trotzdem, manchmal war sie sogar stärker als die Erinnerung an das ganze abfotografierte Schöne. Oft waren sie überrascht, was ihnen Facebook so als »Erinnerung« anbot. Das sollten sie gewesen sein? Wann war das denn? Vor drei Jahren? Und wo? Mit wem?

»Du schaust auf deinen Fotos immer total anders aus«, sagte Peter und gab dem frischen Insta-Post seines Kumpels ein Like. Sie waren vor der unbeleuchteten Auslage eines leer stehenden Geschäfts stehengeblieben und betrachteten ihre Spiegelungen in der Scheibe: der eine klein und drahtig, der andere vielleicht eine Spur zu bullig.

»Wie anders?«

»Weiß nicht, anders halt. Nicht wie du. Was war hier nochmal für ein Geschäft drinnen?«

»Wie soll ich anders aussehen?«

»Keine Ahnung. Vielleicht benutzt du irgend so eine App, die dein Gesicht verändert.«

»Tu ich nicht.«

»Oder du ziehst ein Fotogesicht und streckst den Arsch extra weit raus. Wie Kim Kardashian. Genau: Du machst Grimassen und twerkst immer so komisch.«

Arnold schien Peters Feststellung zu beunruhigen. »He, ich schau immer ganz normal. Und Kim Kardashian kann gar nicht twerken.«

»Dann eben wie Miley.«

»Die twerkt auch nicht mehr, die macht jetzt Country.«

»In echt gefällst du mir jedenfalls besser.«

Okay, Peter, der Hund, wollte ihn wahrscheinlich eh bloß ärgern. Und Hunderte Likes auf Insta standen gegen sein Wort. »Musst mir ja nicht folgen«, sagte Arnold ein bisschen patzig.

Peter gab ihm einen Kuss auf die Wange. »Ich like dich eh so am liebsten.«

»Und hier war übrigens American Apparel drin.«

»Ich kann mich nicht mehr daran erinnern, zu lange her.«

»Die haben doch erst vor ein paar Wochen zugesperrt.«

»Eben drum.«

Es war saukalt und sie legten einen Zahn zu, runter Richtung Wienzeile. Für einen Letzten im Savoy und dann schnell heim.

Glasherz

David hatte Nachtdienst gehabt, auf der Notfall war es einigermaßen turbulent zugegangen, nichtmal ein Nickerchen im Dienstzimmer war drin gewesen. Am liebsten wäre er direkt heim, doch blöderweise hatte er noch diesen Termin im Barbershop, den er nicht absagen wollte, weil es urschwer war, überhaupt Termine bei Toni zu bekommen. Und jetzt war er offenbar auch noch viel zu früh da. Er hatte seine Jacke in einem der alten Stahlspinde verstaut und saß matt vor einem Espresso, ignorierte die auf dem Mahagoni-Coffeetable ausgelegten Männermagazine, den schrecklich lauten Spotify-Mix aus den Boxen, und wartete, bis Toni, sein Barber, den Kunden vor ihm abgefertigt hatte. Aber das blonde Bürschchen – »Wie alt ist der? Zwanzig?«– bekam gerade erst den hellblauen Frisierumhang angelegt, es würde also noch dauern.

Der Barbershop im Bobobezirk Neubau trug das Wort »Brothers« im Namen und wurde von zwei Russen geführt, die zwar keine Brüder, aber irgendwie miteinander verwandt waren. Gerade rechtzeitig hatten sie den Trend mit der Barberei erkannt und nach Wien geholt. Sie bauten eine richtige Männerwelt um dieses Thema. Die Kundschaft – Frauen bediente man nicht, eine Freundin hatte man tatsächlich weggeschickt, als sie ihren Herrenhaarschnitt hier machen lassen wollte – bekam Kaffee oder Whiskey angeboten, wartete auf stilvollen Vintage-Möbeln, irgendwo stand sogar ein alter Marshall-Verstärker mit angesteckter E-Gitarre herum. Das Fixie, das an der Wand aus künstlichen Ziegelsteinen lehnte, kam sicher ebenso selten zum Einsatz wie die Stromgitarre, aber es sah halt alles sehr, nun ja, kerlig aus. Genau wie die meisten Typen, die hier arbeiteten: Tattoos, fesche Frisuren, beeindruckende Bärte, Karohemden und klobiges Schuhwerk. Es roch harzig-frisch nach den Pflegeprodukten, die sich in den altmodischen Regalen stapelten. Wäre der offene Kamin beim Wartebereich nicht aus Pappe, er wäre an diesem kalten Februartag sicher eingeheizt worden. Hier versuchte man, die Aura eines Herrensalons zu schaffen, der schon ewig besteht. Tatsächlich hatte der Barbershop erst 2015 aufgesperrt, und das merkte man halt auch. David taugte dieser Fake trotzdem. Vor allem aber taugte ihm Toni.

Wieso dauerte das bei dem Bürschchen so lange? Der hatte doch noch nicht einmal Bartwuchs. Ganz im Gegensatz zu David. David war einer dieser Männer, die morgens frisch rasiert das Haus verließen, zu Mittag bereits einen blauschwarzen Schatten im Gesicht hatten und abends schließlich einen Bart, den andere nichtmal in den berühmten drei Tagen zusammenbekamen. »Du schaust aus wie Homer Simpson«, hatte Martin einmal zu ihm gesagt, »nur nicht so fett.« Zuerst fand David den Vergleich noch lustig, schließlich fühlte er sich gekränkt und war ein paar Tage lang ernsthaft beleidigt. Homer Simpson, ausgerechnet.

Obwohl seine Mutter, eine Physikerin aus Argentinien, die einen Wiener Banker geheiratet hatte, mit ihm und seinen Geschwistern bis heute nur Spanisch sprach, waren Davids Spanischkenntnisse leidlich schlecht. Was nicht an ihr lag, sondern einfach daran, dass er ein schweigsames Kind gewesen war. Dass er bis heute mit seinen argentinischen Verwandten eher in einer Art Kindersprache kommunizierte, war ihm erst bei einer Fachtagung aufgegangen, als er sich mit Kollegen aus Madrid über Erwachsenenthemen unterhalten wollte. Was ihn allerdings nicht davon abhielt, den Argentinier raushängen zu lassen. Er trug zwar einen altösterreichischen Familiennamen, sprach Spanisch wie ein Baby, sah aber aus wie ein Gaucho: groß, schwarzhaarig, glutäugig. Sogar seine Stimme hatte das harte Schnarren des Spanischen, das zu seinem Wiener Akzent, er war im feinen Bezirk Währing aufgewachsen, so gar nicht passte.

Müde saß David auf seinem Vintagemöbel und beobachtete, wie die Barber ihre Kunden abfertigten. Er bewunderte das Geschick, mit dem sie zur Sache gingen. Fast wie im Spital, dachte er, nur ohne Blut. Nach einigen fehlgeschlagenen Versuchen, etwas Geisteswissenschaftliches zu studieren, Kunstgeschichte und Germanistik, war es dann die Medizin geworden und er Kinderarzt. Nach der Facharztausbildung war er ziemlich rasch fix angestellt worden in einem städtischen Krankenhaus. Er mochte seine kleinen Patienten, und sie mochten ihn zurück: David trug im Dienst sogar Shirts mit Kindermotiven. Aber er tat nicht so auf Trallala wie manche seiner Kollegen, sondern behandelte Kinder genau so, wie er zuvor in der Turnus-Zeit auch Erwachsene mit Raucherlunge behandelt hatte. Wusste er früher mit Kindern nicht viel anzufangen, seine ältere Schwester hatte gleich drei davon, konnte er nun professionell mit ihnen in Kontakt treten – sie waren Teil seiner Arbeit. Die Patienten spürten das intuitiv und fühlten sich bei ihm gut aufgehoben. Kolleginnen und Kollegen schätzten ihn fachlich, und die Eltern fassten selbst in schwierigen Situationen Vertrauen zu ihm. Ja, die Mütter der Kinder schwärmten sogar von dem »rassigen, gutaussehenden Südländer«. Das zumindest hatte David einmal eine Ärztin berichtet, die im Lift Zeugin eines solchen Gesprächs geworden war. Er freute sich darüber. Nicht zuletzt hatte er sogar ein klitzekleines Faible

für Jungväter entwickelt; natürlich nur für hübsche Jungväter. Es berührte ihn und er fand es wohl auch anziehend,
wenn sie in Sorge um ihren Nachwuchs waren. Er mochte die
Dankbarkeit, wenn sie im Spital wieder einem Kind hatten
helfen können. Dann blickte er die hübschen Jungväter mit
seinen schwarzen Gauchoaugen an, schnarrte lässig, dass es
schließlich ihr Job sei, alles selbstverständlich, und fand den
Moment ausgesprochen sexy.

»Südländer«, beschrieb er sich selbst auf Grindr. Im großen
Flüchtlingssommer, David war gerade von einem Kongress
in München zurückgekehrt, klatschten ihm die Leute Beifall,
als er mit einem Pulk ankommender Familien aus Syrien
am Westbahnhof über den Bahnsteig ging. Die Applaudie-
renden hielten ihn offenbar für einen Flüchtling, und er
musste immer noch lachen, wenn er daran zurückdachte.
Irgendwer hatte ihm sogar ein Proviantpackerl in die Hand
drücken wollen. Ja, bemerkte denn niemand den teuren
Rimowa-Trolley, den er hinter sich herzog? Das Erlebnis am
Westbahnhof nahm David schließlich zum Anlass, sich zu
engagieren. Gemeinsam mit Kinderarztkollegen besuchte
er in seiner Freizeit Flüchtlingsunterkünfte, versorgte dort
tagelang ehrenamtlich Kleinkinder und Babys.

Nein, David war gewiss nicht oberflächlich. Trotzdem
waren Äußerlichkeiten für ihn von Bedeutung, vor allem
wenn es um ihn selbst ging. Er war nicht nur ein schweigsames, sondern auch ein dickes Kind gewesen, und die Sorge,
eines Tages ein dicker Mann zu werden, saß bei ihm tief.
Nachdem er sein Leben optimiert hatte – , der Job im Spital,
der irgendwann einmal zu einer eigenen Praxis führen würde
(wenn er bloß nicht zu bequem wäre), das schicke Loft in
einer noch nicht kaputt gentrifizierten Gegend des doch
ziemlich heruntergekommenen und taffen 15. Bezirks und

nicht zuletzt die Beziehung mit Arnold (die jetzt auch schon, toitoitoi, ein paar Jahre hielt) –, nachdem er also sein Leben auf die Reihe bekommen hatte, widmete er sich nun leidenschaftlich der Selbstoptimierung.

Langsam wurde es David in seinem pinkfarbenen Stone-Island-Pulli zu warm. Er stand auf, ging zur Garderobe, zog den Pulli aus und packte ihn zu seiner Jacke in den Spind. Erst jetzt fiel ihm ein, dass er ja noch das »Frozen«-T-Shirt trug, seine »Dienstkleidung« von heute Nacht. Wirkte ein weißes Leiberl mit einer Disney-Prinzessin drauf hier zwischen all dem Barber-Männerkram uncool? War ein rosa Pullover ebenso uncool? Außerdem, talking about Männerkram, kam unter dem engen T-Shirt sein athletischer Oberkörper eigentlich ganz gut zur Geltung. Wobei Elsa, die Eiskönigin, auf seinem Brustmuskel ein leicht verzerrtes Gesicht machte. Kurz überlegte er, den Pulli doch wieder überzuziehen, entschied sich schließlich dagegen. Ihm war heiß, und Toni würde ihn ohnehin gleich in den hellblauen Frisierumhang wickeln. Sein Barber hatte das Bürschchen auf dem Friseurstuhl inzwischen in eine waagrechte Position verfrachtet. Offenbar war jetzt der Bart dran. Der nicht vorhandene Bart, dachte David. Er war saumüde. Hoffentlich würde er auf dem flach gestellten Stuhl nicht gleich einschlafen.

Wie er so dasaß, müde, rundherum hektische Betriebsamkeit, kamen ihm leise Zweifel. War sein Körperbild in Schieflage? Martin machte manchmal so Andeutungen. Die vielen Nachtdienste im Spital kompensierte David mit Training und Konsum, »Shoppen und Fitten«, wie er es nannte. Was sonst sollte er mit seiner Tagesfreizeit anfangen! Stunden verbrachte er damit, im Internet nach Dingen Ausschau zu halten, die er sich bestellen könnte. Tagsüber, während Arnold

31

und die meisten seiner Freunde arbeiteten, investierte er Zeit in seinen Körper. Er stemmte Gewichte oder fuhr mit dem Auto in den Wienerwald, um mit Musik im Ohr zu laufen. Er achtete auf seine Ernährung, trank bei Anlässen nur noch in Ausnahmefällen Alkohol. Dafür schluckte er umso mehr seltsame Eiweißshakes, vermied Kohlenhydrate, Kaffee schwarz, nix Süßes, es war kompliziert. Mit dieser Disziplin hatte er sich ein erstaunliches Äußeres antrainiert, er war zur Kraftmaschine geworden. Schließlich folgten kleine kosmetische Korrekturen. Obwohl ihm die Spezialistin abriet, ließ er seine perfekten Zähne mit einer Zahnspange noch perfekter machen und sah mit der Kunststoffschiene im Mund aus wie die Pubertierenden, die zu ihm in die Ambulanz kamen. Zuletzt, auch weil er über einen Kollegen aus der Dermatologie leichten Zugang dazu hatte, experimentierte er sogar mit Botox. Er wollte, dass die ohnehin kaum sichtbaren Falten auf seiner Stirn und zwischen seinen dunklen Brauen verschwanden. Doch als sich nach der dritten Behandlung mit dem Zeug sein Gesicht wochenlang wie gelähmt anfühlte, und sich Arnold – »Was schaust denn so bös? Lächel doch mal!« – über ihn lustig machte, entschied er, wieder darauf zu verzichten. Vorerst zumindest.

Endlich war er an der Reihe. Toni hatte dem Bürschchen, das jetzt am Tresen bei einem der Russen bezahlte, einen modischen Schnauzer verpasst; im Barbershop hieß es natürlich »Moustache«. Mehr wäre auch nicht drin gewesen. Die blonden Haare, über die das Bürschchen jetzt eine neongelbe Pudelhaube stülpte, waren erstaunlicherweise nicht so akkurat gescheitelt, wie es in dem Laden hier sonst üblich war, sondern eher strubbelig, irgendwie süß. David merkte, dass ihm der Junge gefiel, wegen dem er fast eine halbe

Stunde hatte warten müssen. Aber er war zu erschöpft, um Augenkontakt aufzunehmen.

Er hatte eh keine Zeit, Toni bat ihn zu seinem Platz, begrüßte ihn, Yo! Man!, mit Handschlag und Ghettofaust wie unter Gangsta-Rappern und machte eine spitze Bemerkung zu seinem Prinzessinnen-Shirt. Obwohl David solche Gesten irre affig fand, bei Toni taugte ihm der Habitus.

Toni durfte auch Witze über sein T-Shirt machen, ja, der durfte das. Abgesehen von seiner Kieferorthopädin und dem Kollegen von der Derma, der ihm Botox in die Stirn gepumpt hatte, war David für sein Erscheinungsbild selbst verantwortlich. Toni bildete eine Ausnahme. Sein Barber bestimmte die Art, wie Davids Haar geschnitten wurde, wie er den Bart trug. Heute hatte Toni beschlossen, dass er einen Schnauzer bekommen sollte. »So einen geilen Pornstache«, sagte er, »den haben jetzt die ganz coolen Jungs in L. A. Passt auch gut zu deinem Prinzessinnen-Look.«

David war sich unsicher. »Ist das nicht ein bisschen zu heftig?«

»Wirst sehen, schaut lässig aus.«

Vor zwei Jahren, als der Barbershop eröffnete, war ihm Toni einfach zugeteilt worden. Eigentlich hätte David sich lieber von einem der scharfen Tätowierten Haar und Bart machen lassen und nicht von dem zierlichen Toni, der immer eine Baseballmütze trug und der überhaupt eher dem Skatertyp entsprach als dem Holzfäller. Schließlich entpuppte sich Toni aber als Glücksfall. Er hatte in London die Ausbildung zum Bartfriseur gemacht und verstand es, sein lässiges Auftreten mit britischer Gentlemen-Kultur zu verbinden, ohne dass es gespreizt oder übertrieben servil wirkte. Für David war es eine neue Erfahrung, sich in die Obhut eines deutlich Jüngeren zu begeben, sich darauf einzulassen, ja, loszulassen. Ähnlich mussten sich ältere Patienten vorgekommen sein, die er im Turnus als junger Mediziner behandelt hatte und die ihm damals blind vertrauten.

Jetzt vertraute David Toni, der hinter ihm stand, an seinem schwarzen Bart herumfingerte und ihm über den Spiegel mitteilte, wie er den »Stache« schneiden würde. Wie immer ließ ihn David machen. Zuerst kürzte Toni ihm das Haar. Er war nicht nur ein guter Barber, er war auch ein exzellenter Friseur. Immer wenn es jemand drauf hatte, perfekt war oder sonstwie meisterhaft, war David enorm beeindruckt. Egal ob es nun die OP-Schwester, eine Filmschauspielerin, ein Koch oder eben Toni hier war, der gerade begonnen hatte, sich an seinem Kopf zu schaffen zu machen. Allein schon wie Toni seinen Arbeitsplatz organisierte. David betrachtete die Scheren, Kämme und Bürsten, die auf der kleinen Ablage vor dem Spiegel auf einem schmalen Frotteetuch lagen. Ein halb aufgeklapptes Rasiermesser hing mit der scharfen Seite in einem hohen Glas mit der Aufschrift »Barbicide« in einer Flüssigkeit, deren Farbe David aufgrund einer angeborenen Farbenblindheit nicht erkennen konnte. Grün, schwimm-badblau, wie auch immer.

Was er an den Barberbesuchen noch schätzte: Er musste sich nicht mit Toni unterhalten. David fand das Geschwätz beim Friseur immer schon lästig, Smalltalk, bei dem sich keine Seite für die andere interessierte. Wer beim Barber das scharfe Messer im Gesicht hat, sollte ohnehin besser die Klappe halten. Ihre Kommunikation war nicht besonders wortlastig, ein bisschen was wusste David von Toni und umgekehrt, ansonsten schwiegen sie. Toni verstand es mittlerweile sogar, David ohne Aufforderung dazu zu bringen, seinen Kopf so zu drehen, wie er es gerade brauchte.

Jetzt finalisierte Toni den »Cut«, wie er es nannte. An Davids Oberkopf ließ er eine kleine Tolle stehen, rasierte zuerst mit der Maschine, dann mit dem Messer noch den Nacken aus und entfernte mit einer geschickten Bewegung die paar Haare, die ihm gemeinerweise seit einiger Zeit aus den Ohren wuchsen wie seinen argentinischen Onkeln. Schließlich fuhr er David mit einem Pinsel, den er zuvor mit Puder eingestaubt hatte, ohne Vorwarnung übers Gesicht, um lose Härchen wegzuputzen. David schloss gerade rechtzeitig die Augen. Sie waren ein gutes Team.

»Jetzt zurücklehnen«, gab es dann doch eine Anweisung. David verlagerte sein Gewicht nach hinten, positionierte seine Füße auf der speziellen Ablage, die Toni mit einem kleinen Tritt hervorgezaubert hatte, bevor er den Sessel flachlegte. Okay. Spätestens jetzt würde er einschlafen. Trotz oder vielleicht auch weil die Musik, die aus den Boxen über ihm dröhnte, besser geworden war – Blondie mit »Heart of Glass«, einem Nummer-eins-Hit aus dem Jahr 1979, seinem Geburtsjahr. »Seemed like the real thing only to find«, sang Debbie Harry, »Mucho mistrust, love's gone behind«. Irgendwann einmal hatte David die Charts seines Geburtsjahres gegoogelt und fand die Vorstellung, seine Mutter habe hochschwanger Blondie gehört, interessanter als die versteckt schwulen Village People, die damals ebenfalls mit »Y. M. C. A.« eine Zeitlang Nummer eins waren. Der eine von Village People hatte doch auch Schnauzbart getragen.

Mit der Maschine hatte Toni alle Haare in Davids Gesicht gestutzt – bis auf jene über dem Mund. Mit Kamm und Schere brachte er jetzt den Schnauzbart in Form, schaute erst skeptisch und schließlich zufrieden, legte das Werkzeug beiseite, drückte aus einer Tube Rasiergel auf seine Fingerspitzen und schmierte es in Davids Gesicht. Das Zeug fühlte sich kalt an, der scharfe Altherren-Geruch kitzelte ihn in der Nase. Toni verschwand kurz und kehrte mit einem dampfenden weißen Handtuch zurück, mit dem er zuerst über Davids Gesicht herumwedelte und das er ihm schließlich mit den Worten »Geht's so, David?« auf Hals, Wangen und Stirn drückte. Nein, eigentlich geht es nicht so, dachte er, es ist viel zu heiß wie jedes Mal, sagte aber nichts. Immerhin. Nase und Mund waren nicht bedeckt, er bekam Luft und gleich würde die Hitze nachlassen.

David war eingeschlafen.

Er wachte auf, weil ihn etwas Kaltes an seinem Hals kitzelte. David erschrak, wusste aber sofort wieder, wo er sich befand. Die vielen Nachtdienste hatten ihn Profi werden lassen, wenn es darum ging, schnell wieder da zu sein. Toni verteilte ihm mit beiden Händen ein scharfes, altmodisch riechendes After-shave im Gesicht und stellte den Frisierstuhl aufrecht. Er überprüfte noch einmal sein Werk und kam dabei Davids Gesicht so nahe, dass der dessen Atem auf seiner frisch desinfizierten Haut spürte. Zum Abschluss, sozusagen als Krönung, formte Toni mit etwas Haarwachs David noch die Tolle. »Perfekt«, stellte er zufrieden fest und entfernte den Umhang. David kramte sein iPhone aus der Hosentasche, zum ersten Mal an diesem Tag, und machte ein Selfie mit Toni, das er wie immer später auf Instagram stellen würde; Hashtag Barber, Hashtag Beard, Hashtag Gay und – neu – Hashtag Moustache. Und wie immer würde er Toni als Barbertoni taggen. Er gefiel sich auf dem Bild und schickte es via WhatsApp an Arnold, der ihm Stunden zuvor mit Küsschen-Emoji einen guten Morgen gewünscht hatte. Seine Schwester hatte Fotos von den Kindern geschickt und Martin, sein Bestie, wollte ihn endlich mal wieder zu Gesicht bekommen. »Und ich meine nicht Facetime«, schrieb er in der Message.

David schickte auch Martin das Selfie mit dem neuen Schnauzbart, packte das Telefon wieder weg, zahlte bei den Russen sechzig Euro, gab Toni einen Zehner Trinkgeld und verabschiedete sich. Als er wieder warm eingepackt auf die winterlich ungemütliche Neubaugasse heraustrat, sah er den Bus, der in seine Richtung fuhr, an der Ampel stehen, rannte los und erwischte ihn gerade noch. Er war hundemüde und fühlte sich gleichzeitig angenehm sauber und frisch. Der Bus war voll, und David wunderte sich wie immer, wie viele Menschen mit Tagesfreizeit es gab; die konnten doch nicht alle Nachtdienst gehabt haben wie er. Er stand in der Nähe von zwei etwa vierzehnjährigen Schülerinnen, typische Töchter aus Neubauer Bobo-Haushalten, die ihn eine Station lang anstarrten.

»Mein Vater war urfesch, als er jung war«, sagte die eine gerade zur anderen mit dieser gelangweilten Teenager-Leierstimme, die David schon bei seinen pubertierenden Patienten auf die Palme brachte. »Der wird uroft für schwul gehalten.«

»Mein Vater auch«, versuchte die andere ihre Freundin zu übertrumpfen. »Von seinem Friseur.«

Womöglich ist der eine der Friseur von dem anderen, dachte David.

Er würde sich bald schon wieder rasieren müssen.

Toxisch

»Erwischt!«, sagte Martin und grinste. Natürlich hatte Steph die immer ein wenig heisere Stimme ihres besten Freundes sofort erkannt. Sie drehte sich um, versuchte seinem Gesicht ganz nah zu kommen und biss genüsslich in ihre Leberkässemmel, die sie sich eben beim Fleischhauer gekauft hatte.

»Magst beißen?« Zwischen den angebissenen Semmelhälften dampfte der pinkfarbene Belag.

Martin schüttelte den Kopf. »Gar kein schlechtes Gewissen?«

»Keine Spur.«

»Und wenn dich jemand von deinen Fans sieht?«

»Wurscht.«

Steph war gerade offenbar alles egal und es gab keine Veranlassung, das vor Martin zu verstecken. Dass sie hier gerade in aller Öffentlichkeit heißen Leberkäse in sich hineinschob, war allein deshalb pikant, weil sie seit einiger Zeit recht erfolgreich über veganen Lifestyle bloggte. Steph verstand es, diesen Lifestyle so zu verpacken, dass er lustig und lustvoll rüberkam. Vor allem wirkte es wie alles, was sie tat, authentisch. Ihren etwas drallen Körper hüllte sie in vegane Klamotten – kein Leder, keine Wolle, idealerweise fairtrade und bio – und nach viel Sucherei hatte sie sogar hohe Schuhe aus Plastik gefunden, die weder scheußlich noch öko aussahen und zu ihrem Stil passten, den sie Burlesque-Tänzerinnen der Fünfzigerjahre abgeschaut hatte und der zu ihrem Markenzeichen geworden war. Sie bloggte darüber genauso wie über die richtige Zubereitung veganer Gerichte oder Kosmetik ohne Tierversuche.

Die Sache schien ihr voller Ernst zu sein. Sie gehörte zu den »Influencern«, Agenturen liebten sie, Unternehmen schickten ihr unaufgefordert Pakete mit neuen Produkten, sie hatte viele Leser und vor allem Leserinnen. Gerade hatte sie damit begonnen, zusätzlich Videos auf Youtube zu stellen, die sie und ihr dramatisches Fifties-Gesicht noch bekannter machten. Martin hatte sich mit Stephs neuem Blogger- und Vlogger-Leben abgefunden. Als sie noch Fleisch aß, hatten die beiden einander regelmäßig im Café Engländer getroffen, immer bestellten sie das Beef Tatar, rohes Fleisch mit einem weichen Ei und gebuttertem Toast. Den Wandel seiner Freundin zur einflussreichen Veganpäpstin hatte er einigermaßen skeptisch beobachtet und bissig kommentiert, wenn sie bei gemeinsamen Abenden im Vorstadtwirtshaus bloß Beilagen wählte. Ja, er zog sie immer noch auf, wenn sie zu irgendwelchen Geburtstagsfesten ihre trockenen, selbstgemachten Kuchen ohne Ei, Obers und Butter mitbrachte – Steph konnte echt nicht backen. Und jetzt hatte er sie mit einer Leberkässemmel erwischt. Ausgerechnet.

»Wurscht«, sagte sie also, wischte sich mit dem Handrücken über den Mund, erstaunlicherweise ohne dabei den tiefroten Lippenstift zu verschmieren, und gab Martin kauend einen Begrüßungskuss. Er hielt kurz den Atem an. Für seinen Geschmack war es noch zu früh für Knoblauchfahne. Leberkäse, genau wie Debreziner, Bosna und das restliche Angebot der Wiener Würstelstände, verband er eher mit durchsoffenen Abenden, Snacks weit nach Mitternacht, kurz bevor sich alles dreht. Und es war gerade erst zehn Uhr am Vormittag. Martin hatte noch nicht mal gefrühstückt, und sie waren im Kaffeehaus verabredet.

»Du weißt schon, was da alles drin ist?«, fragte er und zählte auf: »Zungen, Hufe, vielleicht sogar Augen. Und natürlich Penis.«

»Yummy«, machte Steph und schluckte den letzten Bissen hinunter. »So, jetzt geht's schon besser.« Sie rülpste Knoblauch.

Martin schätzte Stephs hantige Art, an der man erkannte, dass sie aus Wien kam. Genauer, von der anderen Donauseite, aufgewachsen in einem Floridsdorfer Gemeindebau, wo sie immer noch jede Woche ihren Vater besuchte. Alles, was er über den herben Wiener Schmäh wusste, hatte Martin von ihr gelernt. Das raunzige »Oida«, die Eigenart, Sätze oft mit »Heast« zu beginnen. Auch auf ihrem Blog verwendete sie nicht das übliche Tussi-Deutsch. Hier war nichts niedlich, süß und lieb formuliert. Selbst wenn sie von ihrer Leberkässemmel, der kleinen Sünde an einem trüben Montagvormittag, ein Foto für Instagram gemacht hätte (was sie freilich nicht tat), so ein depperte Modewort wie »Gönnung« käme ihr nicht in die Bildbeschreibung. Der Hashtag »#suende« aber auch nicht. Reue? Wegen Leberkäse? Oida!

»Oida«, fauchte Steph nun auch die grantelnde Alte an, die mit ihrem Nachzieheinkaufswagerl nicht an Martin und ihr vorbei kam. »Des is a Gehsteig, ka Stehsteig«, schimpfte die Frau, und die beiden nahmen das als Zeichen, ihr eigentliches Ziel dieses Vormittags anzuvisieren. Sie gaben also die unerhörte Blockade des Trottoirs auf und setzten sich in Bewegung. Martin hatte Steph schließlich nur zufällig vor dem Fleischer auf dem Weg ins Café Eiles getroffen, vor dem die Freunde bald anlangten und das gerade ein Geschäftsmann verließ, der ihnen überraschend charmant die schmale Schwingtür aufhielt. Steph schien den Gentleman gar nicht zu bemerken, was eher nicht ihre Art war.

Das Eiles war für die Uhrzeit gut besucht und, wie die meisten Wiener Kaffeehäuser jetzt im Winter, extrem überheizt.

Obwohl das riesige Lokal gerade erst renoviert worden war, gab es noch immer die alte Heizungsanlage, was die meisten Gäste dazu veranlasst hatte, nicht nur Jacken und Mäntel, sondern auch Pullis und Westen abzulegen; manche saßen sogar in T-Shirts da. »Sauna«, stöhnte Steph, und Martin half ihr, sich aus ihrem schwarzen Mantel zu schälen. Der Ober, der sie im Vorbeigehen grüßte, trug, ganz untypisch, keinen Smoking. Die beiden, und das war jetzt wieder typisch Wien, brauchten trotz einiger freier Tische ein paar Minuten, um den besten Platz zu finden. Fensternische, den Blick nach draußen auf die vorbeirasenden Autos verstellte eine etwas überdimensionierte Blumenvase mit Tulpen.

»Tulpen«, dachte Martin, »jetzt im Februar.« Er bestellte Häferlkaffee, eher aus Prinzip, weil er fand, dass im Kaffeehaus Modegetränke wie »Café Latte« oder »Café au lait« deplatziert seien. »Das selbe, aber mit Sojamilch«, orderte Steph und kurz darauf stellte der Ober zwei silberne Tabletts mit großen Tassen, in denen braun-weißer Schaum knisterte, und Gläsern voll Wasser auf dem rötlichen Marmortischchen ab. Martin überlegte, welcher der beiden Kaffees nun der mit echter Milch war. »Wurscht«, sagte Steph wieder. Sie hatte offenbar wirklich ihren lockeren Tag.

Steph und Martin saßen einander gegenüber. Die Sitzbänke in der Fensternische waren so nah beieinander, dass sich ihre Knie berührten. Der Platz wär ideal für Singles oder Frischverliebte, dachte Martin. Manchmal wurde Steph von Leuten, die sie nicht kannten, für seine Frau gehalten. Schließlich waren sie schon seit bald zwanzig Jahren befreundet. Er hatte solche Situationen stets witzig gefunden. Steph auch. Anfangs, als sie in ihn vielleicht sogar ein wenig verliebt war, fand sie den Gedanken schön, seine Gattin zu sein. Aber. Sie ärgerte sich dann doch, wenn sie bloß als

Anhängsel wahrgenommen wurde. Genau darüber musste sie heute mit Martin reden.

»Die Schwulen sind auch nicht mehr das, was sie mal waren«, hob sie an. Martin verdrehte die Augen. Wie er solche Verallgemeinerungen hasste. Genau wie die Behauptung, alle schönen Männer seien schwul, die diese von Heterotypen enttäuschten Weiber oft verzückt ausstießen und die seiner Meinung nach natürlich überhaupt nicht zutraf. Genauso wenig, dass Schwule mehr Geschmack besäßen oder besser kochen könnten als andere Männer. Oder besser rochen. Besaßen sie nicht. Konnten sie nicht. Taten sie nicht. Er hatte sich immer geweigert, Steph als seine Schwulenmutti zu betrachten, sein mausgraues Anhängsel, dem er von Sexabenteuern und Liebeskummer berichtete. Sie war keine Vertraute, deren Leben sich hauptsächlich um seines drehte. Viele Schwule seiner Generation hatten so eine Superfreundin – und ließen sie bei der erstbesten Gelegenheit im Stich. Weil ein Fick wichtiger war oder aus einem One-Night-Stand überraschenderweise doch was Längerfristiges wurde. Manche Frauen liebten die vermeintliche Aufmerksamkeit, die ihnen zuteil wurde, die Komplimente, die sie als einzige Frau in einer Männerrunde bekamen. Sie nahmen Anteil und merkten oft erst sehr spät, dass sie bloß eine kleine Sprechrolle abbekommen hatten, ein dankbares Publikum spielten für die Attitüde oberflächlicher Selbstdarsteller.

Erstens war Steph alles andere als mausgrau, und zweitens hatte sie etwas Besseres verdient. Fand Martin. Sie aber hatte sich andere Typen zum Bemuttern gesucht, und manchmal war er sogar eifersüchtig auf die Lästerschwestern, mit denen sie abhing, wenn er sie oft wochenlang nicht zu Gesicht bekam. Ab und zu machte sie mit denen sogar Urlaub. Letzten Herbst war sie mit ein paar von ihnen auf einer

Kreuzfahrt im Mittelmeer unterwegs gewesen. Mittelmeerkreuzfahrt! Für Martin schon ohne die ganzen »Gays« eine fürchterliche Vorstellung

Wenn sie einander trafen, berichtete Steph ausführlich von den »total süßen« Mikes, Jörgs oder wie sie alle hießen. Einmal hatte sie ihn sogar verkuppeln wollen. Schließlich bat er sie, ihm nicht mehr vom gähnfaden Sexlife ihrer homosexuellen Zufallsbekanntschaften zu erzählen. Er hätte selbst ein Leben, genauso wie sie, und um das sollte sie sich, bitteschön, endlich mehr kümmern als um das ihrer schwulen Begleiter. Einen Freund, eine Beziehung hatte Steph schon seit Jahren nicht mehr gehabt. Über Dating-Apps holte sie sich Sex, ja. Sie organisierte Körperlichkeit regelrecht, wie sie Lebensmittellieferungen für ihre Bloggerei organisierte oder vegane Klamotten bestellte. Aber Nähe, Liebe? Möglicherweise, Martin hatte diesen Verdacht, imitierte sie sogar das gestörte Paarungsverhalten ihrer schwulen Bekannten, und natürlich könnte man diese sexuelle Autonomie toll finden.

Aber. Sie sollte endlich auch mal an sich selbst. Weil. So lernst du nie den Mann fürs Leben.

Wie oft hatte er mit ihr dieses Gespräch geführt. Auch heute würde es wieder darauf hinauslaufen. »Was ist passiert?«, fragte er trotzdem, die Antwort bereits kennend. Er klang wie ein Therapeut.

Steph starrte auf ihren Kaffee. »Ich habe mit einem Schwulen geschlafen.«

»Willkommen im Club«, dachte Martin, fragte trotzdem nach. »Mit wem aus deinem Harem?«

»Kennst du nicht.«

»Ist nicht wahr!« Martin schaute sie aufmerksam an. Er hatte noch nie mit einer Frau Sex gehabt. Nicht mal in seiner pubertären Ausprobierphase. Dabei fanden ihn die Frauen interessant. Umgekehrt ebenfalls. Es hätte Möglichkeiten gegeben, früher. Für ihn war das keine Option. Er war stockschwul, schon immer. Mit Frauen hatte er Spaß gehabt, geredet, gefeiert und, später dann, gut zusammengearbeitet. Sie waren meist gescheiter und witziger als seine Männerfreunde. Aber er musste keinen Sex mit ihnen haben. Nicht, dass er darauf stolz gewesen wäre. Viele seiner Bekannten hatten irgendwann die Erfahrung mit Mädchen gemacht und sich dann eingestanden, dass es mit Jungs aufregender war. Er nicht. Vielleicht hatte er die Typen irgendwann beneidet, die erzählten, dass sie schon »den Finger in einer Muschi« gehabt hätten. Heute nicht mehr. Er hatte null Interesse. Er stand einfach nicht drauf. Basta.

Steph hatte also was mit einem Schwulen gehabt. Wollte er mehr hören? Lieber nicht. Vor allem wollte er keine Details wissen. Er war nicht der Typ, der sich groß für die Bettgeschichten der anderen interessierte, obwohl er dauernd damit konfrontiert wurde. Aber sie hatte Redebedarf, also hakte er nach. »Und, wie geht es dir damit?« Schon wieder so eine Therapeuten-Floskel.

»Scheiße«, sagte Steph.

»Wieso? War's nicht gut?«

»Doch, das ist es ja gerade.«

»Aber?«

»Der Typ ist fast noch ein Kind.«

»Bist du jetzt Kinderverzahrerin?« Martin musste lachen.

»Pfff«, machte Steph. »Er ist eh schon volljährig. Glaub ich.«

»Immerhin. Und was genau ist dein Problem?«

»Dass er schwul ist.«

Offenbar ja doch nicht. »Wieso bist du dir eigentlich so sicher?«

»Weil ich den Gaydar habe.«

Wieder so ein Schwulenmutti-Ding. Wie viele ihrer Freunde glaubte Steph intuitiv zu spüren, wenn jemand schwul war. Gaydar eben, Homosexuellenradar. Nach all den Jahren, die sie fast ausschließlich mit schwulen Männern verbracht hatte, kannte sie deren Codes. Von denen war sie regelrecht besessen. Sie bildete sich ein, Blicke deuten zu können, einen bestimmten Klamottenstil zu dechiffrieren, wusste, was Songs von Madonna, Kylie oder Britney triggerten und wie die Jungs auf sie als Frau reagierten.

»Hat er ›Toxic‹ gesungen, während ihr es gemacht habt?«

»Du Depperter!«

»Schaut er gut aus, hast du ein Foto, wie heißt er?«, fragte Martin – nicht. Er sah Steph ins Gesicht. So super unglücklich wie sie tat, sah sie eigentlich gar nicht aus. »Womöglich ist dein Gaydar defekt«, sagte er. »Solltest du mal in die Werkstatt bringen.«

Vielleicht hing es mit ihrem Alter zusammen, vor zehn, zwanzig Jahren wusste er selbst auch noch, wenn einer bei der Tür hineinkam, ob der schwul oder hetero war. Kreischige Tunten erkannte natürlich jeder. Also die mit den weichen Bewegungen und der spitzen Zunge, die es verstanden, innerhalb von Sekunden jeden im Raum aufs Ärgste zu beleidigen. Sie waren die Stimmungskanonen, konnten die Atmosphäre lockern oder eben auch vergiften. Martin bewunderte die Tunten insgeheim für ihren Mut, sich gegen den Mainstream zu stellen. Aber es gab auch immer die anderen, die coolen. Schwule, zumindest hatte er den Eindruck, waren immer irgendwie Trendsetter gewesen. Immer hatten andere Männer deren Looks und Moden nachgemacht. Mittlerweile konnte auch Martin nicht mehr sagen, ob ein Typ schwul war oder nicht. Jedenfalls so lange nicht, bis er mit ihm im Bett war. Jeder zwischen zwanzig und Ende dreißig war irgendwie trendy, jeder sah so aus wie aus einem Modemagazin. Inzwischen bedienten sich die Schwulen auch bei den Heteros. Eindeutige Codes gab es nicht mehr. Waren sie vor zehn Jahren oder so in den Umkleidekabinen der Fitnessclubs daran zu erkennen, dass sie am ganzen Körper rasiert waren, pflegten sie nun den haarigen Bärenstil. Sie kleideten sich wie Holzfäller und taten auf Superhete. Und die Heteros? Ebenfalls. Als Schwuler brauchte man heute kein geheimes Camp-Erkennungszeichen wie zu Martins Jugend in den Achtzigern das Flinserl am rechten Ohrläppchen oder in den Fünfzigern den gelben Rollkragenpulli. Heute hatten die Schwulen das Internet, verabredeten sich auf Datingseiten wie Grindr. Der Ohrring als Code, der verstohlene Blick, der bestimmte Augenaufschlag waren passé. Ja, inzwischen wurde für Baumärkte, Telefonanbieter und Kosmetikprodukte mit bärtigen Bären geworben, die man vor ein paar Jahren höchstens auf Flyern für Lederpartys gesehen hätte.

»Wieso glaubst du, dass er schwul ist«, fragte Martin noch einmal. »Hast du ihn auf Grindr gedatet?«

»Heast!« Steph verdrehte die Augen. Er wusste, dass sie ein Fake-Profil auf Grindr besaß, für das sie ein altes Foto von ihm benutzte, auf dem er etwa so süß aussah wie Rick Astley in den Achtzigern. Sie liebte es, auf Reisen zu schauen, wie sich die Grindr-Typen in der Nähe präsentierten und schickte Martin dann immer Screenshots von den absurdesten Profilen. Wenn er ihren Fake-Account entdeckte, machte er sich oft einen Spaß daraus und schrieb sie an, flirtete quasi mit seinem jüngeren Selbst.

»Depperter«, sagte sie wieder.

Sie würden hier nicht weiterkommen. »Ich muss dann los«, sagte Martin. Er hoffte bloß, dass ihr der junge Typ guttat und kein Arschloch war. Sollte es mehr als eine kurze Geschichte sein, würde sie sich sicher bei ihm melden. Ausheulen, zumindest wenn es um Affären ging, sollte sie sich bei ihren Gays, den Mikes und den Jörgs.

Sie zahlten, packten sich wieder ein und verließen das Kaffeehaus.

»Pass auf dich auf«, sagte Steph zu Martin, als sie ihn zum Abschied umarmte.

»Und du auf dich.« Wieso tat sie heute so pathetisch?

In dem Moment vibrierte sein iPhone. David. Sein bester Freund schickte ihm ein Selfie mit seinem Barber. Er trug jetzt offenbar Schnauzbart.

Glücklich

Als David nach Hause kam, war Arnold im Büro. Es war Dienstag, Dragitza war da gewesen, die Wohnung roch nach dem scharfen Putzmittel, auf dem sie bestand. David hasste den Geruch. Nicht mal im Spital roch es so clean. Und wahrscheinlich hatte sie mit dem Zeug wie immer das komplette 200-Quadratmeter-Loft gewischt, den hellen geölten Estrich im Wohnzimmer, die dunklen Eichendielen im Schlafzimmer, obwohl sie es ausschließlich für die schwarzen Keramikfliesen im Bad verwenden sollte. David hängte seine Jacke auf, schlüpfte aus den Adidas-Sneakern und stellte sie gleich ins Schuhregal im begehbaren Kleiderschrank, den Arnold sich so gewünscht hatte. Jetzt, wo alles so aufgeräumt war, wollte er nichts durcheinanderbringen.

Sie hatten zu viele Schuhe, stellte David fest und ging ins Badezimmer. Er entdeckte mit Missfallen, dass Dragitza schon wieder seine Parfüms und Pflegeprodukte der Größe nach sortiert hatte, und zog sich aus. Nackt stand er vor dem großen Spiegel über den zwei rechteckigen Philippe-Starck-Waschbecken und betrachtete sein Gesicht. Der schwarze Oberlippenbart ließ die Nase größer erscheinen, aristokratischer. Sein kantiges argentinisches Kinn wirkte plötzlich viel dezenter. Er strich sich über die frisch rasierten Wangen und glaubte, bereits die ersten Stoppeln zu spüren. Er sah wirklich müde aus, aber mit dem neuen Haarschnitt und dem Schnauzer gefiel er sich trotzdem. Ein bisschen wie ein Pornodarsteller aus den Siebzigern, fand er, warf sich selbst einen lässigen Blick zu und drehte das heiße Wasser in der Dusche auf. Das Badezimmer füllte sich mit Dampf, langsam erblindete der Spiegel.

»Für dein hohes Alter siehst du doch ganz passabel aus«, hatte Martin ihn geärgert, als er vor zwei Wochen sein neues Tattoo auf der linken Brust vorführte. »Daddy« stand da in etwas entzündeter Kinderschrift in Kleinbuchstaben auf einer kahl rasierten Stelle oberhalb des gepiercten Nippels. Vielleicht hatte Martin das Gefühl geplagt, er würde ihm irgendwas wegnehmen, die Rolle, die eigentlich für ihn, den zwölf Jahre Älteren, vorgesehen war. Wenn David Daddy war, was war er dann? Grandpa? Irgendwie hatte David beschlossen, vorzeitig zu altern. Nicht körperlich natürlich, da tat er ja alles, um den Lauf der Zeit aufzuhalten. Aber vom Typ her suchte er nach einem neuen Image, dem er entsprechen konnte. Vielleicht, um dann Komplimente zu hören, wie jung er aussah. So wie jene Typen, deren Haar früh grau wurde auch immer Komplimente bekamen. Hatte Martin recht, und er seit Neuestem nicht nur ein Body-, sondern auch ein Daddy-Issue?

David war in die Dusche gestiegen und ließ das Wasser auf seinen Kopf prasseln. Er wollte kein Duschgel benutzen, nicht noch mehr Duft. Stattdessen nur das Wasser. Wie warmer Sommerregen. Es war ihm egal, dass dabei seine neue, gerade erst kunstvoll zurechtgezupfte Frisur zerfiel. Er würde ohnehin gleich noch ein wenig schlafen, trainieren gehen, wieder duschen, und dann würde er versuchen, für den Abend die Tolle ebenso kunstvoll zu stylen wie Toni. Die Teenies im Bus, die ihn vorher so deppert angestarrt hatten, fielen ihm wieder ein. Blöde Gören. Die könnten seine Töchter sein.

»Sie brauchen ja kein Kinderzimmer, da könnte man noch diese beiden Wände weglassen, dann ist das Wohnzimmer größer«, hatte die Maklerin beim ersten Besichtigungstermin

– damals noch einer wüsten Baustelle – zu Arnold und ihm gesagt, falsch gelacht und ein wissendes Gesicht gezogen. Genau hier, wo David jetzt duschte, hatten sie zwischen Schuttsäcken gestanden. Arnold war wütend geworden, hatte die Maklerin angekeift, dass sie das ja wohl nichts angehe, und gleich wieder gehen wollen. Doch David setzte sich durch, schließlich war es sein Geld (genauer: das seiner Eltern). Er unterschrieb den Vertrag, Arnold konnte sich als Architekt ein bisschen wichtigmachen, mitplanen und Bauaufsicht spielen. Es war ihre erste gemeinsame Wohnung, und Arnold ging total in seinem Projekt auf. Er entpuppte sich als Design-Diktator, der sich ständig durchsetzte. »Du bist farbenblind und hast keinen Geschmack«, sagte er.

David war erst empört gewesen. »Neun Prozent aller Männer haben das.«

»Was? Keinen Geschmack? Ich glaube, der Anteil liegt deutlich höher. Vor allem bei schwulen Männern.«

»Neun Prozent aller Männer sind farbenblind.« Letztlich war David froh gewesen, sich um nichts kümmern zu müssen, und ließ Arnold einfach machen. Möbel kaufen, Materialien bestimmen, sowas. Das Ergebnis konnte sich schließlich sehen lassen. Sogar eine Fotografin war gekommen, hatte Bilder gemacht für ein Wohnmagazin. Er war stolz auf seinen Freund.

»Heteros kriegen Kinder, wir kriegen schöne Wohnungen«, bemerkte ein Gast, nachdem David und Arnold das Loft im 15. Bezirk bezogen und zur Wohnungseinweihungsparty geladen hatten. »Schöne Wohnungen und Geschlechtskrankheiten«, rief ein anderer und alle gackerten blöd. Alle waren mit Geschenken gekommen, Martin etwa mit einem riesigen Lavendeltopf. Hatten sich Freunde und Bekannte vorher noch beschwert, weil sie die Schuhe ausziehen mussten wegen des empfindlichen Bodens, spazierten die Besucher nun auf Socken herum, stießen spitze Entzückensschreie aus, wenn sie ein hübsches Detail entdeckten, verschütteten Prosecco und lästerten mit Sicherheit beim Rauchen auf der Terrasse über die Gastgeber, diese elenden Eigentumsspießer im Pärchentraum. Badewanne im Schlafzimmer, die benutzt man doch sowieso nie! Und dann auch noch diese abgefuckte Gegend, entsetzlich. In Wirklichkeit zerfraß sie der Neid. Auf das Loft, die Aussicht, das totale Arnold-und-David-Glück.

Letztlich waren sie auch ganz zufrieden mit dem riesigen Wohnzimmer, in dem bei Partys locker vierzig Leute Platz hatten. Gut, es war wirklich nicht das beste Viertel Wiens. Tatsächlich hatte der 15. Bezirk den Ruf einer »oagen Gegend«, die Jugo-Lokale besuchten David und Arnold lieber nicht, und sie hielten auch nicht Händchen auf der Gasse. Davon abgesehen, dass sie auch sonst nicht die Händchenhaltetypen waren. Aber es tat sich was in dem Viertel. Ein paar Häuser weiter hatten junge Leute ein ehemaliges Sechziger-Jahre-Espresso übernommen und aus dem Grind-Tschocherl ein Szenelokal gemacht. Sein Fahrrad hatte David gleich ums Eck gekauft, und das Gemüse beim Türken drüben – am Anfang hatten sie ihn dort immer auf Türkisch angesprochen – war besser als im Supermarkt.

Sie lebten zu zweit auf fast 200 Quadratmetern in einer ehemaligen Kugelschreiberfabrik, hatten Platz ohne Ende, ein Schlafzimmer mit Pornobadewanne, eine Küche, in der man für Großfamilien kochen könnte, einen begehbaren Kleiderschrank, der so groß war wie Arnolds erste Studentenwohnung, und eine Dachterrasse. Wer in Wien etwas auf sich hielt, besaß eine Dachterrasse; bei David und Arnold stand sogar ein Whirlpool drauf. Sie hatten auf Google-Earth entdeckt, dass man ihn sehen konnte. Wenn man heranzoomte, konnte man auf dem Bild sogar sehen, dass zwei Personen drin saßen, allerdings war nicht zu erkennen, wer. Da waren nur zwei winzige Pünktchen und rundherum Stadt.

Sie ließen es sich gut gehen. Welches Lebensereignis blieb Schwulen Anfang, Mitte dreißig? Okay, die Karriere. Aber die machten Heteros ja auch. In Filmen und Romanen wurden Frauen schwanger und bekamen Kinder, Männer wurden Väter. Was das Leben von Mittdreißigern meist schlagartig veränderte und die nächsten zwanzig Jahre prägte. Ja, mittlerweile wurden sogar Lesben Mütter. Gestern erst im Spital hatten wieder zwei Frauen mit ihrem Sohn im Warteraum gesessen, der einen Schleich-Tiger verschluckt hatte, ach, das Regenbogenfamilienidyll. Private Turbulenzen wie bei Familien mit Kindern waren in den nächsten zwanzig Jahren also nicht zu erwarten. Schwule bekamen Eigentumswohnungen. Und saßen mit sexuell übertragbaren Krankheiten in Wartezimmern. Das konnte doch nicht alles gewesen sein!

David war eigentlich im besten Vateralter. Vielleicht hatte er sich auch darum »Daddy« auf die Brust tätowieren lassen, übrigens beim Tätowierer ums Eck und nicht in dem stylischen Laden im Freihausviertel vis-à-vis vom Anzengruber, wo ihm ein Absolvent der Kunstakademie vor ein paar Jahren in einer langwierigen Prozedur die abstrakten grünen und roten Quadrate auf den Rücken gestochen hatte.

Er drehte die Dusche ab, fischte sich ein frisches Badetuch aus dem Edelstahlregal und begann, sich abzutrocknen. Er betrachtete seine Brust. War gut verheilt. Sicher auch, weil er die entzündete Stelle ständig mit einer Salbe aus dem Spital eingeschmiert hatte. Aus seinem Blickwinkel stand die

Tätowierung auf dem Kopf, »hppap« las er. War ihm noch nie aufgefallen, er hatte sie zuvor immer nur verkehrt herum im Spiegel gesehen. Oder auf den Oben-ohne-Poser-Selfies, die er ständig auf Instagram postete. »hppap« las er, fast wie »happy«. Wie der Song von Pharrell Williams, den sie vorletzten Sommer rauf und runter gehört hatten. David freute sich über seine Entdeckung.

Mit dem Tattoo deklarierte er sich zum Vater, ein Titel, den es auch in der schwulen Welt gab: Ältere Typen, die auf jüngere Typen standen und zu denen er eigentlich nicht gehörte. Ihm fiel das Bürschchen aus dem Barbershop ein, der Zwanzigjährige, dem Toni ebenfalls einen Schnauzer verpasst hatte. Meiner ist größer, dachte David, holte eine schwarze Adidas-Jogginghose und einen altrosa Kapuzensweater aus dem Schrankzimmer und zog sich an. Es war bereits früher Nachmittag, und es fiel ihm jetzt schon schwer, sich wachzuhalten. Vor dem Nickerchen wollte er nur schnell noch Mails und Facebook checken. Auf dem Weg zu Arnolds Computer kam er an der Kücheninsel vorbei. Er sah den großen Obstkorb mit Äpfeln, Orangen und einer Ananas und überlegte kurz, sich noch einen Smoothie zu machen, entschied sich aber dann für irgendeinen Eiweißdrink, den er im Kühlschrank fand.

Schneeregen klatschte gegen die gläserne Schiebetür, die zur Terrasse führte. Der Computer war an, nur der Bildschirm war dunkel. David wackelte mit der Maus und klopfte gleichzeitig unmotiviert auf der Tastatur herum. Hoffentlich hatte Arnold nicht wieder vergessen, sich abzumelden. Offiziell hatten sie keine Geheimnisse voreinander, er kannte ja auch Arnolds Passwort – es war Davids Name plus das Datum ihres ersten Kusses, eine Art Liebeserklärung. Aber wenn jetzt Arnolds Gayromeo-Profil erschiene, würde er den Computer sofort wieder herunterfahren. Er wollte das nicht wissen. Er wollte nicht wissen, was Arnold in den Nächten trieb, die er im Spital verbrachte.

Sie waren noch nicht lang zusammen gewesen, da hatten sie das Gespräch, das viele frische Paare führen. Das anstrengende Gespräch, in dem man festlegte, wie die Beziehung aussehen würde, die nächsten Monate oder Jahre definierte. Und in dem man – total verknallt – sowieso allem zustimmt; Hauptsache zusammen. »Ich mag auch mit anderen Typen rumvögeln«, hatte Arnold gesagt, als sie – damals noch in Davids alter Wohnung – erschöpft vom Sex auf dem Bett lagen.

»Eine offene Partnerschaft?« David war sich unsicher.

»Genau, Spatzl, den ganzen wunderbaren Pärchenscheiß mit dir plus die Option, mit anderen Kerlen etwas anzufangen.«

David hatte geschwiegen. Seine Beziehungen bisher waren immer geschlossene gewesen; Beziehungen, in denen er, nebenbei bemerkt, den anderen trotzdem beschiss und sicher auch umgekehrt beschissen wurde. Rumvögeln mit anderen Typen? Er hatte nicht so recht gewusst.

»Komm, solange es nur Sex ist. Wenn sich die Gelegenheit ergibt. Weil es nichts bedeutet.« Arnold biss ihm ins Ohr.

Schließlich hatte sich David auf den Deal eingelassen, und er hatte das Gefühl, dass vor allem Arnold davon profitierte. Das war nun vier Jahre her.

Der Monitor erwachte aus dem Ruhezustand und wurde hell. Natürlich hatte Arnold vergessen sich abzumelden. Mehrere Fenster waren offen, hinter Arnolds Mailprogramm leuchtete schon Gayromeo, eine Schwulen-Dating-Seite, die

David immer schon zu anstrengend gewesen war. Er konnte das Eckchen eines Fotos mit nackter Männerhaut erkennen, erwog kurz, das Fenster nach vorne zu holen. Dann entschied er sich dagegen, fuhr mit der Maus auf den schwarzen Apfel links oben und wählte Ausschalten. Er hätte auch Arnolds Account abmelden können, aber er wollte endlich schlafen und ging Richtung Sofa.

Sofa beschrieb es nicht ganz, die Couch war ein graues Ungetüm, auf dem ein Dutzend Leute gemütlich herumliegen konnten. Arnold, der Design-Nazi, hatte die Wohnlandschaft ausgesucht, und David erinnerte sie an die Möbel, die auf Flughäfen in den Wartebereichen für Businessclass-Passagiere herumstanden. Dragitza hatte wieder die Lederkissen zu einer ordentlichen Reihe arrangiert und jedes einzelne in der Mitte bürgerlich-spießig zurechtgeklopft. Fehlt nur noch das Spitzendeckchen, dachte David. Mit letzter Kraft wühlte er sich durch die Kissenparade und brachte Dragitzas Ordnung durcheinander. Dann legte er sich hin, deckte sich mit der verfilzten grauen Wolldecke zu, die er schon seit seiner Kindheit besaß. Arnold hasste das Teil, aber David bestand drauf. Die Decke war sozusagen das einzige »Möbelstück« in der Wohnung aus seiner Welt.

Hätte er doch nachsehen sollen, was Arnold auf Gayromeo machte, mit wem er schrieb, wem er Fotos schickte? Sie hatten vereinbart, den jeweils anderen über ihre Dates nicht zu informieren, und hielten sich an diesen Deal. Die einzige Bedingung war: Nicht innerhalb der Familie, der ihr Freundeskreis war. Friends and Family galten als tabu. Ein Date mit nach Hause zu bringen, war natürlich ebenfalls verboten. Die Regel, dass der andere nicht in der Stadt sein durfte, hatten sie schon bald wieder aufgegeben. Es war schlicht zu kompliziert. Aber sie achteten zumindest darauf, dass der andere nicht in der Nähe war.

Der Regen hatte aufgehört gegen das Terrassenfenster zu trommeln.

Davids iPhone vibrierte in die Stille hinein. Martins Antwort auf das Selfie mit Schnauzbart. »Wie Mr. Slave aus Southpark«, hatte er getextet. Mit Herzchen.

Da schlief David bereits.

Stadt der Sterne

Steph sperrte ihre Wohnungstür auf. Direkt nach dem Kaffee mit Martin im Eiles war sie heimgefahren. Der Mann, mit dem sie die Nacht verbracht hatte, war weg. Natürlich, er war Student, hatte sicher Uni. Sie bemerkte gleich, dass er nicht aufgeräumt hatte, die leeren Bierdosen standen noch auf dem Sessel, den sie als Nachtkasten verwendete. Nachdem sie sich Schuhe und Mantel ausgezogen, die Dosen weggeräumt hatte, warf sie sich aufs ungemachte Bett und drückte ihr Gesicht in den zerknautschten Polster, auf dem er heute Nacht gelegen war. Sie versuchte, seinen, irgendeinen Duft zu riechen. Doch sie roch – nichts. Sie hatten keine Nummern ausgetauscht, hatten keine gemeinsamen Freunde, sie konnte ihn nicht auf Facebook oder Instagram suchen, sie kannte seinen Namen nicht. Er war ein Unbekannter. Wie sah er eigentlich aus? Steph strengte sich an, versuchte sich zu erinnern. Ein Gefühl war da, aber kein genaues Bild. Sie hatten kein gemeinsames Selfie gemacht, sie waren im echten Leben geblieben, im Jetzt. Und dieses Jetzt war gerade vorbei.

Er war hübsch, wirklich jung, seine stahlblauen Augen waren ihr sofort aufgefallen. Das Ungewöhnliche an der Geschichte war ja, dass der Typ ihr nicht vorgestellt worden war, sie hatten einander weder online noch auf irgendeiner Dating-App getroffen, auf keiner abgedrehten Privatparty von Freunden von Freunden. Sie waren sich gestern Abend – total old school – einfach zufällig auf der Straße begegnet. Sie war bei dieser unnötigen Präsentation in diesem unnötigen Designhotel in der Innenstadt gewesen, hatte andere Influencer getroffen, sich über die jungen Blogger-Kolleginnen geärgert, Tussis, die allzu oberflächlich das nachbeteten, was

57

ihnen diese PR-Leute erzählten. Weil sie noch mit Martin und ein paar Freunden bei einem Rita-Lena-Event verabredet war und eh schon zu spät dran, hatte sie sich beeilt. Als sie das Hotel verließ, war sie in einen jungen Mann hineingerannt, als sie blöd auf ihr Handy schaute, Martin texten wollte, sie sei jetzt unterwegs. Doch da stand der Bursche im Weg, und sie voll in ihn rein, und alles fiel runter – zum Glück nicht ihr Handy. Sie schauten sich an, und für einen Moment schien alles um sie herum stillzustehen. Wie in diesen bescheuerten Romantic-Comedy-Filmen mit Emma Stone oder wie die hieß. Nur, dass der Typ nicht so lalalandmäßig beautiful war wie Ryan Gosling, sondern wirklich gut aussah. Wie ein typischer Schwuler, meldete Stephs Gaydar umgehend; der Stil – enge Hipsterhose, Sneakers, Bomberjacke überm zu langen Pulli, Mütze, unter der ein Büschel Blond hervorquoll, ein etwas dürftiger Paartagebart – passte auch. Darum hatte sie auch überhaupt keinen Genierer, sich als Emma Stone, ehrlich jetzt, vorzustellen. Als er ihr dabei half, ihren runtergefallenen Kram vom schneenassen Gehsteig aufzulesen, sagte er, was für ein Zufall, er sei Ryan Gosling, so ganz auf deppert. Sie hatten gelacht, und als Steph ihn fragte, ob er heute Abend, also jetzt, schon was vorhabe, oder ob sie besser gleich hier im Hotel einen Drink und sich dann ein Zimmer nehmen würden, meinte er nö, da sei er eh dauernd, lieber woanders hin.

»Außerdem: Hotelzimmer, das ist jetzt aber nicht mehr Hollywood-Schas, sondern eher Porno-Drehbuch«. Sein Dialekt klang schwer nach Mühlviertel, was sie erstaunlicherweise sexy fand. »Du bist ganz schön schnell.«

Steph spielte das Spielchen weiter, das zwischen ihnen gerade lief. »Dann müsstest du jetzt Installateur sein. Bei mir zu Hause ist womöglich ein Abflussrohr verstopft, mein

Ehemann ist leider verreist, könntest du das eventuell reparieren, Ryan?« Hatte sie das gerade wirklich gesagt? Ihn Ryan genannt? Heavy flirting mit einem wildfremden Typen, den sie zwei Minuten vorher angerempelt hatte. Nur weil sie dachte, passiert eh nix, ist eh einer von den Guten. Hatte sie Online wirklich so versaut, distanzlos gemacht? Womöglich hatte sie einfach zu viel getrunken, bei dem PR-Dings gerade.

Plötzlich glich ihr Dialog einem abgedrehten Chatverlauf, und Ryan Gosling lieferte prompt. »Zufällig habe ich meine blaue Latzhose und die große Rohrzange dabei, wo ist die Adresse, lass uns hinfahren.«

Sie nahmen ein Taxi, das Steph bezahlte, und sie freute sich auf einen lustigen Abend mit diesem jungen Schwulen. Martin schrieb sie, sie käme doch nicht mehr, sorry, jemand dazwischengekommen. Beim Türken holten sie noch Bier und blödelten so weiter, bis sie bei ihr daheim ankamen. Er ließ sich von ihr die Wohnung zeigen, sie tranken, redeten über Musik, Filme, fanden dieselben Schauspieler sexy, hatten gemeinsame Lieblingsserien, irgendwann legte er seinen Kopf in ihren Schoß und sie hatte das Gefühl, dass alles, wirklich alles stimmte.

»Schön mit dir. Darf ich heute bei dir schlafen?«, fragte er. Steph nickte, sie würde ihm das Sofa herrichten, er grinste. Die Gegenwart von schwulen Männern war ihr vertraut, dieser hier war vielleicht weniger bitchy, weniger laut als ihre Freunde, aber er war auch jünger, eine neue Generation. Es fühlte sich gut an. Als sie mit zwei neuen eiskalten Ottakringer-Dosen aus der Küche zurückkam, war er rüber ins Schlafzimmer gegangen. Nackt lag er auf ihrem Bett und schaute sie frech an. Da war Steph zum ersten Mal an diesem Abend wirklich überrascht.

So treffen sich doch Menschen heute nicht mehr, dachte sie, als sie am nächsten Morgen mit dem angenehmen Gefühl aufwachte, dass jemand neben ihr lag. Er war nicht nach dem Sex schnell aufs Klo gegangen und dann grußlos verschwunden, wie sie es sonst immer machte. So musste sie sich erst vergewissern, nicht zu träumen. Doch. Tatsächlich war da der schöne junge Mann von letzter Nacht, lag auf der Seite, atmete ruhig, beide Hände unter seinem Kopf. Steph zupfte ein bisschen an der Decke, wollte seinen nackten Körper im dämmrigen Licht betrachten, das beim Fenster zum Hof hereinkam. Es war noch früh, sie würde bald aufstehen müssen. Ihre Augen waren noch etwas müde, noch schlaftrunken folgte sie mit ihrem Blick den Linien auf seiner Brust. So wie er lag, konnte Steph nicht erkennen, was die Tätowierung darstellte. Es sah aus wie ein unübersichtlicher Schnittmusterbogen, sie würde später nachsehen. Oder ihn fragen. Sie würde ihn dann auch endlich nach seinem echten Namen fragen, ihren Namen sagen. Emma und Ryan, lächerlich, sie wussten voneinander wirklich noch nicht ihre echten Namen. Hatte sie ihn aufgeweckt? Er drehte sich auf die andere Seite und machte dabei ein Geräusch, das wie heiteres Lachen klang. Er war nicht aufgewacht, aber er träumte und hatte gelacht. Steph freute sich. Jemand, der im Schlaf lacht, kann kein schlechter Mensch sein, dachte sie und beschloss, ihn nicht zu wecken. Sie stand auf, stolperte über Kleider, ihre, seine, bückte sich nach den Kondomen, die auf dem Boden lagen; eines war ausgelaufen und pickte am Parkett. Sie ging ins Badezimmer, warf es in den Mistkübel, pinkelte, duschte rasch, kehrte zurück ins Schlafzimmer, zog sich an. Sie war mit Martin verabredet, blöd, lieber wäre sie daheim geblieben. Ruhig atmend lag da der junge Mann, mit dem sie heute Nacht geschlafen hatte, in ihrem Bett, sie zog die

Decke über seine Schulter und ertappte sich dabei, diese Bewegung mit einer Art liebevoller Routine auszuführen, so, als ob sie sie schon oft gemacht hätte.

Dabei kannten sie sich gar nicht.

Er hatte keinen Zettel mit einer Handynummer hinterlassen. Steph ärgerte sich. Sie selbst hätte in der Früh ja auch eine Nachricht auf seine Klamotten legen können. Oder mit Lippenstift was auf den Badezimmerspiegel schreiben. War schön mit dir, musste weg, melde dich, sowas. Okay, das mit dem Badezimmerspiegel wäre vielleicht eine Spur zu gaga gewesen. Außerdem machten sie sowas wirklich nur im Film und eher nicht in der eigenen Wohnung, oder? Sie wusste nichts von ihm. Je offenherziger die Typen waren, darin hatte sie nach unzähligen Aufrissen echt schon Erfahrung, desto wahrscheinlicher war es, dass sie sie nie wieder sehen würde. Sagte einer, er habe eine Freundin, dann war klar, dass er nur auf ein schnelles Abenteuer aus war und nicht gleich heiraten wollte. Es war wie eine Absicherung, dass es nur um Sex ginge. Steph hatte es immer als sehr angenehm empfunden, zu wissen, woran sie war. Umgekehrt erzählte sie auch immer von ihrem – nicht existierenden – Boyfriend. Manchmal log sie sogar, sie sei lesbisch, was die Kerle umso mehr anspornte. Den Trick hatte sie von Lena, die, als sie noch nicht fix mit Rita zusammen war, den Frauen, die sie interessierten, erzählte, sie sei eigentlich hetero. Funktionierte angeblich super.

Den Jungen von gestern hatte Steph nicht belogen. Freilich war ihr Zusammentreffen eine Art Spiel, ein ausgelassenes Herumalbern, sie hatten getrunken, geredet und dann war er ja schon nackt auf ihrem Bett gelegen wie ein hübsch angerichtetes Dessert. Steph dachte über Lenas Trick nach. Wie kam sie überhaupt darauf, er sei schwul? Hatte er ihr das gesagt, damit sie ihn begehrenswerter findet? Nein. Vielleicht hielt sie ihn bloß für schwul, weil er so gut in die Homolade passte, kein Arschloch war, ihre Filme und Serien mochte. Womöglich war er für sie auch genau deshalb so attraktiv. Sie war auf ihren eigenen Trick, besser: den von Lena, hereingefallen. Jetzt war er weg und sie wusste nichts von ihm. Nicht einmal seinen Namen. Was sie wusste war, dass sie ihn wiedersehen wollte, kennenlernen, mit ihm zusammensein.

Bäuchlings lag Steph auf ihrem Bett und überlegte, wie sie ihn wiederfinden könnte. Ob er sie wiederfinden wollte. Er, der Namenlose, mit dem sie die Nacht verbracht hatte. Es läutete an der Tür. Schnell sprang sie auf, lief zur Gegensprechanlage, nur ein Paketbote. Sie arbeitete die meiste Zeit zu Hause, zu ihrem Blogger-Job gehörte es, dass Firmen ihr eine Menge Scheiß schickten. Sie hatte es sich zur Angewohnheit gemacht, sehr schnell bei der Tür zu sein, sonst waren die Zusteller sofort wieder weg und sie musste für irgendeinen Blödsinn, den sie nicht bestellt hatte, zum Paketshop rennen. Sie nahm das Packerl entgegen, unterschrieb auf dem Handscanner und schloss die Wohnungstür. Von so einer Vegan-Firma. Würde sie später aufmachen. Sie ging in die Küche und drückte sich einen Kaffee aus der Maschine, für die sie sich genierte. Müsste sie jetzt bloggen und ein Insta-Foto hochladen, hätte sie Sojamilch aufgeschäumt, so kippte sie einen Schuss eiskastenkalt in den Espresso. »Wurscht«, entfuhr es Steph, zum dritten Mal an diesem Tag. Sie setzte sich aufs Sofa und überlegte. Hatte der junge Mann nicht gesagt, dass er in dem Designhotel, vor dem sie sich gestern Abend begegnet waren, jeden Tag sei? Womöglich jobbte er dort. Sie beschloss, später einen kleinen Spaziergang durch die Innere Stadt zu machen. Sie würde ungefähr zur selben Zeit wie gestern vor dem Hotel sein, auf ihn warten. Vorher ein bisschen arbeiten, Mails beantworten, eine Story für den Blog schreiben, vielleicht noch ein Video ins Netz stellen. Steph ging zum großen Esstisch, den sie als Arbeitsplatz nutzte, wenn keine Gäste da waren.

Wieder ging die Türglocke. Die Nachbarin von unten beschwerte sich, sie wolle eh nichts sagen, aber der Lärm heute Nacht, die ganze Nacht, das ginge nun wirklich nicht. Kurz musste Steph überlegen, ob sie wirklich so laut gewesen waren. Dann erklärte sie der Alten, die sie angesichts ihrer Lärmbeschwerde erstaunlich schlecht verstand, dass daran unmöglich sie schuld gewesen sein konnte. »Das waren sicher wieder die vom Telefonsex im Hofgebäude«, sagte Steph und schob die Nachbarin zurück ins Stiegenhaus. Sie ging zurück zum Tisch und klappte ihr MacBook auf. Was, wenn er sie gar nicht wiedersehen wollte? Wenn er war wie sie sonst mit ihren Kerlen: eine Nacht und tschüss. So hatte sich das mit ihm aber nicht angefühlt. Sie klappte den Computer wieder zu. Was war passiert, dass sie sich so gar nicht konzentrieren konnte?

Mit sich selbst tanzen

Nachdem Martin Steph verabschiedet hatte, ging er zu Fuß Richtung Büro. Er beeilte sich, die Kälte war unangenehm. Nicht, dass er spät dran gewesen wäre. Vor allem jetzt im Winter, wo es weniger zu tun gab, konnte er seine Zeit ganz gut einteilen. Außerdem war er als Teilhaber sowieso sein eigener Chef. In einer Auslage sah er Packungen einer italienischen Kaffeemarke, Passalacqua, über die Ethan, sein Boyfriend, sich immer abhaute. Darauf zu sehen war ein Kind mit zwei Federn am Kopf, die Zunge im Mundwinkel. Eh total niedlich, aber eben auch total daneben. Ethan fand es komisch. Er wunderte sich darüber genauso wie über den kolonialistischen Meinl-Mohr, den sie mittlerweile politischkorrekt entschärft hatten. Ethan. Martin fiel auf, dass er in letzter Zeit weniger an ihn dachte. Sie hatten schon länger aufgehört, täglich zu skypen, immer eher spät wegen der Zeitverschiebung. Er hatte aufgehört, ihn ständig präsent zu haben.

Seit vielen Jahren schon führte er eine Long-Distance-Beziehung mit Ethan, der ein bisschen älter als er und ebenfalls Landschaftsplaner war. Martin hatte ihn bei einem Sabbatical in den USA getroffen und sie waren ein Paar geworden, ohne darüber nachzudenken, wie es sein würde, wenn Martin zurück in Wien wäre. Martin liebte Ethan. Es schlief sich gut mit Ethan, also jetzt tatsächlich schlafen, Licht aus, Augen zu. Mit keinem anderen Mann hatte Martin jemals so gut im Schlaf harmoniert, bei keinem anderen hatte er so einen guten Schlaf, war ausgeruht, erholt am nächsten Morgen. Natürlich schliefen sie auch miteinander, in der ersten Zeit zumindest. Auch der Sex machte Spaß, aber er war nicht mehr so wichtig wie damals, als er zwanzig war. Die Momente, die sie miteinander und miteinander im Bett verbrachten, wurden seltener.

Als Martin schließlich von Amerika nach Wien zurückkehrte, stellte sich so eine echte Fernbeziehung als nicht ganz einfach heraus. Ethan lebte weiter in New York, er und Martin sahen sich zwei, drei Mal im Jahr für ein paar Wochen oder Tage, wenn sie gemeinsam Urlaub machten. Martin war manchmal in New York, wo Ethan ein eigenes Büro betrieb, er liebte die Wahnsinnsstadt, fühlte sich dort Carrie-Bradshawmäßig wohl, war aber auch froh, wieder nach Europa zurück zu können. Nach Wien kam Ethan so gut wie nie, er mochte Österreich nicht besonders, was mit seiner Familiengeschichte zu tun hatte, also reisten sie nach Spanien, Schweden, Frankreich, machten Städtetrips, London, Kopenhagen, Lissabon.

Martins Bekannte waren immer erstaunt, wenn er, was eh selten vorkam, von seinem Partner erzählte. Ethan? Kannte niemand. Martin war sich sicher, dass die meisten seiner engeren Freunde dachten, er sei solo. Aber das war das Problem vieler Fernbeziehungen: Wer nicht ständig als Paar auftaucht, wird auch nicht als Paar wahrgenommen. Einerseits gut, weil eigene Persönlichkeit, Autonomie, Überwindung althergebrachter Paarmodelle, rumhuren. Andererseits. Steph kannte Ethan, David hatte ihn zwei, drei Mal getroffen – und nicht viel anfangen können mit dem Amerikaner. Ein gemeinsamer Urlaub von David, Arnold und Martin bei Ethan in New York wurde zwar lange geplant, kam aber nie zustande.

Martin und Ethan hatten sich jedenfalls arrangiert. Beide hatten immer wieder Affären, für beide war das okay. Allerdings hatten Martins Affären oft ein Problem damit, dass es da noch einen Boyfriend in Amerika gab.

Alleine in Wien, empfand er es als schönes Gefühl, dass sich auf der anderen Seite der Erdkugel jemand befand, dessen Herz ihm gehörte. Wobei er sich da in letzter Zeit nicht mehr sicher war. Klar, er sah das politisch unkorrekte Logo auf der Kaffeepackung, dachte an seinen Freund in New York, musste innerlich lachen und es fühlte sich irgendwie auch gut an. Aber etwas hatte sich verändert. Er dachte an Ethan eher wie an einen Verwandten, so eine Art Onkel in Amerika, der zwar da ist, schon immer da war, über dessen Dasein man sich freut. Aber den zu treffen mühsam ist. Man kennt sich nicht im Alltag, jede Zusammenkunft ist mit Organisation verbunden, bekommt etwas Bedeutsames. Sie sahen sich nie in einem ihrer Zuhause, sondern in Hotelzimmern oder Apartments, die sie über Airbnb gebucht hatten. In fremden Wohnungen. Immerhin konnten sie dann auch gemeinsam kochen, abwaschen, Beziehung simulieren. Die Zeit, die sie miteinander verbrachten, war mühsam aufgeladen. Alles musste perfekt sein, der perfekte Urlaub, das perfekte Dinner, der perfekte Fick. Eben die perfekten zwei, drei Wochen Ausnahmezustand im Jahr. Martin wünschte sich einfach nur Alltag. Er wollte eigentlich bloß, dass einer da war, wenn er nach Hause kam, dass er da war, wenn einer nach Hause kam, mehr nicht. Er wollte keine Show-Beziehung. Mit Ethan war es zum Beispiel nicht möglich, tagelang einfach nichts zu tun. Nur zu lesen, zu schweigen, Serien zu schauen, Nudeln zu kochen. Weil sie sich so selten sahen, schien ihre gemeinsame Zeit zu kostbar, um sie bloß mit Nichtstun zu vergeuden. Immerzu musste man etwas unternehmen, ins Theater gehen, irgendwelche Performances oder Ausstellungen anschauen, es war stressig.

Schließlich kam Martin vor dem Haus an, in dem sein Büro war. Der kurze Spaziergang an der kalten Luft hatte ihm gutgetan. Er tippte den Zugangscode ein und öffnete das Haustor, nahm die Stiegen ins Mezzanin. Dann sperrte er die Bürotür auf. Obwohl es schon spät war, war er der Erste heute. Er dachte wieder an Steph und schickte ihr eine Nachricht: »Wie heißt er eigentlich?«

Steph antwortete nicht.

Wir fanden Liebe

David hatte Sex mit Arnold, Arnold (nur ein Mal) mit Peter. Peter war mit Ulli im Bett, Ulli mit Alexander. Alexander hatte was mit Werner, Werner mit Hannes und Florian. Hannes und Florian holten sich gerne mal wen Dritten dazu, das sollte ihre eingeschlafene Beziehung aufspicen. Einmal hatten sie zum Beispiel was mit Michi. Michi schlief mit Christian (es war nicht so super), Christian mit John, John mit dem gefeierten Theaterautor – übrigens ohne zu wissen, dass es sich dabei um einen gefeierten Theaterautor handelte. Der hatte eine Affäre mit Gerold. Gerold trieb es mit Ahmet, Ahmet mit Paul, Paul mit Georg und Georg wieder mit Ahmet. Ahmet machte mit Eric rum, Eric fickte Gabriel und ließ sich von Leo ficken. Leo hatte vor vielen Jahren mal was mit Martin laufen gehabt.

David und Martin waren sozusagen über viele Ecken miteinander verbandelt. Darüber hinaus aber hatten sie nie etwas miteinander gehabt. Nicht, dass da keine Gelegenheit gewesen wäre. Vor zehn Jahren, als sie sich kennenlernten, war Martin gerade aus New York zurückgekehrt, frisch mit Ethan zusammen, führte eine anstrengende Fernbeziehung und sehnte sich nach Nähe. David hatte sich gerade von seinem damaligen Freund getrennt, kostete die wiedererlangte Freiheit aus. Genau genommen war David für ihn zu jung, fand Martin. Er hatte keine Lust auf Wettbewerb, wollte sich nicht messen an jemandem, der noch in seinen Zwanzigern war. In Davids Augen wiederum war Martin, zu der Zeit erst knapp über vierzig, ein uralter Mann und weit entfernt von seinem Beuteschema. Er sah nicht schlecht aus, sexy fand er ihn nicht. Er stand nicht auf Gingertypen, Rothaarige im Allgemeinen, und nicht auf Martin im Speziellen.

Erstaunlicherweise mochten sich die zwei trotzdem auf Anhieb. Warum, war ihnen anfangs selbst nicht klar.

Sie hatten sich in irgendeinem Chat auf einer gemeinsamen Humorebene getroffen, über Dinge gelacht, die nicht unbedingt Mainstream waren. Die Sache mit dem Internet war noch relativ frisch, und dass man sich zu jemandem hingezogen fühlte, den man bloß von ein paar Fotos und geschriebenen Meldungen kannte, war eine neue Erfahrung. Wochenlang posteten sie irgendeinen Quatsch auf einer überschaubaren queeren Social-Media-Plattform, die ein paar Lesben und Schwule im Umfeld eines Radiosenders ins Leben gerufen hatten und die alle paar Monate eine queere Party veranstaltete. Sie chatteten viel, unterhielten sich über Musik, Filme und Serien, wobei sie sich aus einer Laune heraus siezten, mit Nachnamen und irgendwelchen erfundenen akademischen Titeln ansprachen. Schließlich vereinbarten sie ein erstes Treffen. Martin wollte dem Online-Bekannten ein vergriffenes Buch von Max Goldt schenken, das er seit den Achtzigern besaß. Für Martin war der Schriftsteller schon immer eine Art Lackmustest für Witzbereitschaft gewesen: Wer über Goldt lachte, teilte seinen Humor. Ein Übergabetermin wurde vereinbart im Café Korb, einem Artsy-Fartsy-Kaffeehaus in der Innenstadt, das ihnen passend für den Anlass erschien: keine schmierige Gaybar, heteronormativer neutraler Boden sozusagen, aber trotzdem ein bisschen fancy.

Sie nannten dieses erste Treffen Date, aber es war keines. David wollte dann erst gar nicht hingehen. Er hatte Angst, die Stimme würde nicht zu dem Martin passen, mit dem er wochenlang im Chat so viel Spaß gehabt hatte. Er fürchtete, dass die Chemie zwischen ihnen nur im virtuellen Raum da sein könnte, dass Martin im echten Leben der alte

Mann war, der ein Typ in diesem Alter doch schließlich sein musste. Womöglich war er ja noch viel älter, ein Fake, ein grauslicher Greis, der ihn die ganze Zeit bloß verarscht hatte. Martin wiederum war aufgeregt, weil er sich auf keinen Fall verlieben wollte in den hübschen Jungen, den er nur auf ein paar Fotos gesehen hatte. Weil es das mit Ethan in New York noch komplizierter machen würde, als es ohnehin schon war. Weil er doch bisher immer der Jüngere gewesen war. Weil überhaupt.

Schließlich standen sie sich vorm Korb zum ersten Mal gegenüber.

»Sie sehen in Wirklichkeit ganz anders aus als auf dem Foto«, sagte David gespielt gespreizt, nachdem sie einander umarmt hatten wie alte Freunde.

»Sie auch, Herr Medizinalrat, viel besser.« Für einen Zugezogenen imitierte Martin das näselnde Hofratswienerisch, diesen Küss-die-Hand-Tonfall, ganz gut.

»Können wir uns nicht endlich duzen?«

»Aber Herr Doktor!«

»Außerdem bin ich noch gar kein Doktor.«

Sie saßen im Gastgarten des Cafés auf bunten Metallmöbeln, tranken Bier, redeten und redeten, und es war, als würden sie sich ewig kennen. David freute sich, jemanden gefunden zu haben, der ihn unterhaltsam fand, seinen schwarzen Humor verstand, seine Cleverness erkannte und der in ihm nicht bloß den argentinischen Gaucho-Hengst sah. Jemand, der kein potenzieller Bettpartner war und, noch wichtiger, nichts mit Medizin zu tun hatte. Umgekehrt war Martin zwar schon sehr beeindruckt von der Schönheit dieses jungen Mannes, seiner Lebenslust, er würde ihn aber jetzt auf keinen Fall anbraten. Vielleicht hatten auch beide

Sorge, dass nach einer möglichen kleinen Affäre das ganze Tolle zwischen ihnen schlagartig wieder vorbei sein würde. Ohne jemals darüber gesprochen zu haben, beschlossen sie damals, jeder für sich, die große Freundschaft, die gerade begann, nicht aufs Spiel zu setzen.

In den nächsten Wochen sahen sie einander fast täglich in irgendeinem Lokal. Sie fuhren mit den Rädern auf die Donauinsel, picknickten im Lainzer Tiergarten, gingen auf Konzerte. Martin zeigte David das Kunsthistorische Museum, David dem Nicht-Wiener das Viertel, in dem er aufgewachsen war. Sie lernten sich besser kennen, erzählten einander von früher, was bei Martin etwas länger her war. Sie machten so viel gemeinsam, dass Steph schon richtig eifersüchtig wurde auf »diesen David«, in den Martin »sicher verliebt« sei. Ja, die beste Freundin schrieb ihm erboste SMS, weil er sie vernachlässige. Wochen später, als er ihr David schließlich vorstellte, war sie erstaunlich ruppig zu ihm. Bis heute wurden Steph und David nicht wirklich miteinander warm, was nur teilweise an David lag. Sie hielt es schlicht schwer aus, dass noch jemand für Martin wichtig war, noch jemand, mit dem er nicht schlief.

Für Martin war David so etwas wie der kleine Bruder, den er sich immer gewünscht hatte. Die beiden verbanden die Gegensätze. David fand Martins Künstlerfreunde unterhaltsam, jedenfalls die meisten, und umgekehrt genoss auch Martin Davids Geschichte, seine großbürgerliche Herkunft, die ganze Südamerika-Kiste. Martin schätzte Davids viele Begabungen. Er konnte zum Beispiel für ein Dutzend Gäste ein Abendessen zubereiten, ohne dabei in Stress zu geraten. Er konnte wunderbar singen, war schlau und gleichzeitig wieder albern wie nix. Vor allem aber berührte Martin

Davids verletzliche Seite. Dieser große, starke Mann war oft unsicher, scheu und diese Unsicherheit stand im großen Widerspruch zu seiner ganzen maskulinen Erscheinung. Für David war Martin der Mensch, dem er sich anvertraute, dem er nichts vorzuspielen brauchte. Er bewunderte die Konsequenz, mit der Martin sein Leben führte, wie er seinen Prinzipien treu blieb. Auch dem Prinzip ihrer Freundschaft.

Auf eine unausgesprochene Weise fanden die beiden einander spannend, und diese Spannung hatte über all die Jahre gehalten, seit ihrem ersten Treffen.

Als Martin ihm vor vier Jahren Arnold vorstellte, sie hatten an einem gemeinsamen Projekt gearbeitet, kapierte dieser zunächst nicht, wie die Freundschaft der beiden funktionierte. Arnold, der den großen dunklen David extrem anziehend fand, ging fix davon aus, dass er und Martin zusammen waren. Weshalb es ihn zunächst sehr irritierte, von David angebraten zu werden. Auch, als sie längst ein Paar waren, blieb ihm das Verhältnis rätselhaft. »Dein Brudi«, sagte Arnold einmal über Martin, als wären sie so harte Ghettoboys. Und David sagte nichts.

Feuerwerk

»Mein Uber-Fahrer ist so eine geile Drecksau, darf man wen mitbringen?«, textete Peter, und Arnold schrieb zurück, auf keinen Fall. Sie müssten eh gleich los, also bitte nicht. »Obwohl«, hackte er hektisch mit beiden Daumen auf das Display seines iPhones, während er sich vergewisserte, dass David, der direkt neben ihm auf dem grauen Wahnsinnssofa saß, nicht mitlas, »wenn der Typ richtig scharf ist, bring ihn mit rauf.« Aber David hatte eh kein Interesse. Er hatte eine anstrengende Woche hinter sich, viele Dienste, wenig Zeit fürs Gym, und es war echt kein Laufwetter. Entsprechend matt schaute er vor sich hin und zupfte an seiner grauen Kindheits-Filzdecke herum, mit der er sich zugedeckt hatte. Arnold schickte noch ein ironisches Zwinker-Emoji, damit Peter den Fahrer nicht tatsächlich, und schob das Handy in die Tasche seiner Jeans. Sie hatten vor, einen neuen, politisch korrekten queeren Comedyclub zu besuchen und waren einigermaßen skeptisch. Witzig UND political correct? Ein paar der Jungs waren schon zum Vorglühen gekommen, und sie hatten einhellig entschieden, dass das schlicht unmöglich sei.

»Humor muss weh tun«, mischte sich jetzt Peter ins Gespräch ein, der eben auf Socken ins Zimmer gekommen war. Er wusste nicht, was zuvor besprochen worden war, traf aber ganz gut den Tenor.

Arnold schaute ihn mit diesem mitleidigen Sesselkreisblick an. »Thank's for sharing. Was willst du trinken?«

Peter bestellte Prosecco, es gab immer Prosecco. David kam es vor, als würde er jeden Tag auf dem Weg ins Gym – begleitet von einem verräterischen Klirren – sackerlweise leere Proseccoflaschen zum Altglascontainer am Ende der Gasse bringen. Er war der Einzige, der ein Glas Leitungswasser vor sich stehen hatte. »Wenn ich es nicht aushalte, dass jemand Witze auf meine Kosten macht, dann sollte ich vielleicht besser in die Oper gehen«, sagte er.

Arnold prostete allen zu und nahm einen Schluck. »Aber ich finde es halt auch nicht so superlustig, wenn ein hässlicher Hetero-Dude mit Tuntenstimme Witze auf meine Kosten macht. Das war schon bei ›Charleys Tante‹ nicht komisch.«

»Charleys Tunte«, korrigierte Peter und gab seiner Stimme diesen Tonfall, den schwule Charaktere in amerikanischen Filmen in der deutschen Synchronfassung früher immer hatten. Gleichzeitig griff er sich ans Dekolletee, als prüfe er, ob eine imaginäre Perlenkette richtig sitzt. »Wobei ich glaube, dass das damals bei Peter Alexander maximal frauenfeindlich und nicht homophob gemeint war. So aus der queerfeministischen Distanz betrachtet. Aber was bleibt einem, wenn man sich nicht über andere lustig machen darf, weil die dann beleidigt sein könnten?«

»Man macht sich über sich selbst lustig«, sagte Arnold, ebenfalls gespielt tuntig. »Man macht sich zum Opfer seines eigenen Spotts.«

Genau so war es dann auch, kurze Zeit später auf der Bühne des queeren Comedy-Clubs in einem ehemaligen Kino gleich ums Eck, das nun ein Theater war. Die Unterhaltungskünstlerin, die von sich selbst behauptete, eine Lipstick-Lesbe im Körper einer Butch zu sein, trat sich unter Zuhilfenahme vieler subkultureller Codes, die den Lachern nach zu urteilen nur die Frauen im Saal verstanden, verbal selbst in den Hintern. »Sicheres Terrain«, flüsterte Peter Arnold zu und wurde sofort von seinem Nachbarn zurechtgeshhhht, »da läuft sie nicht Gefahr, irgendwen zu verletzen.«

Die tolle Lesbe mit finnisch-schwedischer Herkunftskultur, weltberühmt in Wien, und der Tiroler mit dem besten Humor der Stadt, beide kannten sie vom Fortgehen, man war sich bussibussinah, hatten den politisch-korrekten Comedyclub ins Leben gerufen. Die meisten Acts an diesem Premieren-Abend kamen richtig gut an. Auch wenn sie sich in der Regel um den queeren Alltag oder eben um die Personen selbst drehten, die gerade ihren Auftritt hatten. So erzählte die finnische Schwedin, dass sie sich abends vorm Weggehen den Mund erst aufmalen müsse, da sei nichts. Ihre Mutter hätte ihr als Kind immer gesagt, ihr lippenloser Mund »looks like an asshole« (obwohl sie ganz gut Deutsch konnte, sprach sie lieber Englisch, wenn sie lustig war). Das Publikum johlte. Peter flüsterte Arnold zu, fast dieselbe Geschichte habe ihm mal Bernd erzählt, die bärtige Dragqueen, deren Lover immer sage, dass Küssen mit ihr ungeschminkt wie Rimming sei. »Shhshh«, machte Peters Sitznachbar wieder.

Die Show ging weiter mit Gags aus der eigenen Bubble. Figuren wie der amerikanische Präsident oder irgendwelche Hollywood-Promis waren natürlich nicht tabu, hatten aber mit dem Rest der Storys recht wenig zu tun, die auf der Bühne vorgetragen wurden. Einzig eine zunächst noch quietschvergnügte junge Frau, die ein T-Shirt mit Regenbogen-Batik trug und sich in ihrem Vortrag zwar als queer bezeichnet hatte, aber dann eher als vollstraight entpuppte, machte einen Fehler. Sie erklärte, dass es ihr beim Männerkennenlernen – das Publikum im Saal hielt bereits den Atem an: beim Männerkennenlernen!? – immer sehr helfe, als Frau auch wie eine Frau auszusehen. Das. Ging. Gar. Nicht. In einem anderen Setting hätte der Satz, der ja möglicherweise ironisch gemeint war, vielleicht funktioniert. In der queeren

Spaßbude aber wurde es plötzlich ganz still, und die Regenbogenfrau beendete ihren Auftritt recht bald.

Während der Pause hingen sie auf der Straße vor dem Theater herum, rauchten, froren und empörten sich über den sexistischen Spruch der Männerkennenlernerin, solange Frauen in ihrer Nähe standen. Und machten politisch sehr unkorrekte Witze, wenn niemand anderes mehr zuhörte.

»Das ist unser Safe Space«, rief Peter, als ihn einer seiner Exfreunde mit einem liebevollen »Hallo du alte Schwanzraspel« begrüßte. »Genau genommen ist es ein Safe-Safe-Space, da darf ich auch wieder unkorrekt sein.«

»Du warst wohl wieder im Shave Space«, gackerte einer der Jungs und zupfte an Davids Schnauzbart.

»Shhhhhh«, machte Arnold, »der Tiroler ist im Anmarsch.«

Der Gastgeber, der im ersten Teil bereits seinen gefeierten Auftritt gehabt hatte, in dem er selbstverständlich sich selbst und einen potenziellen Chef – nach oben durfte man ja treten – durch den Kakao zog, war aber nur rausgekommen, um das Publikum wieder in den Saal zu bitten. Die Rauchpause war zu Ende.

»Safe Spaces sind fürchterlich anstrengend«, stöhnte Arnold, als er mit David eine Stunde später zu Fuß nach Hause ging. Die anderen wollten noch auf eine Privatparty, aber sie beide waren zu müde gewesen. »Ich bin nur froh, dass es nicht so einen Skandal gegeben hat wie neulich bei der queeren Silvestersause, wo sich ein Typ als Goa-Hippie verkleidet hat – mit einem Bindi.«

»Mit einem was?« David war stehen geblieben, um sein Schuhband zuzumachen und fingerte an seinen Sneakern herum.

»Einem Bindi. Das ist der rote Punkt, den sich die Inderinnen auf die Stirn malen.« Arnold tippte mit dem Zeigefinger gegen die Stirn seines Freundes.

David schaute irritiert, als hätte er noch nie im Leben davon gehört. »Was ist da jetzt das Problem?«, fragte er dann.

»Es ist Cultural Appropriation.« Arnold war stolz, dem schlauen Herrn Doktor noch etwas beibringen zu können. Er hatte damals die Diskussion nach der Party auf der Facebookseite der Veranstalter mitverfolgt und auch erstmal googeln müssen. »Kulturelle Aneignung ist nämlich irre böse, weil man die religiösen Gefühle der Leute verletzt oder so.«

»War denn eine Inderin auf dieser depperten Party und hat sich in ihren Gefühlen verletzt gefühlt?«

»Nein. Weiß nicht. Egal. Es hat jedenfalls einen Mordsärger gegeben. Sie haben den Typen gezwungen, sich das Bindi abzuschminken.«

»Die Leute haben Probleme«, murmelte David und dachte an Situationen auf der Notfallambulanz im Spital oder im letzten Sommer, als er im Flüchtlingslager geholfen hatte, Momente, in denen ein aufgemalter Punkt auf der Stirn mit Sicherheit gar keine Rolle spielte. »Vielleicht machen wir uns alle viel zu viel Gedanken für Menschen, denen so ein Bindi total wurscht ist. Vielleicht sollte man sie einfach mal selbst fragen, was ihnen wichtig ist.«

Sie waren vor ihrem Haus angekommen. »Erinnerst du dich an die Mottoparty zum Thema Afrika vor ein paar Jahren?« Natürlich erinnerte sich David. Veranstalter war ein kleiner schwuler Charity-Verein, sie hatten sich damals aus Quatsch Tickets besorgt, sich als Zootiere verkleidet und auf einen prollig-derben Abend mit billigen Getränken, ganz schlimmer Travestieshow und Wurstplatten im girlandenverzierten Vereinsheim in der Vorstadt gefreut. Dann hatten sie sich aber doch ein bisschen fremdgeschämt, weil erstaunlich viele Gäste als »Afrikaner« verkleidet waren, mit Baströckchen, schwarzen Lockenperücken und schwarz angemalten Gesichtern; das ganze Programm. Sie hatten damals versucht herauszubekommen, ob die Kostümierten rassistisch oder einfach nur ahnungslos waren und kamen zum Ergebnis, dass in der Welt dieser Leute »Blackfacing« offenbar noch okay war. Oder vielmehr: Es war unbekannt. Diese Ignoranten fanden einfach nichts dabei. Eine Gruppe hatte sogar mit einer jungen Frau aus Afrika einen idiotischen Tanz einstudiert und die Choreografin schien die ganze Szenerie nicht zu stören. Sie feierte fröhlich mit ihrer Tanzgruppe. Die Freunde hatten achtgegeben, nicht gemeinsam mit den schwarz Angemalten fotografiert zu werden, später fanden sich prompt Bilder von dem Abend im Internet und der Skandal war da.

Natürlich: In ihrer Welt ging man nicht als »Afrikaner« geschminkt zu einem Kostümball. Die, die sich später aufregten, waren zwar nicht dabei gewesen, redeten aber auch nicht über das Geld, das bei der Veranstaltung zusammenkam und für ein Waisenhaus in Nigeria gesammelt wurde, sondern klagten an, forderten Konsequenzen. »Vielleicht brauchen wir wirklich eigene Safe-Safe-Spaces«, sagte David und sperrte die Wohnungstür auf. »Orte, an denen man so derb sein kann, wie man mag. An denen man total unkorrekte Sachen tut und sagt, die man in der Öffentlichkeit oder im queeren Safe Space niemals tun und sagen würde.«

Arnold gab ihm einen Kuss und griff ihm gleichzeitig ziemlich derb in den Schritt. »Willkommen zu Hause, du geile argentinische Drecksau!«

Gemeinsam räumten sie die schmutzigen Gläser in den Geschirrspüler.

Bumerang

Die anderen nahmen nach dem Comedyclub den Bus und fuhren weiter in den Sechsten. Jemand, den sie nicht so gut kannten, kannte jemanden, der Geburtstag feierte und angeblich eine große Wohnung besaß. Er hatte Freunde eingeladen und sie fühlten sich irgendwie mitgemeint. In einem Dönerladen kauften sie noch ein paar Dosen Ottakringer und als sie in der Gasse ankamen, wo die Party stattfinden sollte, brauchten sie die Hausnummer nicht nochmal nachzuschauen. Man hörte schon ganz gut, wo gefeiert wurde. Die Fenster im dritten Stock standen trotz der Kälte offen, Leute lärmten, Musik plärrte, sie mussten ein paar Mal klingeln, bis ihnen jemand das Haustor aufmachte.

Oben öffnete ihnen Martin, der zufällig auch da war. Er trug ein gelbes, heftig geblümtes Sommerkleid über seinen normalen Klamotten und schien sich nicht besonders wohl zu fühlen in dem Outfit, in dem er aussah wie Sophia, die Alte aus »Golden Girls«. Ja, er wirkte beinahe verstört. »Gut, dass ihr auch da seid«, sagte er zur Begrüßung und küsste Peter und die Jungs. »Ich kenne hier wirklich überhaupt keinen, lauter Gays.« Um ihn herum war ausgelassene Stimmung, offenbar handelte es sich um eine Motto-Party, wobei das Motto auf den ersten Blick nicht wirklich ersichtlich war. Die meisten Gäste trugen irgendwelche bunten Vintage-Kleider aus den Achtzigern. »Schulterpolster«, sagte Peter, »das Motto lautet natürlich Schulterpolster!« Da eilte schon ein Mittdreißiger herbei, der sich als Gastgeber und Geburtstagskind herausstellte. Der Mann mit Hakennase und Designerbrille, den sie nur vom Sehen kannten – angeblich Systemadministrator, Typ unscheinbarer Computernerd –, trug eine Art Brautkleid und wirkte schon recht angesoffen. Er zeigte ihnen, wo Küche, Getränke und »die Roben« waren. Ja, genau, die Roben. Der Jubilar rollte bei dem Wort dramatisch das R, und seine Stimme klang dabei etwa so quäkig wie die von Cissy Kraner; das war die mit dem Novak. Er zwang sie tatsächlich, sich aus einem riesigen Altkleiderhaufen, der auf dem Bett im Schlafzimmer aufgetürmt war, ein passendes Teil auszusuchen und es sofort, SOFORRRT!, anzuziehen. Das sei hier und heute nämlich eine Dragparty. Wieder rollte der Gastgeber das R, und es klang gequäkt wie »Drrrrreckparrty«. Die Neuankömmlinge durchsuchten mehr oder weniger enthusiasmiert den Klamottenberg. Martin stand in seinem lächerlichen gelben Sommerdress daneben und verzog das Gesicht. Er war froh, dass sie da waren.

»Ich komme mir grad vor wie diese Roma-Frauen, die immer in die Altkleidercontainer reinkriechen und dann nicht mehr rauskommen und von der Feuerwehr gerettet werden müssen«, sagte Peter.

»Sieht eher aus wie der Naschmarkt-Flohmarkt, kurz bevor die Putztrupps kommen«, fand Martin.

»Ich bin mir jetzt übrigens ziemlich sicher, dass das hier eine Bad-Taste-Party ist.« Peter entschied sich für einen Polyestertraum in Schreigrün mit langen Ärmeln und ein paar Minuten später fischten sie im Badezimmer Dosenbier aus der mit kaltem Wasser gefüllten Wanne, auf deren Rand drei sehr junge Typen miteinander rummachten. »In der Küche gibt es auch Prosecco«, rief der Gastgeber im Vorübergehen, mit ihren Outfits und überhaupt mit der ganzen Party schien er äußerst zufrieden zu sein. Dass die Türglocke ging, überhörte er. Es störte ihn jedenfalls nicht. Keiner der Gäste reagierte. Vielleicht war es ja die Polizei, die lärmgeplagte Anrainer gerufen hatten. Da machte man besser nicht auf.

Die Jungs spazierten durch die Wohnung, ignorierten die Gays im Fummel, die ebenso gekonnt von ihnen keine Notiz nahmen. Im Einander-Ignorieren waren Schwule mindestens so gut wie im Mit-Blicken-Ausziehen. Schließlich blieben sie in der Küche hängen, wo tatsächlich noch Prosecco im Kühlschrank und ein kleines Buffet aufgebaut war, das allerdings schon recht geplündert wirkte. Zum zweiten Mal an diesem Abend traf Peter auf einen Ex-Freund, ein androgyner Typ, der in Bluse und Faltenrock aussah wie eine brave Internatsschülerin. »Riesenschwanz«, flüsterte Peter, als der Ex nach einem kurzen Smalltalk-Moment weiterging, und machte zwischen jeder Silbe eine kleine Pause. Martin fragte ihn, ob er eigentlich jede seiner unzähligen Affären schon als Beziehung definieren würde, und Peter tat empört. »Schatzi, wir waren immerhin zwei Wochen zusammen. In der Zeit hatten wir mindestens dreißig Mal Sex. Also richtig Sex. Miteinander. Das ist mehr als in so mancher langjährigen Homoehe!«

Währenddessen stand unten auf der Gasse Steph vorm Haus und läutete Sturm. Sie hörte den Partylärm, aber kein Schwein öffnete. Schließlich ging das Haustor auf, und ein Foodora-Bote trat mit seinem sperrigen pinken Thermo-Rucksack auf die Gasse. Steph nutzte die Gelegenheit und schlüpfte ins Stiegenhaus. Sie ging die drei Stockwerke hinauf und war froh, heute nicht ihre höchsten Schuhe zu tragen. Das Motto der Party lautete irgendwas mit Drag, zumindest hatte es so in der Facebook-Einladung gestanden, sie hielt sich dran und trug einen klassischen Smoking. Der Partylärm wurde lauter, im zweiten Stock fiel ihr ein Typ im leichten Sommerkleid entgegen, der sich gerade noch an einer Bassena festhalten konnte, in die er geräuschvoll hineinspieb. Steph spürte einen leichten Würgreflex. Der Typ kam ihr bekannt vor. Oder war es bloß das orange-beige Kleid mit dem Rautenmuster, das sie von irgendwoher kannte? Eigentlich hatte sie überhaupt keine Lust gehabt auf diese Party. Aber sie hatte Mike, dem Gastgeber, versprochen zu kommen. Sie waren im Herbst gemeinsam auf dieser Kreuzfahrt gewesen und sie fühlte sich irgendwie verpflichtet. Außerdem hatte sie Martin als ihr »plus 1« herbestellt, der ihr schon die ganze Zeit verzweifelte WhatsApp-Nachrichten schickte, wo sie denn bliebe. Es waren schließlich ihre Freunde. Und sie war viel zu spät dran.

Die Wohnungstür stand einen Spalt offen, wahrscheinlich hatte der Speibende eine Etage tiefer sie nicht geschlossen. Blümchens »Boomerang« wummerte ins Stiegenhaus, einige Gäste schrien mit. Steph hörte den Song und wusste genau: Martin findet den Dumpfbackentechno aus den Neunzigern unaushaltbar. Nicht einmal ironisch konnte man Blümchen gut finden. Die Dreißigjährigen, die mit Blümchen groß geworden waren, meinten's aber überhaupt nicht ironisch, sie waren und blieben Fans der unsäglichen Sängerin aus dem Nach-Wende-Deutschland. Wahrscheinlich würde sie sich von Martin gleich eine Hasstirade anhören können. Sie betrat die Wohnung – und bekam einen Schock. Die meisten Männer hier trugen Kleider. Dieser Umstand hätte Steph, gelernte Fag Hag und zertifizierte Schwulenversteherin, natürlich in keiner Weise beunruhigt. Sie ging oft mit Kerlen aus, die in Drag waren, perfekter geschminkt als sie, mit sehr viel Haar und auf hohen Hacken bewundernswert elegant. Aber die meisten Anwesenden, und das fand Steph jetzt wirklich creepy, trugen die Kleider ihrer Mutter, die vor ein paar Monaten gestorben war. Ihr Vater hatte sie damals gefragt, was er mit den Kleidern machen solle. Das Zeug selbst zu tragen, kam für sie aus vielerlei Gründen nicht in Frage. Es war hässlich, es war nicht vegan, es hatte ihrer Mutter gehört.

Also würde Steph den Inhalt des mütterlichen Kleiderkastens müllsackweise ins Familienauto verladen, um ihn der Caritas zu spenden. Oder doch besser alles über Ebay verscherbeln? Es waren ja immerhin auch ein paar Luxuslabels dabei. Schließlich hatte sich Steph anders entschieden und das Zeug ihrem Freund Mike vorbeigebracht, von dem sie wusste, dass er sich gerne für Partys verkleidete. Nun dürften die Kleider ihrer Mutter aus Mikes Fundus zum Allgemeingut geworden sein.

Eine Wiener Altbauwohnung voll mit Schwulen um die Dreißig, die die Lieblingsklamotten ihrer toten Mutter trugen und in kollektiver Verzückung mit Blümchen »Wie ein Boom-Boom-Boomerang, komm ich immer wieder bei dir an« kreischten: In der nächsten Therapiestunde mit Herrn Richter würde Steph einiges zu besprechen haben. Sie schob sich durch die Männermenge Richtung Küche, wo sie Martin vermutete. Vorbei an einem feixenden Duttträger mit Fusselbart im braun gestreiften Chanel-Kostüm, das Stephs Mutter damals bei ihrer Maturafeier getragen hatte. Vorbei an einem blassen Jungen, der irgendwas eingeworfen haben musste, sie mit großen Augen anstarrte und das marineblaue Dior-Oberteil mit der großen Schleife trug, das ihre Mutter immer zu Weihnachten aus dem Kasten geholt hatte. Vorbei an den Tucken in Giftgelb, Grellorange, Froschgrün und Feuerrot. In ihrem schwarzen Marlene-Smoking glitt Steph durch ein Meer aus Farben und Mustern, die sie fast alle von Familienfotos kannte, und musste feststellen, dass ihre Mutter einen ganz grässlichen Modegeschmack gehabt hatte.

»Du schaust aus, als wärst du reif fürs Schwulenmüttergenesungswerk«, begrüßte sie Martin, der in der Küche stand und sich gerade ein portugiesisches Vanilletörtchen in den Mund schob. Gelber Pudding tropfte auf sein gelbes Kleid.

»Oida, das hat meine Mama im Sommer 1987 getragen«, sagte Steph und gab ihm einen Kuss. »Die Schulterpolster zaubern dir ein richtiges Cornetto. Du bist ja sonst eher der schmale Typ.«

»Deine Mama hat echt keinen Geschmack gehabt.« Martin wusste, dass Stephs Verhältnis zu ihrer Mutter so lala gewesen war. Jetzt war ihm auch klar, wer für den Kleiderhaufen im Schlafzimmer verantwortlich war. Schnell zog er das große Gelbe mit den Puffärmeln aus, in dem er sich ohnehin nicht wohlgefühlt hatte. »Auf einer Skala von eins bis zehn, wie trippig ist das hier grad für dich?«

»Geht so, acht.« Steph zog eine Flasche mit veganem Wein aus ihrer Freitagtasche, ein Bestechungsgeschenk, das sie bei einem Bloggerevent bekommen hatte, öffnete sie und füllte ein Longdrinkglas, das sie im Spülbecken fand. »Ist dein Schatzi gar nicht da?«

Martin überlegte kurz, wen sie damit meinte. »David und Arnold sind schon heim.«

»Schade, den argentinischen Hengst hätte ich gerne in diesem Nachthemd meiner Mutter gesehen.« Steph deutete auf einen leicht übergewichtigen, schwitzenden Rotgesichtigen in einem auftragenden, apricotfarbenen Seidennachthemd, der etwas ratlos vor dem Buffet stand und schließlich von einem großen Stück Käse abbiss.

»Uhhh«, machte Peter, der sich zu den beiden Freunden dazugesellte. »War das jetzt Fatshaming?«

Steph schüttelte den Kopf. »David hätte es einfach besser, mmm, ausgefüllt.«

»Eh klar. Du magst ihn nicht.« Manchmal nervte es Martin, dass sie nach all den Jahren immer noch eifersüchtig auf David zu sein schien. Bevor er eine Grundsatzdiskussion über Freundschaft im Allgemeinen und beste Freunde im

Speziellen vom Zaun brechen konnte, stürmte ein blässlicher junger Mann in roter Spitzenunterwäsche und roten Pumps in die Küche, um Steph zu begrüßen, ein paar uninteressante Sätze lang von sich selbst zu erzählen und dann wieder Richtung Tanzfläche zu verschwinden.

»Der oberflächliche Dude hatte jetzt aber nicht deiner Mutter ihre Reizwäsche an?«, fragte Peter. Martin hatte ihn inzwischen über die Herkunft der Kleider informiert, er hatte seines auch sofort abgelegt; aus »pietätischen Gründen«.

»Heast!«, ärgerte sich Steph.

Martin zog sie zur Seite. »Wieso hast du ihn nicht mitgebracht?«

Steph wusste sofort, wen Martin meinte. Ihr Freund wollte endlich den Typen sehen, mit dem sie schlief und der angeblich schwul war. Nicht zu fassen! »Weil er keine Lust hatte«, log sie. »Und er hatte auch keine Zeit.« Ihre Stimme klang eine Spur zu schnippisch. In Wahrheit hatte sie natürlich gar nicht gefragt. Sie war verliebt, wollte ihren Lover aus all dem draußen halten. Sie wollte ihn für sich und hatte keine Lust auf das Urteil ihrer homosexuellen Freunde. Am Ende würden sie ihn ihr nur wegschnappen. Oder sie würden ihn hässlich finden und ihn ihr trotzdem wegschnappen. Nein, selbst Martin wollte sie ihn nicht vorstellen, noch nicht. »Zum ersten Mal seit Jahren ist da ein Mann, der mir etwas bedeutet«, sagte sie schließlich. »Ich habe keine Lust, dass mir den irgendwer kaputt redet.«

Peter kam zurück, einen orientalisch aussehenden, etwas stämmigen jungen Mann im Dirndl im Schlepptau. Steph erkannte das Dirndl wieder, billige Oktoberfestware, keine echte Tracht. Geschnitten war es wie für eine alpine Version von Krystle Carrington aus dem »Denver Clan«, mit Schulterpolstern in der weißen Bluse. Soweit sie wusste, hatte ihre

Mutter das hässliche Teil für irgendeinen Anlass gekauft, aber dann nie getragen.

»Ich hab dich in einem Kommentar erwähnt.« Peter blickte sie erwartungsfroh an.

»Auf Facebook? Kannst du gleich wieder löschen.«

»Im Real Life.« Peter hatte offenbar brühwarm herumerzählt, woher der Kleiderhaufen im Schlafzimmer kam.

»Wissen jetzt alle Typen hier, dass sie so aussehen wie meine Mutter?«

»Ist das nicht der Traum jeder Schwulenmutti?«

»Arschloch«, sagte Steph, und alle fanden's lustig.

Als Steph, Martin und Peter kurze Zeit später die Party verließen, trafen sie im Stiegenhaus zwei junge Polizistinnen. »Sind Sie der Verantwortliche?«, fragte eine von ihnen Martin, den sie wohl aufgrund seines Alters für den Gastgeber hielt. »Diese bezaubernde Systemadministratorin hat die Verantwortung«, sagte er und deutete auf das Geburtstagskind, das im bereits arg verdreckten Brautkleid in der Wohnungstür stand, winkte und nun auf die beiden Beamtinnen zuwankte. »Drrrrag!«, lallte Mike mit seiner Quäkstimme, und es klang wie »Dreck«. Die Polizistinnen guckten irritiert, doch Mike redete weiter auf sie ein. »Ihr müsst Drrrrag anziehen, ihr braucht Rrrrroben!« Mikes dramatisch rollendes R im Ohr, verließen die drei den Ort des Grauens.

Atemlos

»Und wie wirst du das Wochenende verbringen?«

»Auf den Knien und mit mindestens dreißig Schwänzen im Gesicht.«

David hatte Peter überredet, ihn und Arnold am Abend ins Gym zu begleiten. Eigentlich trainierte er lieber alleine, ohne dass ihn jemand mit Gequatsche ablenkte. Andererseits war es immer etwas fad und er brauchte dringend ein Update, was das Paarungsverhalten ihres Freundes- und Bekanntenkreises betraf. Nur mit Arnold konnte – und wollte – er dieses Thema nicht behandeln. Martin kannte sich da sowieso nie aus. Aber Peter war eine gute Quelle, er wusste immer die besten Geschichten. Sein Sexlife war ausschweifend, er hatte auch keine Hemmungen, anderen davon deftig und detailreich zu berichten.

Während Arnold und David also fleißig Gewichte stemmten, stand Peter mehr nur so daneben und wurde schon allein vom Zuschauen zum Bodybuilder, wie er behauptete. Peter erzählte vom schnellen Sex zwischen Mistkübeln in irgendeinem tristen Hinterhof, während der Boyfriend des anderen Typen oben in der Wohnung fernsah. Von Dates, die – was soll der Scheiß!? – eigentlich bloß reden wollten; Dates, die sich als Dreier entpuppten, und Dates, die mit einem Rucksack voller Butt-Plugs vor seiner Tür standen. Es war ein paar Wochen her, da hatte Peter testen wollen, was passiert, wenn er sich auf Grindr ein anderes Image gab. Mehr harter Kerl, weniger die Brillentunte. Er hatte ein Foto, auf dem er mit nacktem Oberkörper zu sehen war, wie er gegen einen Sandsack boxte, zu seinem Profilfoto gemacht. Entstanden war das Bild letzten Sommer in einem Rohbau auf dem Hof seiner Eltern. Speck hing zum Trocknen von der Decke,

Sonnenlicht fing sich in der staubigen Luft, ein durch und durch männliches Setting. Er postete es also in seinem Profil und auf einmal konnte er sich vor Angeboten kaum retten.

»Erstaunlich, was das richtige Foto auf Grindr für Auswirkungen hat.« Peter stellte sich vor den Spiegel und nahm eine coole Boxer-Pose ein. Er war zwar nicht besonders groß, in seinem Dorf war er als Jugendlicher trotzdem sowas wie ein Fußballstar gewesen, der Beste im Verein. Er konnte flink sein, kannte die Tricks, hatte sogar in der Bezirksliga gespielt, das Kicken aber irgendwann aus Zeitgründen aufgegeben. Wenn nun in seiner Firma eine Fußballmannschaft für Amateurturniere gebildet wurde, vergaßen sie immer, ihn zu fragen, ob er vielleicht mitspielen wollte. Was heißt vergaßen: Die Kollegen dachten wahrscheinlich, dass der Schwule aus der EDV eh nicht Fußballspielen kann, was für Idioten. Peter kränkte das zum Glück nicht. Er meldete sich einfach freiwillig, sie ließen ihn mehr oder weniger gnadenhalber mitkicken und waren dann jedes Mal aufs Neue überrascht, dass er der beste Abwehrspieler auf dem Platz war. Und er hatte bei den Hobbyturnieren die Bierdusche eingeführt. Peter konnte den Macho spielen, war aber keiner. Okay, vielleicht war er es ein ganz klein wenig.

»Dabei gerätst du als harter Kerl tendenziell immer eher an die Allerdeppertsten«, sagte er nun und nuckelte an seiner Trinkflasche.

»Wieso?« Arnold lüftete sein Shirt. Ganz beiläufig betrachtete er im Spiegel sein Sixpack.

»Na ja, ich find halt Typen, deren Klamotten nach Weichspüler riechen, weil die Mutti noch die Wäsche macht, nicht besonders aufregend. Und es turnt mich nicht an, wenn sie zu Hause erst mal fünfzig Kerzen anzünden müssen, bevor es zur Sache geht.«

»Die romantisch Veranlagten sind harmlos.« Arnold schien sich auszukennen. Er erzählte von Poldi, einem gemeinsamen Freund, dem mal einer auf Grindr geschrieben hatte, dass er bei ihm »verbindlich verschuldet« sein wollte. David wunderte sich, dass Arnold die Geschichte kannte. »Verbindlich verschuldet, ich mein, was sind das für kranke Typen! Der hatte offenbar den totalen Banker-Fetisch und wollte einen Schuldschein bei ihm unterschreiben, um aus der Schuldenfalle nicht mehr rauszukommen. Pfff, Rollenspiele.«

»Und Poldi?«

»Der fand's wohl nicht so geil. Hat ihn dann gleich geblockt.«

»Poldi ist aber auch irrsinnig picky«, sagte David, und nun war es Arnold, der sich wunderte. »Ich mein, in seinem Profil sucht er ›sportliches Köpfchen mit Knackarsch für nachhaltige Unternehmungen‹. Wer meldet sich denn da!? Einmal hat er ein Date wieder weggeschickt, er solle sich bitte wieder anziehen, er sei ihm einfach nicht definiert genug. Der Typ lag schon frisch geduscht in seinem Bett, den Arsch in die Höhe!«

»Verstehe ich voll. Nichts ist deprimierender als ein Mitleidsfick.« Womöglich hatte Peter diesen Satz eine Spur zu laut gesagt. Das ganze Gym schaute jetzt zu den Dreien her, vielleicht bildete sich Arnold das aber auch bloß ein. Peter schien es wurscht zu sein: »Die meisten hier sind eh auf Grindr«, behauptete er jetzt.

»You wish«, sagte Arnold. »Außerdem gefällt mir da eh keiner.« Vielleicht hatte er das auch nur wegen David hinzugefügt. In Gegenwart seines Freundes andere Typen attraktiv zu finden, war schwierig. Für Arnold mehr als für David.

»Nicht wirklich.«

»Die meisten Typen auf Grindr haben sowieso einen Vogel.« Arnold ging und holte noch zwei 20-Kilo-Scheiben, die er betont lässig auf seine Hantelstange packte.

»Was du nicht sagst. Neulich bin ich mit einem Punk nach Hause, und während wir es miteinander getrieben haben, fragt der mich allen Ernstes, ob ich ihm seine Springerstiefel abkaufe, die er grad anhat.«

»Springerstiefel? Sowas würdest du doch nie tragen, Liebes.«

»Eben.«

»Außerdem hatte der Typ ein asymmetrisches Gesicht, wie von Picasso gemalt.«

»Seit wann schaust du den Typen ins Gesicht?«

»Nur wenn sie hässliche Schwänze haben.«

»Du kannst ja ein Handtuch drüber legen.«

»Über den Schwanz?«

»Übers Gesicht, du Dummerle.«

»Lenaritas Hochzeit wird bestimmt eher förmlich, hast du schon ein Geschenk?« David beschloss, dass er für den Moment genug Sextalk gehört hatte, und versuchte einen Themenwechsel. Allerdings ohne Erfolg, denn Peter, dem die Frage offenbar galt, kam nicht dazu, sie zu beantworten. Stattdessen pfiff er lautlos, machte große Augen und bedeutete seinen Freunden, sich doch mal ganz schnell unauffällig umzudrehen. Ein riesiger Typ ungefähr in ihrem Alter, den David und Arnold vom Sehen kannten und den sie heimlich immer »den Hetenhunk« nannten, kam direkt auf sie zu. OMG, sie bewunderten ihn. Er war einfach perfekt. Und sie hatten keine Ahnung, was er jetzt von ihnen wollte. David und Arnold wurden, nicht zuletzt weil sie so oft her kamen und entsprechend aussahen, von den Prolls im Gym respektiert und versteckten auch nicht, dass sie ein Paar waren. Trotzdem fühlten sie sich immer ein bisschen unwohl, wenn der Hetenhunk und seine Kumpels nebenan trainierten oder in den Garderoben abhingen. Sie schauten immer nur verstohlen hin, kein Blick sollte als Anmache missverstanden werden. Gesprochen hatten sie noch nie mit ihm; er trug aber eh meistens Kopfhörer. Heute nicht. Und jetzt stand der Hetenhunk direkt vor ihnen, sah aus wie eine Figur aus einem Cartoon und – machte ein freundliches Gesicht.

»Hi«, sagte er, und seine Stimme klang überraschend hoch.

»Hi«, machten die drei Freunde.

»Ihr seid doch alle in derselben Firma, oder?« Der Riese mit dem sanften Sopran. Cartoonfigur.

In derselben Firma? David, der die Redewendung nicht kannte, schüttelte den Kopf. »Ich arbeite im Spital.«

»Na, ihr seid doch Schwule.«

Die drei nickten eher zögerlich. Man weiß schließlich nie, was noch kommt. Obwohl das Gym für sie schon sicheres Terrain war.

»Ich wollte euch bloß fragen, ob ihr immer so schlechte Musik hört.«

David, Arnold und Peter hatten keine Ahnung, was der Typ meinte, und schauten ihn wahrscheinlich recht begriffsstutzig an. Es war so: Der Hetenhunk war offenbar unlängst mit einem schwulen Bekannten – Peter machte Arnold heimlich ein Zeichen, jaja, eh schon klar, »Bekannter« … – nach dem Ausgehen um sechs in der Früh noch in einer Gaysauna aufgeschlagen, einem Ort mit zweifelhaftem Ruf, den die drei tatsächlich nur vom Hörensagen kannten. »Dort haben sie die ganze Zeit Helene Fischer gespielt, das hältst du doch im Schädel nicht aus.«

Peter zupfte nervös an seiner glitzerroten Sporthose rum. Er hatte eine drängende Frage an den Hetenhunk. »Mal abgesehen von der Musik, wie hat es dir in der Schwulensauna denn sonst gefallen, so als Hetero?«

»War eh okay.«

»Haben dich die alten Männer nicht angemacht?«

»Doch, aber ich kann ja nein sagen. Mein Problem war wirklich nur die Musik. Wenn nur die Musik nicht so scheiße gewesen wär, würde ich da öfter hingehen.«

Arnold versuchte es auf die Versöhnliche und hoffte, dass der Hetenhunk Humor hatte. »Wir als Vertreter der Homosexuellen möchten uns förmlich bei dir entschuldigen, dass man dich dort mit Helene Fischer gequält hat. Kommt nie wieder vor.«

Der Riese hatte Humor. »Entschuldigung angenommen. Schönen Tag noch.«

Die drei sahen sich an. Peter packte es grad nicht. »Was sucht eine Hete in der Gaysauna? Müssen die uns echt alles nachmachen?«

»Hee«, sagte Arnold. »Ich war noch nie in einer Gaysauna. Das ist so Achtzigerjahre!«

»Du hast nichts verpasst«, beruhigte ihn David. »Keiner geht mehr in die Schwulensauna.«

»Außer die Helene-Fischer-Fans.«

»Und der Hetenhunk.«

Ohne dass der Song gerade irgendwo gelaufen war, hatten plötzlich alle drei »Atemlos« als Ohrwurm.

1999

Als Steph klein war, sie ging wohl noch in den Kindergarten, hatte ihr ein Verwandter aus Amerika eine Puppe mitgebracht, die man regelmäßig füttern, wickeln und zu Bett bringen musste, damit sie nicht losschrie. In ihrer ersten Euphorie hatte sie ihr den damals noch sehr altmodischen Namen Greta gegeben. Bis heute konnte sie sich an Gretas grauenhaftes elektronisches Geplärre erinnern; das nervige Kreischen dieser Ami-Puppe, die aussah wie ein echter Säugling und möglicherweise überhaupt kein Kinderspielzeug war, sondern ein Therapiegerät für Teenager mit Kinderwunsch. Steph liebte diese Puppe. Jedenfalls zu Beginn. Aber schließlich artete die Aufgabe, das plärrende Ding zu versorgen, in mordsmäßigen Stress aus. Wochenlang war das Kind fast ausschließlich damit beschäftigt, sich um die verdammte Puppe zu kümmern. Steph schlief schlecht, hatte Angst, dass dem Plastikbaby etwas passiert sei. Sie machte sich Sorgen, sie könnte vergessen, Greta zu füttern oder zu wickeln. Ihre Eltern, die lange gar nicht mitbekamen, was da eigentlich los war, mussten Steph schließlich die Puppe wegnehmen; wahrscheinlich ein nicht weniger traumatisches Erlebnis für eine Fünfjährige. Aber der Stress war einfach zu groß gewesen für sie.

Die Sache mit der Versorgungspuppe Greta war möglicherweise ein Grund für Stephs Angst vor Beziehungen. Sie hatte das alles auch schon mit Herrn Richter besprochen. Aus der überforderten Puppenmutti wurde eine nicht minder überforderte Schwulenmutti, analysierte sie einmal sich selbst. Ach, wenn es so einfach wäre, bemerkte ihr Therapeut, seufzte und arbeitete weiter mit Steph ihre Kindheit und ihre seltsame Mutter-Tochter-Kiste auf.

Sie war früh von daheim ausgezogen, auch weil sie raus wollte, die Gemeindebauwohnung ihrer Eltern auf der anderen Donauseite viel zu eng war. Bis heute brauchte sie viel Raum. Sie wohnte noch immer dort, wo sie damals, Oida, das ist echt schon über zwanzig Jahre her, hingezogen war. Gürtelnähe, Ottakring, das zu der Zeit alles andere als angesagt war; der Hipsterbezirk war damals graue schmutzige Vorstadt, Bauchstichgegend. Es roch nach Brauerei, wenn der Wind aus Westen kam. Mit einer Freundin hatte sie eine große und günstige Mietwohnung in einem heruntergekommenen Gründerzeithaus gefunden, gemeinsam hatten sie renoviert, den knarrenden Parkettboden abgeschliffen und neu versiegelt, eine Gasetagenheizung einbauen lassen und auch ein Bad. Zunächst hatte Steph dort mit wechselnden Mitbewohnerinnen und Mitbewohnern gelebt. Irgendwann zog die letzte aus, sie blieb übrig und machte aus der Wohngemeinschaft wieder eine ganz normale Wohnung mit Wohn-, Schlaf- und Arbeitszimmer für sich selbst. Mittlerweile konnte sie sich die Miete auch alleine leisten.

Als ihr altes WG-Zimmer zum Wohnzimmer wurde, änderte Steph kaum etwas darin. Im Prinzip schob sie nur ihr Bett nach nebenan. Aus diesem Grund wirkte das Wohnzimmer auch ein bisschen wie eine Zeitkapsel, ein Raum, in dem der Zeitgeist der vergangenen zwei Jahrzehnte versammelt war. An den ergrauten Wänden, die seit dem Einzug nie wieder frisch gestrichen worden waren, hingen Ausstellungsplakate aus den Neunzigern, das 2006er-Festwochen-Poster mit Sigmund Freud, der die Augen verdrehte, und ein bisschen Kunst, meist Geschenke von Martin. Die Möbel waren von der Caritas, heute würde man sie als Vintage bezeichnen, in weißen Billy-Regalen bogen sich die Einlegeböden unter der Literatur der letzten zwanzig Jahre, unter einem dicken Wälzer steckte eine Regenbogenfahne, die ein Freund einmal während des Pride-Monats von einer Straßenbahn heruntergerissen hatte. Die zwei ausgeleierten Sofas, über deren fleckige Bezüge Steph schwarze Woll-decken – wenn das die Veganer wüssten! – drapiert hatte, quietschten, wenn man sich niedersetzte, und waren nicht gerade bequem.

Aber Steph lag ohnehin lieber nebenan mit dem MacBook im Bett. Ihr Schlafzimmer war hell und schön wie aus einem dieser Einrichtungsmagazine, das Wohnzimmer war eher eine düstere Höhle. Das Schafzimmer mit dem King-Size-Bett war die Gegenwart, während Steph im Wohnzimmer noch immer wie eine Studentin lebte, um es mit Prince zu sagen, »Like it's 1999«. Ihr Arbeitszimmer schließlich, das man durch eine dieser typischen, eierschalenweiß lackierten Wiener Altbauflügeltüren mit Messingbeschlägen, aber auch durch eine kleine Tür direkt aus der Küche betreten konnte, war der modernste Raum. Den großen Tisch mit den vielen unterschiedlichen Sesseln nutzte Steph auch als Tafel, an der viele Gäste sitzen konnten. Wenn Besuch kam, und sie auf-tischte. (Okay, sie konnte nicht so gut kochen, meist kochten ihre Freunde dann bei ihr in der Küche.) Sonst war der Tisch übersät mit Zeitschriften, Büchern und dem ganzen Lifestyle-Kram, den sie für ihren Blog benötigte. Wie das Schlafzimmer besaß auch das Arbeitszimmer Fenster zum Hof und war nicht besonders hell. Hier hatte sie auch ein kleines Foto- und Videostudio eingerichtet. Sie versuchte, auf PR-Fotos zu verzichten und machte lieber selber welche.

Steph war gerne zu Hause. Und während sie in ihrer Zeit-kapsel festsaß, hatte sich die Gegend um sie herum verändert. Nur der Brauereigestank war geblieben. Direkt vor ihrer Tür war ein Ausgehviertel entstanden. »Habt ihr keine eigene

Gegend?«, hatte sie im Zorn gerufen, als sie letzten Sommer im Gastgarten vom C.I. keinen Sitzplatz mehr fand, weil dort fast nur noch Airbnb-Touristen und Neubau-Bobos rumsaßen. Aber klar, auch ihr Leben war anders als noch vor zwanzig Jahren, sie war eine von den OTK-Bobos geworden. OTK, das war die szenige Abkürzung für Ottakring.

Nach dem Publizistikstudium hatte Steph eine Zeitlang ganz erfolgreich als Lohnschreiberin beim »Standard« und später als Redakteurin beim Radio gearbeitet, Hals über Kopf gekündigt und ihre Karriere als Influencerin begonnen. Typen kamen und gingen. Ihre schwulen Freunde waren für sie da, und die Wohnung, in der es trotz allem immer noch so war wie früher, blieb ihre Konstante. Steph fehlte nichts. Ihr fehlte niemand. Und jetzt, auf ein Mal, hatte sie doch das Gefühl, dass mit »ihm« etwas da war, das sie gar nicht vermisst hatte.

Es war schon ein paar Wochen her, dass sie sich getroffen hatten, die Nacht miteinander verbrachten und er dann einfach so verschwunden war, ohne seinen Namen oder zumindest seine Telefonnummer zu hinterlassen. Gleich am nächsten Tag war Steph damals zu dem Hotel in der Innenstadt gefahren. Sie hatte gehofft, ihn an der Stelle zu finden, wo sie am Vorabend in ihn hineingerannt war. Wo er ihr plötzlich im Weg gestanden war, bang! Aber natürlich war es nicht wie im Film. Leben ist kein Lalaland. Fast zwei Stunden hatte sie in der Scheißkälte darauf gewartet, dass er aus der Lobby trat, und war sich dabei wie eine durchgeknallte Stalkerin vorgekommen. Offenbar hatte er einen freien Tag, er, der sich als »Ryan Gosling« vorgestellt hatte, er, an dessen Gesicht sie sich fast nicht erinnern konnte, der eher nur ein Gefühl für sie war, er kam nicht. Einen Gehkaffee-Becher zwischen den Händen, die Mütze tief im Gesicht, stand sie da und wartete vergebens. Frustriert und durchgefroren war sie schließlich wieder heimgefahren. Was machte sie hier überhaupt? Einem jungen Schwulen, der ganz bestimmt nichts von ihr wollte, dem ein kleiner Ausrutscher mit einer – Kreisch! – Frau passiert war, hinterherrennen: wie entwürdigend. Total unter ihrem Niveau. Schließlich war sie immer die Coole, sie war Mister Steph.

Freilich belog sie sich selbst, als sie in den nächsten Tagen immer wieder zufällig an diesem Hotel vorbeiging, Termine in der Nähe ausmachte, einmal sogar in die Lobby trat, als würde sie hier logieren. Nie traf sie ihn. Inzwischen wusste sie, dass es für Hotelangestellte einen Lieferanteneingang ums Eck gab, dort hätte sie ihn vielleicht abfangen können.

Es war ein zweiter Zufall, der sie und »Ryan« dann erneut zusammenführte. Zufall. Steph war eher der Typ trockene Realistin, eine, die mit Horoskopen und ähnlichem Hokuspokus nichts anzufangen wusste. Sie kannte nicht einmal ihr Sternzeichen – das sagte sie zumindest, wenn sie jemand danach fragte. (Sie war Jungfrau und hasste die wissenden Blicke. Sie war keine typische Jungfrau, g'schissenes Spießersternzeichen, wollte es nie sein.) Behauptete einer, er glaube nicht an Zufälle, sagte sie immer »Doch, genau, ich glaube an Zufälle. Es gibt keine Vorbestimmung, Oida, alles ist Zufall!« Für ihren Blog hatte sie mit einer Wissenschaftlerin in der TU ein kleines Interview geführt. Als sie sich auf dem Gang von ihr verabschiedete, schlenderte der Mann vorbei, den sie seit Tagen wiedersehen wollte. Zufällig. Diesmal machten sie alles richtig. Sie tauschten Telefonnummern und E-Mail-Adressen aus, vereinbarten ein echtes Date in einem veganen Restaurant, dessen Betreiber Steph noch etwas schuldete, und küssten sich zum Abschied. Wobei sich beide etwas ungeschickt anstellten. Ungelenk, als ob sie einander noch nie berührt hätten.

»Wie in einem beschissenen Liebesfilm«, dachte er.

»Er riecht gut«, dachte sie. »Nach frisch geschnittenem Gras und nach Vanille.« Sein Geruch war für sie die Bestätigung. Er musste einfach schwul sein.

In den nächsten Wochen sahen sie sich regelmäßig. Es war gut, wenn sie zusammen waren, in ihrer Neunzigerjahre-Wohnhöhle herumgammelten, es miteinander trieben, er für sie kochte oder sie gemeinsam Serien schauten. Gleich zu Beginn, beide waren sie arg verkühlt, richteten sie ein »Liebeslazarett« ein und versorgten sich gegenseitig mit Kräutertee, Obstsalat und Hühnersuppe. Hühnersuppe, für die Steph einmal mehr ihre Prinzipien über den Haufen warf. Sie machten viel zusammen, gingen wenig raus, draußen war ohnehin nur der widerliche Wiener Winter und man verpasste nichts. Es tat aber auch gut, wenn er nicht da war, wenn jeder sein Leben weiter führte. Er hatte viel an der Uni zu tun, und sie war auch froh, für ihr Zeug genug Zeit zu finden. Sie wollte von ihm nicht wissen, was er gerade mache, er schickte keine quälenden WhatsApp-Nachrichten, um sie zu fragen, wo sie sei. Sie war eh da. Aber, und das war das Beste, sie musste sich nicht kümmern. Zum ersten Mal hatte Steph einen Freund, der nicht gleich losquäkte wie damals die amerikanische Versorgungspuppe Greta, wenn er zu wenig Aufmerksamkeit bekam.

Steph war glücklich. Aber sie behielt es für sich, erzählte weder ihren Gays davon noch Martin. Und schon gar nicht Herrn Richter.

Abschütteln

Arnold war mit Peter und ein paar Kumpels aus gewesen, David hatte trotz eines freien Abends nicht mitkommen wollen. Was völlig normal und okay war, schließlich führten sie eine moderne Beziehung. Das bedeutete unter anderem, dass man auch Dinge ohne den anderen unternehmen konnte. Oder eben einfach zu Hause bleiben, Serien schauen, während der andere sich irgendwo vergnügte. Arnold war also gleich nach der Arbeit mit den Jungs losgezogen, sie waren beim Vietnamesen gewesen, Sommerrollen und Pho essen, anschließend – natürlich nur aus Ironiegründen – in eine grindige Gaybar ganz in der Nähe gegangen. Dort hatten sie ein bisschen was geraucht, was Ambiente und Publikum gleich viel erträglicher machte.

»Darling, ich sehe Fältchen. Du musst wirklich langsam Concealer benutzen.« Der Typ, den sie »Schwester« nannten, fingerte Arnold im Gesicht herum. Sie saßen nebeneinander auf hohen Barhockern und spielten »Shit Gays Say«, ein Spiel, das eigentlich nur darauf beruhte, Sätze, die man in einer Schwulenbar aufschnappte, unmittelbar zu wiederholen.

»Glaubst du, ich bin schlank genug für diese Skinny Jeans?« Arnold lüpfte das Shirt und zeigte sein Sixpack. »Ich muss mehr trainieren, sonst verlässt mich mein Mann.«

»Dabei ist er so eine gute Partie. Ist er nicht schon längst Chefarzt?«

»Nein, das war der davor. Der war Chefarzt in seiner eigenen Klinik.«

»Ach genau, das war der Typ mit der Puppenklinik.«

»Hört auf, ich komm mir vor wie in einem Sozialporno«, unterbrach Peter ihr Spiel.

»Er hat Porno gesagt«, rief Arnold und kicherte.

Und Peter für seine Verhältnisse erstaunlich ernst: »He, Leute, das hier ist nicht unsere Welt. Wieso machen wir uns über die Gays lustig?«

Peter hatte recht. Sie waren überhebliche Schaulustige, Voyeure, die Prolo-Lokale besuchten, in denen die Stammgäste ihre Attraktion waren. Sie tranken dann billigen Spritzer, warfen Münzen in die Jukebox und bestellten ihre All-Time-Playlist rauf und runter, posteten auf Insta Selfies mit den Vorstadt-Britneys und schämten sich ein bisschen, weil politisch nicht korrekt. »Trashwanderung« behashtaggten sie diese Art Lokaltourbilder. Zwinkersmiley. Sie waren die, die ihre serbische Putzfrau schwarz bezahlen und dann empört herumerzählen, wenn sie die Schublade mit den Sextoys aufgeräumt hat. Die, höhöhö, sonntags Boulevardzeitungen klauen und sich gegenseitig beim Frühstück daraus vorlesen. Diejenigen, die die Shopping-Mall vom Baumeister besuchen, wenn dort irgendwelche C-Promis Autogramme geben, um sich über das Publikum lustig zu machen. Und an diesem Abend waren sie die Voyeure, die in Bars gehen, wo Drag noch Travestie heißt und Fünfundsechzigjährige mit Bierbauch und gefärbtem Haar immer noch »Jeansboys« sind, und sich über die Prolos in ihren billigen, hautengen T-Shirts von Primark lustig machen, die im Schwarzlicht leuchten.

»Es hat was mit Voyeurismus zu tun, man kann einfach nicht wegsehen«, sagte Arnold, und die Schwester pflichtete ihm bei: »Es ist halt auch einfach saulustig.«

»Aber vor allem geht es bei so einer Trashwanderung darum, dass wir uns irgendwie besser fühlen können. Echt grauslich. Wir sind da nur zu Besuch, lasst uns gehen.« Peter winkte den Kellner her. »Ihr seid eingeladen.«

Anschließend stürzten sie noch gepflegt mit zwei, drei Bier im Marea ab, ihrem eigenen kleinen Biotop.

Glücklicherweise erwischte Arnold den letzten Autobus nach Hause und musste kein Uber nehmen, aber es war bereits nach Mitternacht, als er die Wohnungstür aufsperrte. Das Loft war dunkel, David schlief wahrscheinlich schon.

Arnold drehte das Licht auf, zog Jacke und Schuhe aus, stellte seine Tasche ordentlich unter die Garderobenhaken, wobei er versuchte, möglichst wenig Lärm zu veranstalten, und öffnete die Tür zum Schrankzimmer. Dieser Raum war sein ganzer Stolz, er hatte ihn ein bisschen so geplant wie eine kleine Boutique, und sollte er eines Tages bei »Shopping Queen« mitmachen, wogegen David sicher etwas einzuwenden wüsste, würden die Leute vom Fernsehen aus dem Staunen gar nicht mehr herauskommen. Für ihre vielen Klamotten hatte jeder von ihnen seine eigenen Fächer, Schubladen und Kleiderstangen, sonst bekämen sie sich zu oft in die Haare, weil David nicht Ordnung hielt und sie beide dieselbe Kleidergröße hatten. So konnte es nicht zu Verwechslungen kommen. Das Schuhregal – ausgelegt auf 100 Paar Schuhe – benutzten sie allerdings gemeinsam; hier konnte nichts passieren, David hatte kleinere Füße.

Als Arnold seine Redwing-Boots neben Davids weiße Adidas-Sneakers mit den roten Streifen stellte, dachte er: sonderbar. Ihm war aufgefallen, dass das linke Exemplar grüne Streifen hatte. Lag es an der indirekten Beleuchtung? Arnold schaute nochmal hin. Doch, Davids rechter Schuh hatte rote Streifen, der linke jedoch grüne. Was sollte das denn schon wieder? Von diesem Model – bezeichnenderweise hieß es »Superstar« – besaß David nur das eine Paar. Wirklich seltsam, überlegte Arnold. Dass es David selbst nicht auffiel. Seine Rot-Grün-Schwäche sorgte immer wieder für Überraschungen. Davon jedoch abgesehen: Wie kam der fremde Schuh in ihr Schrankzimmer?

Arnold ging ins Bad, zog seine Klamotten aus und eine Pyjamahose an, putzte sich die Zähne und dachte daran kurz zu checken, ob Adidas den »Superstar« in Rot und Grün im Sortiment habe. Er ließ es dann aber doch bleiben, weil der iMac ausgeschaltet war. Wieso macht der das?, fragte er sich, wieso dreht David den Rechner eigentlich immer ganz ab, nachdem er ihn benutzt hat? Es war kein echtes Ärgern, nur ein leichtes Augenverdrehen, ein klitzekleines Whatthefuck im alltäglichen Zusammensein. Erst die Sache mit den Schuhen und dann auch noch der Rechner.

Der winzige, ohnehin fast grundlose Grant verschwand, als er das Schlafzimmer betrat. David lag im Bett auf seiner Seite und atmete gleichmäßig, Arnold schlüpfte zu ihm unter die Decke und drückte sich ganz fest an ihn. Ohne aufzuwachen, legte David seinen Arm um ihn. Kurz hatte Arnold überlegt, seinen Freund aufzuwecken. Er ließ aber dann den Mann, den er so liebte, weiterschlafen und löschte das Licht.

Lass es los

»Das ist, glaub ich, das Schwulste, was wir je gemacht haben.«

»Heeee, wir waren bei Madonna im Praterstadion.«

»Okay, wir waren auch eine Woche lang täglich in der Stadthalle, in dem Jahr als der Song Contest in Wien war.«

»Pflichttermin für Berufshomosexuelle. Da ist das bisschen ›Holiday on Ice‹ hier ein Schas dagegen.«

Der Winter hatte die Stadt fest im Griff. Nach einigen klirrkalten Tagen und Nächten mit Temperaturen unter minus 15 Grad war die Alte Donau zugefroren. Und obwohl es offiziell verboten war, gingen die Leute aufs Eis: Eislaufen auf der Alten Donau war eine rare und darum kostbare Attraktion. Noch dazu war sie gratis. Martin hatte sich den Nachmittag freigegeben und nun rutschte er gemeinsam mit David auf dem zugefrorenen Gewässer fast direkt vor seinem Häuschen herum, sie machten Sprints, drehten sich ein bisschen und probierten sogar Pirouetten. Mitten unter der Woche herrschte wenig Betrieb, und die beiden Freunde hatten die riesige Fläche, die immer wieder von gefährlich dünnen, pfützigen Stellen unterbrochen wurde, fast für sich alleine. Die Kufen ihrer Schlittschuhe – beide besaßen seit Jahren und genau für solche seltenen Anlässe coole Eishockey-Modelle, Eiskunstlaufschuhe wären ihnen zu läppisch gewesen – glitten mit einem harten Geräusch über die etwas holprige Eisfläche. Die Luft war klar, der Himmel knallblau. Manchmal surrte das Eis unter ihnen gefährlich, ein paar russische Saatkrähen machten ihr Geschrei, sonst war es ganz still.

»Besser als beim ›Eistraum‹ auf dem Rathausplatz«, sagte Martin und hob im Gleiten elegant das linke Bein.

David war sich nicht sicher. »Und du glaubst echt, es hält?«, fragte er. Nicht dass er Angst gehabt hätte, ins Eis einzubrechen. Er wusste sogar, was zu tun wäre, hatte es einmal in der Ausbildung gelernt. »Außerdem ist das uranstrengend, wenn's nicht so spiegelglatt ist. Ich hab das Gefühl, wir tanzen auf Schotter.«

»Stell dich nicht so an.« Martin griff nach Davids Hand und versuchte, ihn um sich herumzuwirbeln. Wahrscheinlich sah es total jämmerlich aus, was sie da gerade aufführten, aber sie kamen sich vor, als würden sie für Olympia trainieren, anmutig und sportlich zugleich. David sang ein paar Takte aus dem Disney-Musical »Frozen« (das Martin nicht kannte). Schließlich konnte sich David nicht mehr halten, knallte unschön aufs Eis und rutschte ein paar Meter über die holprige Fläche.

Martin fuhr zu seinem Freund rüber. »Alles okay?«

»Let it go«, sang David weiter, »let it go!«, und beide lachten.

Sie alberten noch eine Weile auf der Alten Donau herum, bis sie richtig durchgefroren und ganz außer Atem waren, und als es schließlich dunkel wurde, zogen sie ihre Schuhe wieder an, die sie am Ufer deponiert hatten. Davids Auto stand auf dem Parkplatz von Martins Kleingartensiedlung. Er warf seine Eislaufschuhe auf die Rückbank.

»Aufwärmen bei mir daheim?«, fragte Martin, und David, der nichts vorhatte, sagte ja, wie immer.

Im Kamin war noch Glut, Martin hatte Feuer gemacht, bevor er zum Eislaufen aufgebrochen war, und die Wohnküche war tatsächlich gemütlich warm. Er legte nach und füllte den Wasserkocher für den Tee. David betrachtete die Fotos an der Pinnwand: Martin in Jung, Martin mit Steph, er mit Martin. Das ausgedruckte Gruppenbild von Martin mit Peter und Arnold bei dem Lena-Rita-Event neulich kannte er noch nicht. »Was ihr immer alles macht.«

Martin stellte zwei altmodische Becher auf den Tisch. »Glaub mir, du verpasst nichts.«

»Ich hab sogar noch was zum Naschen«, sagte David und fischte aus seiner Jackentasche einen Eiweißriegel.

»Nein danke.« Martin verzog das Gesicht und holte aus dem Küchenschrank die Büchse mit übrig gebliebenen Weihnachtskeksen.

»Normalerweise denkst du an die immer erst im Hochsommer.«

Als David den Riegel aus der Tasche geholt hatte, war ein kleiner gelber Zettel zu Boden gefallen. Martin hob ihn auf. »Willst du mir heimlich deine Telefonnummer zustecken? Das ist so Neunziger!«

»Keine Ahnung, wo der herkommt.« Auf dem Zettel stand tatsächlich eine Handynummer. David nahm ihn, schaute irritiert und steckte ihn wieder ein.

Die Freunde saßen am Küchentisch, tranken Kräutertee, futterten alt gewordene Weihnachtskekse, redeten und stellten schließlich fest, dass sie schon lange nicht mehr so viel Zeit miteinander verbracht hatten. Nur sie beide.

»Schön«, dachte Martin, »wie früher.« Und David dachte dasselbe.

Red mit mir

»Herrschaften, ihr habt's euer Gleitgel vergessen«, rief der Kellner ihnen nach. Es war schon spät, sie standen vorm Steman, wo sie in kleiner Runde Peters Geburtstag mit einem Schnitzelessen gefeiert hatten, und waren gerade dabei sich voneinander zu verabschieden. Irgendwie hatte Peter es provoziert und alle hatten sie ihm als Geschenk Gleitgeltuben überreicht, die er nach dem Auspacken fein säuberlich auf dem Wirtshaustisch vor sich aufgebaut hatte. »Ihr habt sie ja nicht alle«, hatte er gerufen. »Wow, mit Erdbeergeschmack und sogar Bio-Gleitgel, ich bin doch kein Bobo!« Aber insgeheim freute er sich natürlich über die Gag-Geschenke seiner Freunde. Und nun trug ihm der Kellner das Zeug nach, das er in der Hektik des Aufbruchs hatte stehen lassen. Die anderen kicherten. Leicht verwirrt drückte Peter auch dem Kellner einen Abschiedskuss ins Gesicht.

»Die müssen uns für total verrückt halten.« Arnold deutete zu der Gruppe orange gekleideter Männer, die auf der anderen Straßenseite mit Schaufeln und Hacken einen riesigen Schneehaufen bearbeiteten, der wegen der Kälte zu Eis geworden war. »Minutenlange Homoknutscherei …«

»Die haben andere Sorgen«, sagte Peter und busselte sich, nachdem er etwas zu überstürzt den verdutzten Kellner geherzt hatte, weiter durch die Runde. Die Schneeräumer nahmen von ihrem seltsamen Abschiedsritual tatsächlich keine Notiz.

Küssen war wichtig: ob zur Begrüßung, zum Abschied wie jetzt, oder einfach so zwischendurch. Und natürlich küsste man nicht einfach drauf los. Man musste die Kunst des Social Kissing schon beherrschen. Es gab Regeln, an die man sich besser hielt. Obwohl auch immer wieder neue Varianten entstanden. Irgendwann waren sie im Club U gewesen, eine der durchgeknallten Rhino-Partys war im Gange, und plötzlich stand diese Dose Pfirsiche auf dem Tisch, also so eine Dose, die sich ohne Büchsenöffner öffnen ließ. Andy von den Rhinos machte sie auf, und der Ungar fischte eine Pfirsichhälfte heraus und stopfte sie sich komplett ins Maul. Das Konservenobst steckte fest. Der halbe Pfirsich war zu groß, um ihn zu zerkauen, zerdrücken ging irgendwie auch nicht. Zuckersirup und Speichel liefen ihm aus den Mundwinkeln, den Hals runter, in sein Tanktop, der Speichelfluss war nicht zu stoppen. Alle hatten dreckig gelacht, und als der Ungar begann, den Umstehenden mit seinem Pfirsichmund klebrig-nasse Küsse ins Gesicht zu drücken, waren sie hysterisch kreischend davongerannt. Martin hatte er im Nacken erwischt, und es fühlte sich den restlichen Abend unangenehm pickig an. Seither gab der Ungar nasse Pfirsichbussis; und er musste dazu gar keine Pfirsichhälften im Mund haben. Aus Tradition. Nasse Pfirsichbussis für alle.

Wien war ohnehin traditionell eine echte Bussimetropole, schlimmer noch als München, und das hatte schon einen argen Ruf. »Geküsst wird immer«, lautete in Wien die Devise, sogar bei offiziellen Anlässen und auf höchster politischer Ebene. Innerhalb von Freundes- und Bekanntenkreisen sowieso. Dabei war es gar nicht so leicht, sich zu merken, wen man wie zu begrüßen und zu verabschieden hatte. David küsste, weil es in Argentinien so üblich war und er darauf bestand, immer nur auf die rechte Wange, die anderen nahmen meistens beide Seiten. Dragqueens durfte man lediglich Luftbussis – erst rechts, dann links, muah!, muah! wie Heidi Klum – geben, damit die schöne Schminke nicht verwischte. Paul, der aus der Schweiz kam, küsste einen immer drei Mal – rechts, links, rechts. Da musste man aufpassen, nach zwei Küssen nicht schon wieder den Kopf zurückzuziehen. Das wäre genauso unhöflich gewesen wie überhaupt nicht zu küssen. Die Holländerinnen küssten auch so, und eine Zeitlang saß bei Davids und Arnolds Dinnerpartys immer ein Italiener mit am Tisch, Carlos, der begrüßungsküsste von links nach rechts, was natürlich auch verwirrend war.

Vielleicht hing es mit den ganzen Vollbärten zusammen, aber in letzter Zeit hatte es sich in ihrem Freundeskreis durchgesetzt, einander zur Begrüßung sozialistisch-bruderkussmäßig gleich auf den Mund zu küssen. Mit gespitzten Lippen gingen sie jetzt aufeinander zu. Obwohl »Auf den Mund« schon sehr intim und ursprünglich nur wirklich engen Freunden oder eigentlich ja überhaupt nur Paaren vorbehalten gewesen war. Wichtig war, dass sich die Lippen nicht zu lange berührten, es durfte nicht den Anschein zu großer Intimität haben. Zungenkuss ging klarerweise gar nicht, passierte aber manchmal, je später der Abend wurde oder wenn jemand ganz besonders originell sein wollte. War man betrunken oder sonst eher locker drauf, küsste und herzte man ohnehin schon einmal heftiger und zog sogar entfernte Bekannte mit einem gewissen Nachdruck zu sich her. Stellte einer seinen neuen Freund vor, war es besser, sich auf sein Bauchgefühl zu verlassen: Ist ein erster Begrüßungskuss zu früh und gibt man lieber erst einmal die Hand und verschiebt den Kuss auf den Abschied oder das nächste Mal? Wie munter man küsste, hing natürlich auch davon ab, ob das Gegenüber scharf war oder eher nicht so. Auch kam es vor, dass sie Leute, die sie weniger gut kannten und mit denen sie sich nie unterhielten, küssten. Weil sie sich nett fanden, ganz einfach.

Jetzt im Winter war es wieder anders. Man traf jemanden, den man gemeinhin zur Begrüßung küsste, setzte also zum

Kuss an – und der andere ging in Abwehrhaltung, »Küss mich bloß nicht, ich bin voll verkühlt« rufend. Also wurde nicht geküsst, weder auf die Wangen noch auf den Mund. Besser man ging auf Distanz und wartete darauf, dass hoffentlich bald alle wieder gesund waren. Natürlich gab es immer einen, der sich trotz Viren und Bakterien durch die Gegend busselte. Im Sommer wiederum, oder wenn das Gegenüber direkt vom Sport kam, waren ihre Begrüßungsrituale oft auch nicht so erwünscht. »Bitte nicht küssen, ich bin total verschwitzt«, hieß es dann. Besonders Mutige setzten sich darüber hinweg und küssten trotzdem. Die Warnung »Ich hab eine Fieberblase«, funktionierte allerdings immer. Da waren sie alle sehr vorsichtig. Irgendwie seltsam war es, einem Freund oder einer Freundin außerhalb des üblichen Safe Space zu begegnen, bei einem Geschäftstermin zum Beispiel oder in Begleitung von Kollegen. Küssen oder nicht küssen? Ach, es war kompliziert.

Minuten konnten vergehen, bis sich so ein Freundeskreis nach allen Regeln durchgeküsst hatte. Aber schließlich ging es um Verbundenheit. Martin, David und die anderen liebten es, Freundinnen und Freunde zu begrüßen. Sie zelebrierten auch die Abstufungen – vom schnell hingehuschten, fast nur angedeuteten Wangenkuss, bei dem sich zwar die Wangen berührten, der Mund aber nicht wirklich landete, bis zur anhaltenden Umarmung. »Wie unter Hippies«, schimpfte Peter dann immer. Beliebt war es auch, mit beiden Händen den Kopf des anderen zu sich zu ziehen. Das funktionierte aber nur, wenn man gerade keinen Drink und kein Smartphone in der Hand hatte. Hier zeigte sich, wie close man war, und in gewisser Weise war die ganze Küsserei ja auch Signal nach außen. Nie hätten sie sich wie Hetero-Dudes begrüßt, mit Ghettofaust oder diesem umständlichen

Ineinanderhakeln der Finger, als wäre man in der Bronx. Sie begrüßten queer. Obwohl sie das Gefühl hatten, dass demnächst auch die straightesten Hetero-Dudes mit geschürzten Lippen aufeinander zugehen würden. Nachmacher!

Allerdings gab es auch Obergrenzen für ihr Ritual. Standen mehr als fünfzehn Personen auf einem Haufen beieinander, war es besser, ein paar Luftküsse in die Runde zu werfen, damit das Ganze nicht ins Lächerliche kippte und zu viel Zeit draufging. Dann doch lieber Winkewinke. Und bis zum Wochenende!

Abrissbirne

»Bist du glücklich? Du schaust so scheiß zufrieden aus.«

»Ist das so?«

»Ich finde schon. Wie schafft man es, glücklich zu sein?«

»Willst du jetzt wirklich einen Rat von mir?« Es war fast vier Uhr früh, und Martin führte sein erstes »Opa-Gespräch«. Er hörte gut zu, gab gute Ratschläge und nein, er wollte nicht mit Ben ins Bett, auch wenn ihm seine Freunde das später wahrscheinlich unterstellen würden. Okay, dieser Ben hier hatte ein ganz hübsches Gesicht. Blondes, etwas struppiges Haar, blaue Augen, in jedem Ohrläppchen einen von diesen 20-Cent-großen schwarzen Knöpfen, die jetzt alle hatten, über dem breiten Mund der leichte Anflug eines Schnauzers, für den sein Bartwuchs noch nicht wirklich ausreichte, und der seiner eher zierlichen Erscheinung etwas Kerliges verleihen sollte. Genau wie das abstrakte Tattoo, ein wirres Durcheinander von roten und schwarzen Linien, das seine ganze Brust und auch noch die Schultern bedeckte und das er offenbar ganz gerne herzeigte. Kurz zuvor, als die Musik besser und Ben noch nicht ganz so betrunken gewesen war, hatte er sein Shirt ausgezogen, war zu Miley Cyrus' »Wrecking Ball« etwas tapsig über die kleine Tanzfläche gewirbelt, hatte mit den anderen mitgegrölt und es genossen, dass die Typen seine Nähe suchten, ihn mit einer Mischung aus Neugier und Geilheit auf das Wirrwarr auf seinem Oberkörper anredeten. Martin stand am Rand der Tanzfläche an die schwarz gestrichene Kellermauer gelehnt, über sich eine Wasserleitung, von der von Zeit zu Zeit Kondenswasser auf ihn herabtropfte. Er betrachtete diesen Jungen, der sich im Kreis drehte, lachte und sang.

Nein, Martin stand nicht auf jung, blond und struppig. Jedenfalls nicht so sehr. Heute zumindest nicht. Trotzdem saß Ben
schließlich neben ihm auf der Treppe, die von der Kellerdisco
nach oben zur Bar führte, und heulte sich bei ihm aus. Studium
(irgendwas Technisches, Martin hätte wetten können, er sei
auf der Kunstakademie): superanstrengend. Eltern in Oberösterreich (natürlich, noch so ein Landei!): früh den Kontakt
abgebrochen. Frauen (Frauen, jetzt wirklich?): Er hatte wohl
eine schwierige Trennung hinter sich, fing gerade etwas Neues
an. Es klang alles eher vage. »Ich habe immer davon geträumt
eine Frau zu haben, Kinder, ein Haus im Grünen und einen
Beruf, bei dem man richtig Kohle verdient«, lallte Ben, »vielleicht klappt das ja endlich.« Im gleichen Atemzug erzählte er
dann von seinem Ketamin-Konsum und dass es ihm mit der
Droge immer so super gehe.

»Wie schafft man es, glücklich zu sein?«, fragte Ben also
und sah ihn verzweifelt an. Die Wirkung des Ketamins
schien nachzulassen.

Mit solchen fixen Vorstellungen sicher nicht, dachte
Martin, erklärte aber, dass er mindestens doppelt so alt wie
Ben sei, schwul seit er denken könne und dass Glück sich
nicht erzwingen lasse. »Ich weiß nicht, wie es ist, Anfang
zwanzig zu sein«, sagte er und korrigierte sich gleich: »Ich
weiß nicht, wie es ist, heute Anfang zwanzig zu sein.« Musste
er auch nicht wissen. Natürlich hatte er ein Gefühl dafür.
Er besaß viele jüngere Freunde, hatte ihre Serien gesehen,
»Girls«, »Please Like Me«, »Transparent«, »Orange Is The
New Black«, so Zeug. Er wusste, was sie hörten und lasen, wie
sie dateten, sich kleideten, welche Pornostars sie geil fanden
oder welche Dragperson in »RuPaul's Drag Race«. Und er
bewegte sich genauso wie sie auf Facebook, WhatsApp oder
Instagram.

»Man darf halt keine Kompromisse machen, das bringt bloß Enttäuschungen.« Ohgott, klang das gerade wie ein Therapiegespräch? Ein großväterlicher Rat? Eigentlich hatte Martin noch nicht das Bedürfnis, seine Lebenserfahrung mit irgendwem zu teilen. Außerdem hatte er gelogen. Seine eigene Beziehung zu Ethan, dem New Yorker, den in Wien keiner kannte, war ein einziger Kompromiss. Vor allem in letzter Zeit verlief sie sehr enttäuschend.

Plötzlich kam er sich fürchterlich alt vor. Der Bursche, der hier neben ihm auf der Treppe saß und ihm gerade den Arm um die Schulter legte, könnte locker sein Sohn sein. Oder sogar sein Enkel! Martin rechnete nach: Wenn er mit vierzehn – da hatte er das erste Mal Sex, nicht mit einer Frau, mit einem Typen vom Strand beim Familienurlaub in Italien –, wenn er also mit vierzehn eine Freundin gehabt hätte, und die wäre schwanger geworden, dann wäre das Kind jetzt fünfunddreißig oder so. Okay, Großvater ging sich doch noch nicht ganz aus; zumindest nicht Großvater eines Paarundzwanzigjährigen.

»Mit dir kann man echt gut reden«, riss Ben Martin aus seinen Gedanken und drückte ihn eine Spur zu vertraulich an sich. WTF! Wurde er hier verarscht? Martin schaute sich um, ob sie von irgendwem beobachtet wurden. Arnold und die anderen waren aber schon gegangen. Der Junge verschwand jetzt kurz Richtung Bar und kam mit zwei vollen Schnapsgläsern zurück und gab ihm eines. »Auf die Frauen«, rief er und prostete Martin zu. Der hatte sich zwar vorgenommen, diese Nacht nüchtern zu bleiben, er wollte seinen neuen kleinen Freund aber auch nicht enttäuschen und kippte den doppelten Shot runter. Auf »die Frauen« zu trinken, ging für ihn völlig in Ordnung. Das »Opa-Gespräch« war mit dem Wodka offenbar beendet. Ben wankte Richtung Tanzfläche, die mittlerweile fast leer war, und verschwand in einer Wolke aus Wummern und Disconebel.

Das Marea Alta war ein Drecksloch. Kein glitzernder Club mit perfekter Lichtanlage, Soundsystem und fancy Getränken (okay, es gab bayerisches Bier). In den späten Neunzigern hatten Bobo-Eltern das ehemalige Mariahilfer Friseurgeschäft zu einer selbstverwalteten Kindertagesstätte gemacht, einem hippen Kaffeehaus, in dem lässige Mamas und Papas ihren Milchkaffee tranken, während der Nachwuchs pädagogisch wertvolle Bilderbücher betrachtete oder sich gegenseitig an die Gurgel ging. Vielleicht hatte es zwischen den Mamas und Papas Ärger gegeben, vielleicht waren die Kinder auch nur groß geworden und besuchten nun Japanisch- oder Ausdruckstanzkurse. Jedenfalls war das Kindercafé plötzlich zu. Mitte der Nullerjahre eröffneten zwei Lesben an der Stelle des Marea Alta einen linksalternativen Frauentreff, in dem auch Männer geduldet waren; jedenfalls solange sie nur schwul waren. Queer war gerade frisch erfunden, und man versuchte, alles ein bisschen lockerer zu sehen. Zumindest so lange, bis die Lesben weiterzogen. Robert, der neue Besitzer, zahlte ihnen die gewünschte Ablöse, übernahm die Barfrau und die Einrichtung, die großteils aus wackligen Sofas und Couchtischen aus dem Caritas-Lager bestand. Er investierte ein bisschen in Lüftungsanlage und Bodenbelag und machte das Untergeschoss zum Partykeller. Wo früher gestampfte Erde war, stampften nun regelmäßig Wiens alternative Queeries, Lesben, Schwule, überdrehte Dragqueens oder Tomboys mit Hornbrillen zu ihrer Musik, und alle fühlten sich zu Hause. Ausgelassene Partys wie die heutige fanden meist am Wochenende statt. An den anderen Tagen saßen die Gäste oben in der Bar auf den versifften Flohmarktmöbeln, tranken, rauchten und überlegten, ob es politisch korrekt sei, den marokkanischen Rosenverkäufer anzuschnauzen, der irgendwelche Grenzen ihres kleinen Safe-Space-Paradieses übertreten hatte, indem er einer von den Lesben freundlich zulachte.

Als Martin eine halbe Stunde später auf der Straße vor dem Marea Alta versuchte, ein Taxi anzuhalten, sah er den Ben von vorher in der Einfahrt des Nachbarhauses mit einem riesigen Kerl knutschen. Im T-Shirt. Bei Minusgraden. Frau, Kinder, Haus und Job? Ketamin. Nein, Martin würde jetzt nicht noch einmal hineingehen, Bens grüne Bomberjacke holen, die wahrscheinlich noch irgendwo unten am Treppengeländer hing, sie ihm über die Schultern legen, während die Zunge des Jungen im Mund des anderen spazieren ging. Sicher nicht.

Ein Taxi hielt, Martin stieg ein und fühlte sich zum ersten Mal richtig fünfzigjährig. Es war okay, alt zu sein, wenn man gemocht wurde. Er fühlte sich solo und musste das wohl demnächst auch seinem New Yorker Boyfriend klar machen.

Schüttel's raus

Der Typ, mit dem Ben vor dem Marea rumknutschte, schmeckte nach Pfirsich. Ben fielen plötzlich die lieblosen Torten seiner Kindheitsgeburtstage ein, für die seine Mutter einmal im Jahr einen Fertigtortenboden aus Industriebiskuit mit Dosenpfirsichen belegte, Tortenguss drüber, fertig. Auf einmal war da wieder die Erinnerung an einen Geschmack, den Ben trotz allem mochte. Er war ein Einzelkind und hatte nie verstanden, weshalb ihm seine Eltern ausgerechnet den Namen Benjamin gegeben hatten. Benjamin hießen sonst immer die Nachzügler mit den uralten Eltern, die mit den großen Geschwistern, ein paar Generationen darüber. Deren Mütter, die meist hauptberuflich Mütter waren, die kurz vor dem Wechsel, Hurra, es ist ein Kind!, doch noch einmal überraschend schwanger wurden und mit dem Kleinsten gar nicht mehr streng waren. Unser Benjamin, der Sonnenschein, dem die höchstmögliche Aufmerksamkeit zuteilwird.

Ben war kein Sonnenschein, nicht für seine Eltern in dem Kaff im Mühlviertel, in dem er die ersten Jahre seines Lebens verbracht hatte. Sie waren beide viel zu jung gewesen, seine Mutter war fünfzehn, als sie schwanger wurde, und mit ihrem Wunderkind, das schlauer, schneller und überhaupt ganz anders war als sie, total überfordert. Mit vier riss er das erste Mal von zu Hause aus, packte einen Rucksack mit Kinderbüchern, seiner Puppe – ja, er besaß eine Puppe! – und Proviant und wurde schließlich drei Dörfer weiter gefunden und wieder zurück nach Hause gebracht. Seine Eltern hatten nicht einmal bemerkt, dass er stundenlang weg war, so sehr waren sie mit sich selbst beschäftigt.

Mit sechzehn zog er dann wirklich von zu Hause aus, maturierte, nachdem er hochbegabt zwei Klassen überspringen durfte, in der nächsten Kreisstadt, wo er mit einem Schulkollegen in einer WG wohnte. Die Miete zahlten seine Eltern nicht, er jobbte und verdiente sich sein Geld mit Mathe-Nachhilfe. Mutter und Vater, die sich inzwischen längst getrennt hatten, waren für ihn Fremde, irgendwelche Leute, zu denen er keinen Kontakt hatte. Sie hatten ihn zufällig in die Welt gesetzt und ihn die ersten Jahre gefüttert und ihm die Windeln gewechselt, dankeschön, ihm sonst aber wenig Aufmerksamkeit geschenkt. Weil sie mit ihm nicht viel anfangen konnten.

Für Aufmerksamkeit musste Ben immer schon selbst sorgen, jahrelanges Buhlen um Beachtung hatte ihn richtig gut darin werden lassen, im Fokus zu stehen, ohne dabei besonders exaltiert zu wirken. Inzwischen musste er gar nichts mehr dafür tun, die Leute sahen ihn automatisch. Sie entdeckten ihn, wollten ihn. So wie dieser nach Pfirsich schmeckende Schwule, in dessen Mund Ben gerade mit seiner Zunge herumfuhrwerkte und traurige Kindergeburtstage schmeckte. Erst jetzt merkte er, dass ihm kalt war. Saukalt.

Sternenschiffe

Arnold war noch zu aufgekratzt, um schlafen zu gehen – der beste Zeitpunkt für ein unkompliziertes Grindr-Date. Die ganze Stadt schien am Wochenende geil zu sein. Jene, die keinen abbekommen hatten, waren immer noch online und hofften verzweifelt, dass endlich was ging. Die mit mehr Glück loggten sich vielleicht schon wieder ein und suchten noch nach einer Zugabe. Jedenfalls waren in der Nacht auf Sonntag alle irgendwie drauf, Alkohol, Drogen, sie waren nicht wählerisch – aber scharf. Wien wollte ficken.

Auch Arnold. Er hatte sich vorgenommen, heute noch etwas zu erleben, und extra keine Unterhose an, damit es schneller ging. Im Sommer, wenn er seine Nike-Shorts anhatte, war das wunderbar praktisch. Man brauchte dann nicht einmal mehr die Hosen hinunterzulassen. Arnold öffnete die App und wunderte sich, als ihn wenige Augenblicke später ein Lederkerl kontaktierte, der gar nicht in der Nähe war und auf seinem Profilbild so aussah, als ob er sich vor Dates nicht retten könnte. »Hi«, schrieb der Typ namens Knolli3000. Keine besonders originelle Anmache. Obwohl er nicht auf Leder stand und diesen Fetisch immer ein wenig lächerlich fand (es hatte Zeiten gegeben, doch dafür war Arnold zu jung, da machten sich Wiener Gays über die »Schaffnerinnen« in Uniform mit Lederkäppi lustig), tippte er zurück: »Hey!«

»Fun?« Knolli3000 zeigte, wie die meisten kopflosen Ungeheuer auf Grindr, in seinem Profil lediglich den Torso her, schickte nun ein Bild mit Gesicht.

Arnold schrieb nichts. Es war immer ganz gut, die Typen ein bisschen zappeln zu lassen.

Sein Gegenüber wurde ungeduldig. »Noch fit oder schon wieder fit?«

»Noch.«

Arnold hasste die Art, wie man über die Dating-App kommunizierte. Ihn nervte das ganze Blabla. Er wollte Sex, darum war er ja da. Auf dem neuen Foto sah Knolli3000 ungelogen so aus wie diese dauergeilen, riesenschwänzigen Typen von Tom of Finland (ja, auch dafür war Arnold zu jung, aber selbstverständlich kannte er die pornografischen Zeichnungen aus den Fünfzigerjahren, hatte sich sogar mal ein Tanktop mit einem Tom-of-Finland-Print bestellt und es stolz im Fitnesscenter getragen). Ende zwanzig, groß, blond, ein bisschen bullig, kantiges Gesicht, stechender Blick: Was der Mann mit der Pornovisage in der Hose hatte, wusste er nicht, bis der unaufgefordert weiteres, aussagekräftiges Bildmaterial schickte. Wieso der Typ ausgerechnet ihn interessant fand, konnte sich Arnold nicht erklären. Sein Grindr-Profilfoto, ein eher fades Selfie, das er unlängst auf dem Weg zu irgendeiner Bau-Besprechung vor dem Spiegel im Lift einer Behörde gemacht hatte, zeigte ihn im grauen Anzug mit schwarzem Rollkragenpulli, das Gesicht war von der Nase aufwärts abgeschnitten. »Fun?«, fragte der Typ zum zweiten Mal, und es war vielleicht Arnolds Fehler, nicht nachzufragen, was genau unter »Fun« zu verstehen sei.

Er bestellte sich ein Uber, und als er zwanzig Minuten später bei der vereinbarten Adresse, einem Einfamilienhaus in einer eher besseren Gegend im 17. Bezirk, ankam, stand der ziemlich scharfe Typ von Grindr schon in der Eingangstür. Er trug wenig überraschend das Lederoutfit, das Arnold schon von den Fotos kannte: Chaps, Harness, Käppi, das volle Lederprogramm, und alles ein bisschen übertrieben für den doch eher privaten Rahmen. Irritierend waren die weißen Birkenstock-Sandalen an seinen nackten Füßen. Arnold malte sich aus, wie der bullige Typ in diesem Outfit die Thujen vorm

Haus stutzte oder in den Supermarkt ging, und fand diese Vorstellung irre amüsant. Vielleicht waren sie hier in der Straße ja alle so drauf. Er kicherte innerlich und nahm, obwohl er heute schon genug getrunken hatte, die Einladung auf ein Getränk an. Sein Gastgeber ließ Arnold kurz im Vorzimmer stehen und kam mit zwei Flaschen Bier zurück. Das Haus wirkte, als hätte der Typ es samt Einrichtung von seinen Großeltern übernommen. Ja, vielleicht schliefen Oma und Opa Knolli sogar im Schlafzimmer hinter der einen Tür, die geschlossen blieb? Das Bier war lauwarm, sie prosteten einander schweigend zu. Irgendwie ging hier nichts voran, fand Arnold.

»Unten im Keller wartet eine Überraschung«, sagte der Ledermann schließlich. Seine Stimme klang tief und männlich. Er war scharf, keine Frage. Aber wieso jetzt der Keller? Schlagartig fand Arnold die Situation weniger amüsant. Gleichzeitig war er neugierig, was noch passieren würde. Er dachte kurz darüber nach, sich zu verabschieden, folgte dem Typen dann aber doch die steile Stiege in den Keller hinunter, wo er die Tür zu einem fensterlosen, offensichtlich erst vor kurzem weiß gefliesten Raum mit den Worten »mein Hobbykammerl« öffnete, den Lichtschalter betätigte und Arnold hineinschob. Er sei gleich zurück, sagte der Ledermann und war verschwunden.

Grell leuchtete die Neonröhre an der Decke. Der etwa fünfzehn Quadratmeter große, klinisch saubere Raum war leer. Es roch nach frischem Zement. Arnold spürte leichte Panik. Nichts deutete auf irgendein »Hobby« hin, es gab keine Tischtennisplatte, aber auch keinen S/M-Kram, stellte er erleichtert fest. Vielleicht war Knollis Hobby ja Fliesenlegen. Vielleicht war er aber auch bei einem verrückten Serienkiller gelandet, der nur eben schnell das OP-Besteck oder ein paar scharfe Messer holte.

Arnold blickte auf sein iPhone. Okay, Empfang hatte er. Es war schon vier vorbei. Vielleicht sollte er einfach gehen. Die Stiege hinauf, oben im Flur war rechts die Haustür, Uber rufen ohne Tschau und verschwinden. Diesen Abgang hatte er bei Dates schon ein paarmal gewählt, wenn ihm die Situation seltsam vorkam, die Kerle zu hässlich oder zu durchgeknallt waren. Oder wenn er einfach keine Lust auf einen Mitleidsfick hatte.

Von oben aus der Wohnung war Geklapper zu hören. Rasch schickte Arnold via WhatsApp Martin seinen Standort, verstaute das Handy wieder in der Hosentasche. Klang fast schon wie ein Hilferuf. Hoffentlich machte sich Martin jetzt keine Sorgen. Er holte das Telefon erneut hervor und schrieb, dass eh alles okay sei, er müsse sich keine, nur zur Sicherheit, Zwinkersmiley. Er schickte Davids bestem Freund regelmäßig solche WhatsApp-Nachrichten, vielleicht machte er ihn so unbewusst zum Komplizen seiner Sex-Abenteuer.

Nach gefühlten zehn Minuten kam der Typ zurück, einen großen, altmodisch braun emaillierten Topf schleppend, den er vor Arnold mit der mit seiner tiefen Bassstimme gebrummten Aufforderung »Heb den Deckel hoch« abstellte. Arnold fand den Kommandoton zwar zur Situation passend, aber auch ganz schön creepy. Er war jetzt kurz vor einer Panikattacke, wollte aber gleichzeitig wissen, was da vor ihm stand. Vorsichtig hob er den Deckel an. Im Topf dampften ungeschälte Kartoffeln. Arnold war irritiert.

»Ich will, dass du mich damit bewirfst«, brummte der Ledermann und stellte sich vor die Fliesenwand.

Kartoffelschlacht? Echt jetzt? Arnold hätte am liebsten laut gelacht, ließ sich aber nichts anmerken. Was seine Freunde wohl sagen würden, wenn er ihnen diese Story erzählte … Er griff sich eine der Kartoffeln, die glücklicherweise nicht mehr brennheiß waren. Warm und schwer lag sie in seiner Hand. Sollte er wirklich den Typen damit beschießen?

»Mach schon«, brummte der und nahm eine aufrechte Position ein. Arnold hatte schon einiges erlebt, aber das hier war abartig. Er zielte und – warf daneben. Die Kartoffel klatschte an die gefliese Wand und fiel zu Boden. Schon in der Schule war er kein guter Werfer gewesen, hatte den Druck im Sportunterricht gehasst, und tatsächlich begann die Situation hier ihn zu stressen. Sein Gastgeber guckte enttäuscht. »Du musst mich schon treffen. Aber nicht ins Gesicht!« Arnold beugte sich herunter und fischte eine weitere Kartoffel aus dem Topf, diesmal ein größeres Exemplar, von dem sich die Schale bereits etwas gelöst hatte. Was tat er hier? Könnte er nicht längst daheim im Bett sein? Er zielte und traf den Typen diesmal am Bauch unterhalb des schwarzen Ledergurtes der sich über der behaarten Brust kreuzte. Die Kartoffel touchierte leicht sein Sixpack und zermatschte dann auf dem Boden.

»Fester«, brummte der Typ, »du musst fester werfen!« Arnold strengte sich wirklich an. Die nächste Kartoffel landete mit einem Klatscher auf der linken Brust des Typen, blieb kurz dort kleben und fiel dann zu Boden. Als sie aufprallte, hatte er leise aufgestöhnt. Auf der Brust zeigte sich eine Rötung. »Weiter«, sagte er. Arnold bewarf ihn weiter und begann sich zu langweilen. Dumpf klangen die Treffer, zielte er daneben, musste er den Wurf wiederholen. Knolli3000 hatte mindestens fünf Kilo Kartoffeln gekocht. Mittlerweile kniete er auf allen Vieren zwischen Inseln aus Erdäpfelpüree vor der Fliesenwand und wandte ihm den blanken Arsch zu. Arnold bewarf ihn, bis der Topf leer war, und fragte sich, ob er hier heute selbst auch noch Spaß haben würde.

Der Typ grunzte und fand es wohl ganz gut. »Du kannst jetzt gehen«, sagte er schließlich, sich Erdäpfelgatsch vom Oberschenkel wischend.

»Ich dachte, wir machen noch Spinat und Spiegelei.« Arnold musste die Situation jetzt einfach ins Lächerliche ziehen, das Ganze war zu arg. Hier würde er ohnehin nicht mehr auf seine Kosten kommen. Wenn er es sich recht überlegte, wollte er das eigentlich auch gar nicht. Der Ledermann verstand ja nicht einmal den depperten Witz, sondern schien tatsächlich zu überlegen, ob er Spinat und Eier im Haus hatte. Arnold bückte sich und hob seine dunkelblaue Armeejacke vom Fliesenboden auf, die er ausgezogen hatte, weil er ins Schwitzen gekommen war. Er sagte Tschau und ließ den Typen in seinem »Hobbykammerl« allein. Auf der Straße rief er ein Uber, fünf Minuten später saß er auf der Rückbank eines silbernen BMW, der über den leeren Gürtel Richtung 15. Bezirk fuhr. Der Himmel über dem sonntäglichen Winterwien wurde hell.

Nein, jemanden, und sei er auch noch so porno, mit lauwarmen, gekochten Erdäpfeln zu bewerfen, fand Arnold nicht besonders befriedigend. Immerhin würde er etwas zu erzählen haben. Martin und den Jungs natürlich, nicht David. Er holte sein iPhone aus der Hosentasche und öffnete WhatsApp. Martin hatte seine Nachricht noch nicht gelesen. Und obwohl Arnold ihm am liebsten sofort von Knolli dem Kartoffelkerl berichtet hätte, schrieb er nur ein knappes »Gute Nacht Freund«.

Hojotoho!

»Gayopoldstadt«, sagte Arnold und bemühte sich dabei, seine Stimme ein wenig tuntig klingen zu lassen. Martin und Peter gackerten. Seit Tagen machten sie sich in ihrer gemeinsamen WhatsApp-Gruppe einen Spaß draus, die Namen der Wiener Bezirke und Straßen zu verschwuchteln. Nämlich so richtig pubertär auf deppert, »Analsergrund« für Alsergrund oder »Mariadilferstraße« für die Mahü, »Bearing« und »Dödling« für Währing und Döbling. Jetzt waren sie auf dem Weg zu einer Kunstaktion in der Leopoldstadt, dem zweiten Bezirk, »Gayopoldstadt« eben, und kriegten sich kaum mehr ein. »Poritzdorf und Dildonaustadt sind ja auch nicht weit weg von hier, nur über die Dildonau«, sagte Peter mit dem dozierenden Tonfall eines Reiseleiters, und Arnold ergänzte: »Auf der anderen Seite geht es zum Dildonaukanal, genau.«

»Ich dachte, wir hätten uns auf Donauanal geeinigt.«

Die drei hatten sich am Praterstern getroffen, um zu Fuß zu der angegebenen Adresse zu gehen. Anfang Februar hatte einer seiner Künstlerfreunde Martin gebeten, in seinem Bekanntenkreis diese Mail zu verbreiten, in der es um Spermaspenden ging. »Du kennst doch so viele Typen«, hatte der Künstler gesagt, als er ihm von seinem geplanten Projekt erzählte. Die Idee war, über mehrere Wochen hinweg gesammeltes Sperma zu Eiswürfeln zu frieren und an Luftballons befestigt auf die Reise über Wien zu schicken, wo es tauen und als »Regen« auf die Stadt heruntertropfen würde. »Seeds of Love« sollte die Performance heißen, und Martin hatte tatsächlich den Spendenaufruf mit dem Betreff »Wixen für die Kunst« weitergeleitet; blöderweise auch versehentlich an einen Bürokollegen, der ihn ohnehin schon für nicht ganz dicht und sexuell überambitioniert hielt und jetzt sicher glaubte, Martin wollte ihn anmachen. Er selbst fand die Sache eher creepy und hatte sich geweigert, Sperma zu spenden. Genau genommen fand er es sogar ziemlich frech, dass der Künstler ihn gefragt hatte. Wieso sagte er nicht gleich, Martin würde ja so viele schwule Typen kennen, die mit den Unmengen an Sperma, das sie da dauernd in der Weltgeschichte herumspritzten, ohnehin nichts Vernünftiges anfingen. Eigentlich wollte er mit der ganzen Aktion nichts zu tun haben und war sauer, dass er sich hatte ausnutzen lassen. Doch Arnold, Peter und ein paar andere Empfänger der Mail hatten tatsächlich die kleinen verschließbaren Plastikdöschen befüllt, die der Künstler bei dubiosen Treffen in einer Galerie ausgeteilt und später eifrig wieder entgegengenommen hatte. Man konnte die Spenden sogar persönlich in seinem Atelier vorbeibringen. Manche Spender machten sich wohl auch einen Spaß draus und sabotierten diese neue Variante des Wiener Aktionismus mit Fake-Ejakulat aus Buttermilch oder Eiklar. Wusste ja niemand.

Der Künstler war jedenfalls total aus dem Häuschen angesichts der vielen freiwilligen Spenden und stellte mit Hilfe von ausgespülten Joghurtbechern und einer Gefriertruhe gefrorenes Sperma her, das an diesem windigen Märzsamstag mit einem angemieteten Kühltransporter zu einer Baulücke im zweiten Bezirk gekarrt wurde. Zwei Helferinnen mit interessanten Frisuren füllten große bunte Ballons mit Helium, wobei ein sirrendes Geräusch entstand. Ein bisschen sah es nach Kindergeburtstag aus. Martin, Peter und Arnold standen etwas abseits und wunderten sich über den Eifer, mit dem die Leute hier die Sache angingen. Der Künstler hatte Kollegen eingeladen, Freunde, Familien mit Kindern. Die Leute wärmten ihre Hände am Punsch, der neben kalten Getränken ausgeschenkt wurde, und jemand Halboffizielles hielt sogar eine kleine Rede, sprach über Kunst im öffentlichen Raum, die Zwischennutzung von Baulücken wie diesen und davon, wie der »Samen der Liebe« die Stadt befruchten würde.

»Was für ein Blödsinn«, schimpfte Peter und nippte an seinem Dosenbier. »Man kann sich alles schön reden.« Die anderen verdrehten die Augen. Ein paar Helfer in weißen Overalls und mit schwarzen Gummihandschuhen befestigten inzwischen fünfzig joghurtbechergroße Brocken aus gefrorenem Spendersperma, in denen kleine Drahthaken steckten, mit Schnüren an den Ballons und bauten sie – der Künstler hatte eine genaue Skizze angefertigt – in Herzform in die Mitte der von Gründerzeithäusern umgebenen Gstetten auf. Immer wieder fuhr der Wind zwischen die Ballons, und die Performanceassistenten auf der Brache hatten große Mühe, alles festzuhalten. Eine Musikerin stand, ebenfalls in einem weißen Overall, auf der Ladebordwand des Kühllasters hinter einem Pult und entlockte ihrem Computer ein wenig Lärm, der aber im Kindergeschrei unterging. Der Künstler blickte bedeutungsvoll in den wolkenverhangenen Himmel. Genau in dem Moment, als sich die erste Frühlingssonne kurz zeigte, gab er ein Zeichen, und die Helfer ließen die Ballons los. Es tat sich erst einmal gar nichts.

Offenbar hatte der Künstler eine Menge Zeit mit dem theoretischen Konzept seiner Performance verbracht. Dass er darüber die technischen Aspekte vernachlässigt hatte, fiel ihm erst jetzt auf. Zu schwer hingen die Eisklumpen an den Ballons, die zwar ein bisschen hin und her wackelten, aber nahe am Boden blieben, anstatt abzuheben. Gefrorenes Sperma schlitterte über Schotter. Eine Böe brachte schließlich etwas Schwung in die Angelegenheit, zwei, drei Ballons flogen Richtung Publikum, das hysterisch aufkreischte und wegrannte. Kinder jubelten und liefen den Luftballons hinterher, Eltern wurden nervös, als ihr Nachwuchs die Eisblöcke fangen wollte. »Nein, Maximilian, das darfst du nicht in den Mund nehmen, das ist schmutzig«, brüllten besorgte Mütter, »nicht anfassen, Valentina.« Wieso nicht, fragten die Kinder und bekamen keine Antwort.

Dann, die Sonne hatte die Eisbrocken ein wenig angetaut und leichter gemacht, stiegen die mittlerweile übers ganze Gelände verteilten Ballons mit ihrer bizarren Fracht doch noch in die Höhe. Die Anwesenden freuten sich – leider zu früh. Die meisten Ballons mit den müde tröpfelnden Eisklumpen schafften es nur bis zu den Dächern des angrenzenden Häuserblocks, verfingen sich in Satellitenschüsseln, an Kaminen, Regenrinnen und noch winterlich kahlen Bäumen. Ein gelber Ballon kroch ganz nah an einer Fassade entlang nach oben. Dann kam wieder Wind auf, und der Eisblock, der an ihm befestigt war, knallte gegen ein Sprossenfenster im dritten Stock, Glas klirrte und gefrorenes Sperma landete in einer Wohnung. Jetzt waren es Martin, Peter und Arnold, die jubelten. Sie malten sich aus, wie die Bewohner reagierten, wenn sie die zerbrochene Scheibe und den aufgetauten Eisbrocken auf ihrem Fußboden entdeckten. Samt Eifersuchtsszene wie in einem schlechten Sketch.

Der groß angekündigte Spermaregen über Wien war ein Reinfall. Ein trauriges Spermapfützchen in einer Altbauwohnung im zweiten Bezirk, mehr nicht. Das Publikum applaudierte trotzdem, Künstler und Helfer verbeugten sich, als hätten sie gerade Wagners »Walküre« aufgeführt, jemand sammelte leere Bierdosen ein.

»Er hätte seine Performance besser ›Vorzeitiger Samenerguss‹ nennen sollen«, sagte Arnold auf dem Weg zurück zur U-Bahn. »Aber die Idee war super.« Er schien etwas enttäuscht darüber zu sein, dass sein gespendetes Ejakulat nicht als dramatischer Regen über Wien gekommen war. »Vielleicht ist ja mein Sperma wenigstens auf dem Fußboden im dritten Stock gelandet.«

Martin schaute ihn an. »Wäre nicht das erste Mal.«

»Hätte eigentlich jemand schwanger werden können?«, fragte Peter.

Arnold tat, als würde er überlegen. »Schade, dass David keine Zeit hatte. Wo ist der Experte, wenn man ihn braucht!«

»Und alles von unseren Steuergeldern.« Peter hob den Zeigefinger und machte auf besorgter Bürger.

»Alles mit eurem Sperma.« Martin lachte.

Perfekte Illusion

Schwer hing der Duft weißer Lilien in der Luft. Die Blumen waren im Stiegenhaus des Kunsthistorischen Museums in zwei großen Vasen arrangiert, die auf Podesten rechts und links des marmornen Theseus standen, der mit dem Zyklop kämpft. Die Blüten waren bereits etwas welk, bräunlich gelb hingen sie herab, einige waren schon zu Boden gefallen. Es war Sonntag, montags war geschlossen, die frischen Sträuße würden wahrscheinlich immer erst dienstags geliefert und mussten dann eine Woche lang halten. Die weißen Lilien, es waren stets weiße Lilien, passten jedenfalls zur imperialen Pracht hier und dufteten wie blöd. David stieg die steinernen Stufen hinauf, vorbei an Touristengruppen, die im Weg herumstanden und im schmeichelhaften diffusen Licht Selfies machten, vorbei am Postkartenshop und dem Kaffeehaus, in dem Hochbetrieb herrschte. Sein Ziel war die Gemäldegalerie. Seit er eine Jahreskarte besaß, besuchte David das Museum regelmäßig, auch wenn er nur kurz Zeit hatte oder gerade in der Nähe war. Er setzte sich dann vor ein Bild, vertiefte sich, ließ sich beeindrucken.

Die Sache mit den Museumsquickies hatte ihm Martin beigebracht, mit dem er früher oft herkam. Martin, der ihm Geschichten zu den Renaissance- oder Barockgemälden erzählen konnte, der ihre Mythen kannte. David liebte die Stimmung am Sonntagnachmittag, die müden Gesichter des Aufsichtspersonals, das sich auf den Feierabend freute. Die erschöpften Reisegruppen, die sich durch die Saalfluchten quälten, weil sie möglichst viel von Wien sehen wollten, die schweinsschnitzelsatt mit leeren Blicken auf Rubens Fleischberge starrten und sich dabei von viel zu laut aufgedrehten Audioguides ins Ohr plärren ließen.

David wusste genau, wo er hinwollte, er eilte über das Parkett, das unter seinen Schritten knarzte, durch die dämmrig beleuchteten Säle, nahm im Vorübergehen fünfhundert Jahre Kunstgeschichte mit, blieb kurz stehen, wenn ihm ein Detail auffiel. Mit Martin hatte er auch angefangen, in den Gemälden die eigene Gegenwart zu entdecken, Gesichter zu suchen, die denen von Menschen ähnlich sahen, die sie kannten. Auf jahrhundertealten Bildern sah er plötzlich Freunde, Kollegen, seine Schwestern oder auch ehemalige Geliebte. Er hatte Dragitza, die Putzfrau, auf einem Renaissance-Gemälde entdeckt, und natürlich Arnold. Von manchen Bildern fühlte er sich auf unerklärliche Weise angezogen und, ja, er fand Caravaggios Männerkörper extrem scharf, bekam gar nicht genug davon, die Muskeln der bärtigen Typen zu betrachten, die gerade dabei waren, Jesus die Dornenkrone auf den Kopf zu setzen. Er ertappte sich dabei, wie er Christus' definierten Körper begehrte. Oder wie er sich bei einem anderen Caravaggio über die Brustwarze von David freute, die das locker fallende Gewand hervorblitzen ließ, während sein Namensvetter den abgeschlagenen Kopf von Goliath in der Hand hielt. Nippelgate. Gefiel ihm.

»Wie du in jung«, hatte Martin einmal vor Giorgiones »Jüngling« zu David gesagt. Ihm hatte der Vergleich natürlich nicht gefallen, der leicht spackige, dunkel gelockte Knabe mit dem ärmellosen Oberteil und dem Pfeil in der rechten Hand hatte doch so gar nichts mit ihm zu tun. Jetzt stand er wieder im vierten Kabinett vor dem schönen Jüngling, der den Betrachter so verführerisch ansah, und war sich nicht mehr so sicher. Vielleicht war der Knabe seinem jüngeren Ich doch ein wenig ähnlich. Sich selbst im Jetzt hatte David noch nicht gefunden in der Galerie. Er zückte sein iPhone und fotografierte das Bild. Dann setzte er sich auf eines der mit grauem Samt bezogenen Sofas, die einen zwingen, eine aufrechte Haltung einzunehmen, behielt den Jüngling im Blick und textete Martin. »Auf einer Skala von eins bis zehn: Wie schwul ist es, einen verregneten Sonntagnachmittag im Kunsthistorischen zu verbringen?«

Die Antwort des Freundes kam prompt: »10. Wieso hast du nichts gesagt?«

»Wollte alleine.« Was nicht ganz stimmte. David war oft genug alleine unterwegs an seinen freien Tagen, er hätte gerne mal wieder Zeit mit Martin verbracht, sie hätten Alte Meister nach gemeinsamen Bekannten abgesucht, sich flüsternd unterhalten wie die anderen hier, wie früher. Martin unternahm inzwischen mehr mit Arnold als mit ihm; David hatte zumindest das Gefühl. Vielleicht war er auch ein wenig eifersüchtig.

»Grüß den Knaben im roten Ruderleiberl von mir«, schrieb Martin.

Er kennt mich wirklich gut, dachte David, schickte ein Herz-Emoji und wollte das iPhone schon wegpacken, da hatte er eine Idee. Er öffnete die Grindr-App, die er schon längere Zeit nicht mehr benutzt hatte, ging auf sein Profil mit dem vielleicht etwas unglücklich gewählten Namen »Goliath« und ersetzte das Profilbild, das ihn halbnackt in der Gym-Umkleide zeigte, durch den Giorgione-Jüngling, den er gerade vorher fotografiert hatte. Obwohl Profilbilder eigentlich den Inhaber des Accounts zeigen mussten, wurde das Bild innerhalb von Sekunden freigegeben. David freute sich. Dann sah er nach, wer in der Nähe war, und stellte fest, dass es sonntagnachmittags im Kunsthistorischen Museum Wien fast so zuging wie im Hard On, einer Fickbar, die sie manchmal »aus rein kulturellem Interesse« besuchten. Nur halt ohne Darkroom, obwohl, wer weiß. Bei den meisten, die online waren, handelte es sich wahrscheinlich eh um Touristen, Amis, die er an den Visagen erkannte, Asiaten, Italiener. Ein Profilfoto fiel ihm besonders auf, ein rothaariger Typ etwa in seinem Alter, nein, schon eine Spur jünger. Das sommersprossige Gesicht kam ihm bekannt vor. Irgendwo war er dem schon mal begegnet. David überlegte. Er war nicht so der Grindr-Profi, ihm war es lieber, er sah in einem Club oder bei einer Party oder wo auch immer einen, der ihm gefiel und mit dem er direkt Kontakt aufnehmen konnte. Trotzdem schickte er nun ein knappes »Hi« an den Rotschopf mit dem Profilnamen »Mister«.

Mister, der sich laut Grindr achtzig Meter entfernt aufhielt, also wirklich ganz in der Nähe sein musste, schrieb prompt zurück. »Nice Hair«.

»Danke«, antwortete David, »ebenfalls. Auch im Museum?« Er switchte nicht auf Englisch. Dieser Mister würde sich schon melden, wenn er was nicht verstand. Verstohlen blickte er sich um. Jetzt war David froh, dass sein Profilfoto nicht ihn, sondern den Jüngling zeigte. Was ihn in die Lage versetzte, sich vertschüssen zu können, sollte Mister höchstpersönlich auftauchen. Er, David, wollte ja eigentlich nichts von ihm. Offenbar war er jetzt nur noch fünfundvierzig Meter entfernt.

»Bei den Italienern? Typisch Südländer.« Okay, Mister sprach deutsch. Und auch er hatte plötzlich ein neues Profilbild, ebenfalls ein Gemälde, das einen Dunkelhaarigen mit Bart und riesigen Augen zeigte, die leicht genervt nach oben schauten. Auch diesen Mann, David war sich sicher, hatte er schon mal gesehen. Er sprang auf und lief durch vier Kabinette in den nächsten Saal zu den Venezianern. Im Eiltempo lief er an den Gemälden vorbei, eine Aufseherin hob die Hand und mahnte ihn mit dem Zeigefinger, nicht so schnell zu laufen. Hastig suchte David die Wände ab. Tintorettos Bild des bärtigen jungen Mannes, das war es, Mister war wirklich in der Nähe.

»Was suchst du?« David hatte noch nicht geantwortet, Mister wurde offenbar ungeduldig und stellte schließlich die typische Grindr-Frage, auf die David nie die richtige Antwort parat hatte. Was suchte er? Nichts? Er hatte doch alles. Suchte er Sex? Dazu brauchte er nicht Grindr. Es war Sonntagnachmittag, er befand sich in einem der bedeutendsten Museen der Welt, vollgestopft mit den großartigsten Kunstwerken überhaupt, und alle auf Grindr schienen nur an Sex zu denken.

»Ich suche nach einem Bild von mir«, schrieb er wahrheitsgemäß zurück, obwohl es ein bisschen abgehoben klang. »Und was suchst du?« Er blickte sich um, ob er den Rothaarigen irgendwo entdecken konnte. Zwei ältere Wiener, einer mit Penny-Plastiksackerl in der Hand, unterhielten sich für den Ort, an dem sonst maximal geflüstert wurde, eine Spur zu laut, über die Petersburger Hängung im Saal XX, den David nun erreichte. Die Tatsache, dass die Wände bis unters Plafond mit Gemälden bedeckt waren, schien sie zu überfordern. »Viel zu viele Bilder«, schimpfte der eine. »Das machen die nur, um uns zu verwirren«, antwortete der andere. Eine Asiatin war der Bilderwand zu nahe gekommen und hatte den Alarm ausgelöst. Wie aus dem Nichts tauchte die Aufseherin neben David auf und schaute ihn genervt an. Achselzuckend deutete er auf die Asiatin und ging weiter Richtung Kuppelhalle, wo Betriebsamkeit und Geschirrgeklapper aus dem Café ihn total überforderten.

»Sex jetzt?« Der Typ war vielleicht kunsthistorisch interessiert, wurde aber jetzt doch ein wenig pushy. David fand die Situation langsam etwas unbehaglich, zugleich aber auch aufregend. Wie hatte Mister ausgesehen? Gerne hätte er noch einmal das echte Profilfoto gesehen. Und Mister kannte von ihm nur das Jünglingsporträt des venezianischen Meisters. Crazy. Okay, die Angaben auf seinem Profil stimmten ja, aber wie konnte man sich nur auf Gewicht, Größen- und Längenmaße – bei Letzterem hatte er übrigens ein bisschen geschummelt – verlassen und gleich »Sex jetzt« wollen?

»Schick nochmal dein Foto«, tippte er, setzte sich im Café auf einen der erhöhten Fensterplätze mit Blick auf den regennassen Museumsvorplatz mit dem Maria-Theresien-Denkmal und den akkurat kegelförmig geschnittenen Hecken und bestellte eine Melange. Er liebte die Aussicht auf den Platz. Vor den monumentalen Gebäuden, dem Naturhistorischen auf der anderen Seite, dem Museumsquartier, wirkten die Menschen winzig, die sich da unten gerade regenschirmbewaffnet mit dem Wind anlegten.

»Nur, wenn du auch.« Mister schickte das Foto mit dem Sommersprossengesicht, das David so bekannt vorkam. Der Typ gefiel ihm immer noch. Woher kannte er ihn nur?

Kurz überlegte er, ein Nacktfoto zu schicken, entschied sich dann aber doch für ein angeberisches Muskelbild aus der Gym-Umkleide, auf dem er sich ganz gut gefiel.

Und dann geschah das Unerhörte: Mister antwortete nicht mehr. Kein »wow«, kein »sexy«, nichts. Hatte er etwas falsch gemacht? War er nicht sexy genug? Der Kellner brachte die Melange und legte die Rechnung gleich dazu. »Wir haben demnächst Sperrstunde.« David ärgerte sich über den Preis, und darüber, dass er nicht in ein normales Kaffeehaus in der Nähe gegangen war. Aber dieser Mister musste schließlich noch irgendwo hier sein. Er trank also seinen überteuerten Kaffee und Mister meldete sich nicht mehr. Als die Durchsage kam, dass das Museum demnächst schließe, zog David einen Fünf-Euro-Schein aus der Tasche, legte ihn auf den Tisch und stand auf. Er ging die steinernen Stufen hinunter, vorbei an den Lilien, die, so kam es ihm zumindest vor, noch eine Spur penetranter dufteten, noch ein wenig welker geworden waren.

In der Eingangshalle entdeckte er Steph, Martins beste Freundin. Sie kam aus der Garderobe und war gerade dabei, in ihren Mantel zu steigen. David winkte aus einiger Entfernung und ging auf sie zu. Wie immer begrüßten sie sich mit nur einem Wangenbussi. Steph war irgendwie komisch drauf, komischer als sonst. Sie müsse schnell weiter, sagte sie, als David, der nach seinem Garderobenschlüssel suchte, fragte, was sie noch vorhabe.

Und dann sagte Steph etwas, das ihn irritierte. »Schönen Abend noch, Goliath.« Sie grinste, winkte und schob sich wie in Zeitlupe an einer Reisegruppe vorbei durch die schweren Türen ins Freie. David bekam einen Schweißausbruch. Er wusste, weshalb er mit dieser Frau nie so richtig warm wurde. Er holte seinen Mantel und verließ ebenfalls das Museum. Als er den Vorplatz überquerte, vibrierte das Handy in seiner Tasche. Eine Nachricht von Martin: »Auf einer Skala von eins bis zehn: Wie hoch ist die Chance, dass du auf eine Frau reinfällst?«

»Zehn«, antwortete David. Er fand es gar nicht lustig.

Kirschi-Kirschi-Lady

Als erstes löschte Steph die Grindr-App. Auch wenn sie auf lässig tat, David den Hinweis mit Goliath gegeben hatte, Martin auf WhatsApp schrieb, dass sie gerade ein Sexdate mit seinem besten Freund verpasse – die Sache eben im Museum war ihr doch ziemlich unangenehm. Als ob sie nichts Besseres zu tun hätte! Hastig lief sie über den Maria-Theresien-Platz Richtung Museumsquartier. Im Sommer roch es hier nach den Föhren, die direkt vorm Museum wuchsen. Wie im Süden. Sie liebte den Geruch, den man in den ersten heißen Juninächten am besten wahrnahm. Wäre es doch endlich Sommer.

Steph fingerte an ihrem iPhone herum. Der Wind brachte ihre Frisur in Unordnung. »Grindr löschen?« fragte das Gerät und teilte ihr mit, dass damit auch die »zugehörigen Daten« gelöscht würden. Steph tippte auf Löschen. Sie wunderte sich, wieso sie die App überhaupt so lange benutzt hatte, es gab verdammt nochmal sowieso schon sehr viele Schwule in ihrem Leben. Jetzt schlief sie ja sogar regelmäßig mit einem, und es fühlte sich sehr gut an.

Steph war bald vierzig, eine Frau mittleren Alters, Martin hatte sie mit dieser Formulierung zwar immer wieder genervt, aber es war nun einmal so. Sie war also eine Frau mittleren Alters, kinderlos, alleinstehend und eigentlich ganz zufrieden mit ihrer Situation. Sie besaß einen großen Freundeskreis, der, okay, vor allem aus schwulen Männern bestand, die großteils jünger waren als sie. Und sie besorgte sich Kerle fürs Bett, wenn sich die Gelegenheit bot und sie darauf Lust hatte. Ansonsten wartete Steph auf keinen. Sie suchte auch niemanden, leider bot Facebook beim Beziehungsstatus nicht die Option »unkompliziert« an. War es überhaupt so unkompliziert? Plötzlich fielen ihr die gut gemeinten Ratschläge besorgter Schulfreundinnen von früher ein, nicht danach suchen, wenn es so weit sei, käme schon der Richtige. So ein Blödsinn. Sie suchte nicht, sie brauchte keinen, sie wollte ja nicht heiraten. Sie hatte auch keinen unerfüllten Kinderwunsch, den ihr manche unterstellten. Immer wenn ihr jemand so kam, antwortete sie, dass da maximal ein unerfüllter Hundewunsch wäre, hahahahaha. In der Gegenwart von Hunden und Männern fühle sie sich am wohlsten, sagte sie dann; ein Satz, den sie von Martin hatte. Den er sagte, wenn er besonders kerlig wirken wollte (Martin meinte es ironisch).

Seit Jahren war Steph also glücklich mit »ihren« Jungs, die ihr den zweifelhaften Beinamen »Mister« gegeben hatten. Doch in letzter Zeit hatte Mister Steph immer öfter das Gefühl, dass eben diese Jungs sie in ihrer Weiblichkeit so gar nicht mehr wahrnahmen. Klar, in deren Augen war sie eine von ihnen: auf der Suche nach dem nächsten Kerl, schnellem Sex und einem guten Lacher. Was nicht stimmte. Natürlich liebte sie es, im Mittelpunkt zu stehen, wollte geliebt werden. Und sie kannte die Codes der Schwulen, benutzte ihre Sprache, war ein »schwules Mädchen«. So wie in dem Uralt-Hit von Fettes Brot. »Du bist doch eine von uns«, hatte ihr mal jemand auf einer Party anerkennend gesagt, und sie war sich damals tatsächlich geehrt vorgekommen, stolz darauf, zu einem auserwählten Kreis dazuzugehören. Sie, die Ehrenschwester Stephanie, die es sogar einmal geschafft hatte, mit aufgeklebtem Bart und Ledermontur in einen Men-Only-Club reinzukommen – der größte Triumph in ihrer Karriere als Schwulenmutti. Obwohl, wäre das jetzt nicht ein noch größerer Erfolg: Sex mit einem Schwulen? Aber bis auf Martin hatte sie niemandem davon erzählt. Weil irgendwas jetzt anders war als früher.

Früher hatte sie mitgemacht bei den Porno-Witzen, über ihre Geschlechtsgenossinnen abgelästert und sich etwas darauf eingebildet, sogar beim schwulen Sexprogramm mitreden zu können. Okay, sie glaubte immer noch, dass sie im Bett mehr drauf hatte als viele andere Frauen. Weil sie von ihren Gays wusste, worauf die Typen wirklich standen. Nächtelang hatte sie sich mit ihnen über Analsex unterhalten, Tipps bekommen, wie man Männer beim Blasen verrückt machen kann. »Weiber haben ja keine Ahnung«, hatte sie dann gerufen, gelacht und sich auf das nächste Tinder-Date gefreut, bei dem sie den Kerl um den Verstand bringen würde. Verrat wäre ihr nicht in den Sinn gekommen, wenn sie über andere Frauen als »Bitch« sprach, über zu kleine oder zu große Brüste lästerte.

Wenn Schwule über Sex sprachen, da war sich Steph sicher, taten sie das genauso wie alle anderen Männer. Lange Zeit war sie Teil dieses Geheimbundes, hatte sich gewissermaßen den männlichen Blick zu eigen gemacht. Darum hatte sie sich auch auf Grindr das Profil eines jungen Mannes zugelegt. Um noch mehr über Schwule zu erfahren. Und dieser Perspektivenwechsel war jetzt genau das Problem. Ein erster Schritt, da herauszukommen, war, die Deppen-App zu löschen. Das wäre ein guter Anfang.

Stephanie beschloss, ihr Leben zu ändern. Sie war also eine Frau mittleren Alters, kinder- sowie hundelos, und jetzt war ihr Grindr-Account mit allen Daten futsch. Sie schlief mit einem viel zu jungen Mann, der mit ziemlicher Sicherheit schwul war und von dem sie eigentlich immer noch nichts wusste. Sie hatte das absurde Datingverhalten ihrer Freunde übernommen, besser nicht zu viel nachfragen, lieber gleich zur Sache kommen. Und doch hatte sie das Gefühl, dass da diesmal mehr war. Sie hatte ihm schon bald den Gästeschlüssel gegeben, er kam und ging, wann er Lust hatte, und es war okay für sie. Seit ein paar Tagen war er verschwunden, Sorgen machte sie sich nicht.

Als Steph daheim ankam, hörte sie schon unten im Stiegenhaus, wie jemand Klavier spielte. Mal was anderes, besser als das Gestöhne aus dem Telefonsexbüro im Hofgebäude. Von Etage zu Etage wurde klarer, dass die Musik aus ihrer eigenen Wohnung kam. Dass der Junge bei ihr Klavier spielte, war neu. Sie hatte nicht einmal gewusst, dass er Klavier spielen konnte. Ja, sie hatte sogar vergessen, dass sie ein Klavier besaß; eine ehemalige Mitbewohnerin hatte es vor Jahren, als Stephs Wohnung noch Stephs Wohngemeinschaft war, beim Auszug dagelassen. Das schwarze Ungetüm stand im Vorzimmer im Weg herum, verstaubte zwischen Mänteln, Altglas und Altpapier, diente als Ablage für Rechnungen und Tascheninhalte. Irgendwann hatte Steph es nicht mehr bemerkt, das Klavier war für sie, die Unmusikalische, unsichtbar geworden wie nackte Glühbirnen, die man beim Einzug als Provisorium hängen ließ und dann nie mehr durch richtige Lampen ersetzte. Russenluster. Russenklavier. Steph stand vor ihrer Wohnung und lauschte, sie wollte ihn nicht stören, sein Spiel nicht unterbrechen. Minutenlang stand sie vor der geschlossenen Tür, und er haute das ganze Programm in die Tasten, mischte »Für Elise« mit Chopin (Steph glaubte zumindest, es war Chopin) und garnierte das Ganze schließlich mit irgendwas von Katy Perry, wobei er lauthals mitsang. Scheiße, er ist schwul, er ist wirklich schwul, dachte Steph. Schließlich öffnete sie die Wohnungstür.

»Ich habe es stimmen lassen!« Er hatte aufgehört zu spielen und strahlte sie an.

Steph applaudierte. »Ich hab nicht gewusst, dass du Klavier spielen kannst, Liebie.«

»Hab ich auch schon lang nicht mehr.«

»War aber schön, außer der Teil mit Modern Talking.«

»Modern Talking, spinnst du? Ich hasse Modern Talking.« Er schloss den Klavierdeckel, dass es knallte und das Instrument einen nachhallenden Ton von sich gab. »Ich sollte mehr spielen.«

Sie gab ihm einen Kuss auf den Kopf, sein struppiges Haar kitzelte sie in der Nase, und öffnete den Klavierdeckel wieder. »Spiel weiter, aber jetzt nicht nur für dich, sondern für mich. Spiel für mich!«

Er schlug einen kräftigen Akkord an. Steph setzte sich zu ihm auf den Klavierhocker und schob ihn dabei mit ihrem Hintern ein wenig zur Seite. Sie schloss die Augen und hörte zu.

Wahre Farben

Pop, am liebsten mochte er Pop. Er war ein Pop-Kid, auch wenn ihn seine Klavierlehrerin jahrelang mit Etüden, Bach und Mozart gequält hatte, bis er das Instrument beherrschte. Man hielt ihn für ein Wunderkind, und tatsächlich umgab ihn die Aura eines Popstars. Wäre er nur ein wenig ehrgeiziger gewesen, wer weiß, womöglich hätte er mit seinem musikalischen Talent und seinem Aussehen einer werden können, bei einer beschissenen Fernsehcastingshow mitmachen, Bohlen-Mist singen, keine Ahnung. Er schaffte jedenfalls die Aufnahmeprüfung an der Musikhochschule ohne Anstrengung, wie ihm nichts Mühe zu machen schien, studierte Komposition und spielte ein paar Jahre Klavier, bis er sich selbst nicht mehr zuhören konnte. Nach dem Musikdiplom, das er wie nebenbei machte, inskribierte er sich für Physik, ungefähr das Anstrengendste, was man studieren konnte. Ohne Karriereziel und ohne, dass es ihn sonderlich interessiert hätte, einfach weil er es konnte. Er würde eines Tages davon leben können, weil er gut war. Und weil sich die Unternehmen um ihn reißen würden, ihn, den jungen Wissenschaftler. Nämlich ohne dass er etwas dafür tun müsste. Er war ein Nerd, ohne dabei wie einer auszusehen.

Jetzt saß Steph neben ihm und ein bisschen wirkte es so, als wäre es ihre Aufgabe, Noten umzublättern. Doch da gab es nichts zum Umblättern, er brauchte keine Noten, er improvisierte, ließ sich durch die Popgeschichte treiben, wie er sich durch sein Leben treiben ließ, spielte Madonna, Kylie oder wie gerade Cyndi Lauper, alles auswendig. »Schwulenmusik«, motzte Steph im Scherz, »spiel doch nicht immer diese Schwulenmusik, Liebie!« Da kannte sie sich aus. Wie oft hatte sie mit ihren Freunden die schwulen All-Time-Klassiker gesungen, in Clubs oder bei Privatpartys dazu getanzt. Und plötzlich war da nicht mehr die synthetische Stimme irgendeines Stars, sondern ihr Freund saß neben ihr und sang für sie. Da war Gefühl, echtes Gefühl. Als er merkte, dass Steph sein Spiel gefiel, haute er nur noch kräftiger in die Tasten, sang gleich noch eine Spur lauter.

Doch, er war gerne bei ihr. Weil sie anders war und ihn nicht festhielt.

Tiefer und tiefer

Die Szeneärztin hatte Martin zum Urologen geschickt. »Du bist jetzt alt genug für richtige Männerprobleme«, hatte sie gesagt, »geh da mal hin zur Kontrolle, schau, ich schreib dir einen auf, mit dem ich gemeinsam auf der Med-Uni war.« Seine Ärztin, Martin kannte sie schon, als sie noch neben dem Studium in dubiosen Clubs House auflegte, besuchte er eigentlich bloß, wenn er sich mal wieder das Kreuz verrissen hatte. Sie gab ihm gewöhnlich Schmerzmittel mit und den Rat, es mit schonender Rückengymnastik zu versuchen. »Wenn ich alt bin«, sagte er dann und lachte. Beim letzten Mal hatte die Szeneärztin auf sein Geburtsdatum geschaut, eine Vorsorgeuntersuchung gemacht, Laborwerte angefordert, und es war bis auf etwas zu viel Speck (sie formulierte es anders) eh alles in Ordnung. Frau Doktor schickte ihn wie immer zum Rückenturnen und eben erstmals zum Urologen. »Patienten, die ich schon so lange persönlich kenne, mag ich nicht ohne Unterhosen sehen«, sagte sie. Außerdem müsse da ein Facharzt her.

Martin hatte einen Termin ausgemacht, die Sache eine Weile verdrängt, weil unangenehm, und nun saß er in einer urologischen Praxis, die sich im ersten Stock eines Biedermeierhauses im Siebten befand, wahrscheinlich dem kleinsten Biedermeierhaus der Welt. Auch die Ordination war grotesk klein. Das Wartezimmer, in das man direkt vom Stiegenhaus aus gelangte, war etwa küchengroß, biedermeierküchengroß, winzig halt. Von dort gingen mehrere Türen weg, und die Sprechstundenhilfe saß hinter einer Theke, die in die Tür ihrer Kammer gehängt worden war und sie darin einsperrte wie das Gitter den armen Ameisenbär in seinem Gehege im Schönbrunner Tiergarten. Sie nahm Telefonate entgegen und die Daten der Patienten auf, die im Minutentakt das Wartezimmer betraten. Ständig klingelte es, und die Sprechstundenhilfe, eine strenge ältere Frau mit weißblond gefärbter Kurzhaarfrisur, zu viel Pink auf den Lippen und fahlem Raucherteint, drückte auf einen Knopf, der Türöffner surrte. Noch mehr Menschen! Das mahnende Hinweisschild, man möge aus Diskretionsgründen bitte Abstand halten, war gut gemeint, aber lächerlich. Es stellte sich als unmöglich heraus, hier nichts von den anderen Krankengeschichten mitzubekommen, auch wenn sich die Ordinationshilfe bemühte, nicht zu laut zu sprechen. In dieser Praxis war alles indiskret.

Martin war erstaunt, wie viele Frauen da waren, die meisten wegen Blasenentzündung, hatte er gehört, die alten Männer wegen der Prostata. Gleich zu Beginn hatte ihn die Sprechstundenhilfe aufs Klo geschickt, das sich hinter einer der Türen direkt neben drei Sesseln befand. Auf zweien saßen ein Greis und eine schwitzende Dame, ein Platz war noch frei. Er sollte eine Urinprobe abgeben. Ausgerechnet. Martin konnte schon nicht pinkeln, wenn in einem Club-Häusl neben ihm jemand an der Pissrinne stand – wie sollte das gehen, wenn hier mindestens zwanzig Personen quasi direkt neben ihm saßen. Dann auch noch den Mittelstrahl. Hätte er das gewusst, hätte er vorher nicht bloß geduscht, sondern auch eine ganze Flasche Wasser getrunken. Martin fühlte sich belauscht und beobachtet, überraschenderweise gelang es ihm dann aber doch, den Plastikbecher vollzumachen. Wie voll überhaupt? Was hatte sie gesagt? Brauchten sie hier nur ein bisschen oder randvoll? Er entschied sich für Letzteres und stellte den Becher vorsichtig auf eine weitere Durchreiche in der Mauer zwischen WC und dem Kammerl der Sprechstundenhilfe ab. Trotzdem schwappte etwas auf die Fliesen. Martin machte die Abstellfläche mit Klopapier sauber, wusch sich die Hände, öffnete die Tür zum Warteraum und hatte das Gefühl, dass ihn dort alle anstarrten. Er nahm auf dem letzten freien Sitz neben dem sehr alten Herrn und der schwitzenden Frau Platz, gleich bei der Klotür, schnappte sich eine Zeitschrift, die sich als niederschwellige Infobroschüre für begriffsstutzige Prostatapatienten herausstellte.

Es klingelte wieder, der Türöffner surrte und im Wartezimmer stand ein fabelhaft aussehender junger Mann, dunkler Typ, Haare zurückgegelt, Anzugträger. Martin hatte in seinem Landschaftsplaner-Job auf Baustellen und in Grünanlagen mehr mit Menschen in Arbeitskleidung zu tun. Möglicherweise trug das dazu bei, dass er einen kleinen »Suit&Tie«-Fetisch entwickelt hatte, das entsprechende Porno-Genre geil fand und sich nicht dafür genierte. Der Typ ging zur Sprechstundenhilfe, Martin legte die Prostata-Illustrierte beiseite und richtete seine ganze Aufmerksamkeit auf das Gespräch am Schalter. Es war so: Der scharfe Anzugträger, er war Italiener, was man an seinem Akzent hören konnte, hatte vor vier Wochen in Mailand eine Vasektomie vornehmen lassen. Martin überlegte kurz, das Wort kannte er doch irgendwoher, ah ja, Sterilisation. Machen aufgeschlossene Heteromänner, wenn sie keine Kinder zeugen wollen und Verhütung nicht nur Frauensache ist. Also ein Heteromann. Martin war etwas enttäuscht, wurde aber entschädigt durch das, was nun kam. Es sollte nämlich nun offenbar überprüft werden, ob die Mailänder Vasektomie auch erfolgreich gewesen war. Der Mann wollte wissen, ob die urologische Praxis ein Spermiogramm im Angebot hatte. Allein wie er das Wort »Spermiogramm« aussprach! Obwohl ein weiteres Schild im Wartezimmer darauf hinwies, dass man bitte keine Mobiltelefone benutzen möge, holte Martin sein iPhone aus der Tasche und googelte. Spermiogramm, aha, Spermienzählung. Der Italiener wollte sich seine Zeugungsunfähigkeit ärztlich bestätigen lassen. Auf die Frage der herbeigerufenen Assistentin, ob er denn schon mindestens zwanzig Samenergüsse nach dem Eingriff gehabt habe, antwortete er mit einem dröhnenden Lachen, sodass auch andere Patienten auf ihn aufmerksam wurden. Die Assistentin stellte ihm noch ein paar Fragen, füllte ein Formular aus und schickte ihn dann mit einem Becher auf die Toilette.

Der Typ schob sich durch den überfüllten Wartebereich an Martin vorbei, schenkte ihm einen irritierend dreckigen Grinser und verschwand hinter der Klotür. Das ist jetzt nicht wahr, dachte Martin. Er hatte in wenigen Augenblicken die erste urologische Untersuchung seines Lebens, eine Situation, die ihm ohnehin nicht besonders behagte, und direkt neben ihm, nur von einer pappdeckeldicken Häusltür abgeschirmt, holte sich ein scharfer Italiener im grauen Anzug mit Hemd und Krawatte einen runter? Ihm kam es vor, als wäre es im Wartezimmer plötzlich ganz leise. Kein nervöses Papierrascheln, keine geflüsterten Telefonate, keine Glocke und kein Türöffnersurren. Aber natürlich bildete er sich das nur ein. Niemand außer ihm nahm Notiz davon, was sich hinter der Klotür abspielte. Martin wurde zum akustischen Spanner. Er lauschte, stellte sich vor, bekam sogar eine kleine Erektion. Der unnötigste Fast-Ständer überhaupt. Falscher Ort, falscher Zeitpunkt. Er versuchte an etwas anderes zu denken. An was dachte man in so einer Situation? Steuererklärung, Finanzamt, Computerabsturz nach fünf Stunden Arbeit, ohne gesichert zu haben. Hoffentlich würde er jetzt nicht nach nebenan ins

Behandlungszimmer gerufen. Es war schon länger niemand mehr aufgerufen worden.

Nach erstaunlich kurzer Zeit, es mochten zwei, drei Minuten vergangen sein, öffnete sich die Klotür wieder und der Anzugitaliener stand im Warteraum, in der Hand den Becher. Martin blieb der Mund offen stehen. Der Becher war kleiner als der für die Urinproben, eher so ein Gefäß, das sie einem beim Take-Away-Asiaten für die Saucen mitgaben. Aber er war randvoll mit Ejakulat. So viel? Wirklich? Der Typ grinste Martin fröhlich an und stellte den Becher auf den Empfangstresen, als würde er ein Geschenk abliefern. »Doch nicht hier«, rief die Sprechstundenhilfe aufgebracht und deutete Richtung Klo. »Bitte Proben immer in die Durchreiche stellen!« Sie hatte diesen Satz sicher nicht zum ersten Mal gesagt. Wieder trug der Italiener seine Trophäe an Martin vorbei, er konnte nicht aufhören, die Menge zu bestaunen. Die gepolsterte Tür zum Behandlungszimmer wurde aufgerissen, ein kleiner, glatzköpfiger Mann stand im Türrahmen und brüllte Martins Nachname, als wären sie hier beim Bundesheer. Er würde genau zehn Sekunden Zeit haben, von diesem Trip runterzukommen.

»Irgendwelche Beschwerden?«, fragte der Arzt, als ihm Martin kurz darauf gegenübersaß. Auf seinem Schreibtisch hatte er mehrere Familienfotos aufgebaut, Bilder, die offenbar Frau und Kinder zeigten und die ihn wahrscheinlich menschlicher erscheinen lassen sollten. »Haben Sie Probleme beim Wasserlassen, Erektionsprobleme?«

Martin musste innerlich grinsen und verneinte. »Ich bin nur da, weil meine Ärztin, übrigens eine Studienkollegin von Ihnen, ich soll Sie schön grüßen, mich zur Vorsorgeuntersuchung geschickt hat.«

»Dann machen wir das auch«, sagte der Glatzenmann, der, als Martin seine Szeneärztin erwähnt hatte, sogar kurz lächelte. Er forderte Martin in seinem Kommandoton auf, hinter einem Paravent die Hose herunterzulassen. Das Behandlungszimmer war ebenso winzig wie der Warteraum und voller furchteinflößender Geräte. Neben der Liege gab es noch ein Möbel, das so aussah wie die Stühle beim Gynäkologen, Martin kannte sie aus Filmen und war verunsichert. »Ganz ausziehen?«

»Die Unterhose bleibt noch oben und die Hose bitte nur runterlassen.«

Martin trat wie verlangt hinter den mit weißem Stoff bespannten Paravent, öffnete Gürtel und Knöpfe seiner Jeans und ließ sie runter zu den Knöcheln fallen. Dann turnte er, umständlich die Hose zwischen den Füßen, zur Liege, neben der nun sein Arzt Platz genommen hatte. Ihm war nicht ganz klar, wieso er für diese Aktion hatte hinter dem Sichtschutz verschwinden müssen. »Auf den Rücken legen, T-Shirt hoch und die Unterhose etwas runter«, sagte der Urologe.

Alles muss man selber machen, dachte Martin, legte sich hin und der Arzt betastete seinen Unterbauch.

»Penis festhalten«, war das nächste Kommando. Der Arzt drückte ihm ein Papiertuch in die Hand, mit dem er offenbar seinen Schwanz nach oben ziehen sollte. Glücklicherweise hatte der Kasernenhofton seine Erektion von zuvor schnell verschwinden lassen. Martin war ein supportiver Patient und half seinem Arzt, der sich mittlerweile mit knisternden Schutzhandschuhen an den Händen an seinen Hoden tastend zu schaffen machte. Nun schmierte ihm der Arzt kaltes Gleitgel auf die Eier und fuhr mit einem Ultraschallgerät herum, schaute dabei konzentriert auf einen Monitor.

Gar nicht so schlimm, stellte Martin fest und hielt weiterhin mit dem Papier seinen Schwanz fest. Für den war der Urologe offensichtlich nicht zuständig, dachte er und war erleichtert, dass die Untersuchung weniger demütigend war, als er sie sich vorgestellt hatte. Zum Glück musste er nicht auf diesem schrecklichen Frauenarzt-Behandlungsstuhl liegen, die Beine rechts und links auf graue Ablagen gestützt, den Arzt irgendwo unter seinem Hintern.

Jeans zwischen den Knöcheln, Slip auf Kniehöhe lag er da, als der Arzt ihm Blut abnahm, für eine bestimmte Laboruntersuchung für Männer seiner Altersklasse. Martin entspannte sich langsam, auch wenn die Situation seltsam war. Er war so lange entspannt, bis er aufgefordert wurde, sich zur Wand zu drehen. Es war noch nicht vorüber!

»Das obere Bein anwinkeln«, befahl der Arzt, und Martin hörte, wie er ein neues Paar knisternde Plastikhandschuhe überstreifte. »Jetzt kann es kurz kalt werden.«

Das hatte er vorher nicht gesagt. Martin spürte, wie der Arzt einen Finger in sein Arschloch steckte. Das mochte er jetzt gar nicht. Um beim Thema zu bleiben: Martin war, abgesehen von ein paar sehr frühen und eher unschönen Erfahrungen, schon sein ganzes Leben Top. Ihn fickte keiner, er war der Ficker. In seinem Arsch hatte niemand etwas verloren. Und nun fingerte ihm ein Fremder dort herum.

»Nicht anspannen«, sagte der Arzt. Vielleicht, um die Situation aufzulockern, fragte er ihn aus. »Sind Sie verheiratet?«

Martin schüttelte den Kopf. Als hätte das etwas mit der Untersuchung zu tun.

»Haben Sie Kinder?«

Martin sagte nein. Was sollte dieses Verhör? Martin nahm jahrzehntelang gefassten Stolz zusammen und klärte, möglicherweise eine Spur zu laut, den Herrn auf, der gerade einen

Finger (welchen eigentlich?) in seinem Arschloch hatte: »Ich bin schwul.« Er sagte »schwul«, nicht »homosexuell«.

Für einen Moment hörte der Arzt mit der nervigen Herumtasterei auf. Nein, die Untersuchung war offenbar beendet. Er gab Martin ein weiteres Papiertuch – »Machen Sie sich damit sauber« – und Martin wischte sich das Gleitgel vom Sack. »Sie können sich dann wieder anziehen.« Die Jeans zwischen den Füßen rutschte er hinter den Paravent, zog Unterhose und Hose hoch und setzte sich wieder an den Schreibtisch zu den Familienfotos, wo gegenüber sein glatzköpfiger Urologe Platz genommen hatte.

»Nehmen Sie Medikamente?«

»Manchmal Schmerzmittel.«

»Nehmen Sie regelmäßig Medikamente?« Der Arzt wollte es genau wissen. »Haben Sie chronische Krankheiten?«

Martin verneinte. »Worauf wollen Sie hinaus?«

»Sind Sie HIV-Patient?«

»Wie kommen Sie darauf? Nur weil ich gesagt habe, dass ich schwul bin?« Martin ärgerte sich. Nicht darüber, dass er zu HIV befragt wurde, sondern dass man als Schwuler offenbar immer noch mit Aids in Zusammenhang gebracht wurde. War sein Arzt homophob? War er bei so einem Rechten gelandet? »Aids kam auf, als ich fünfzehn war. Wir wurden mit Aids sozialisiert, mit der Angst vor Aids. Ich habe mein ganzes Erwachsenenleben safen Sex gemacht. Aids ist nicht nur ein Schwulenproblem. Es ist vor allem ein Heteroproblem.« Martins Stimme war spitz geworden, er klang fast wie ein Aktivist aus den Achtzigern.

»Nicht falsch verstehen, ich habe viele Patienten mit HIV. Viele Patienten sagen nicht, dass sie HIV-positiv sind. Aber das ist für die Untersuchung wichtig.« Der Arzt sprach plötzlich ganz normal mit ihm, ohne den Kommandoton.

»Ich würde es sagen.«

»Das glaube ich Ihnen. Übrigens soweit alles in Ordnung. Das Ergebnis des Bluttests können Sie in einer Woche abholen. In einem Jahr sollten Sie wieder zur Kontrolle kommen.« Er hielt Martin zur Verabschiedung die Hand hin. Der starrte kurz auf die Finger des Arztes. Obwohl es ihn interessierte, ersparte er sich und ihm die Frage, welchen Finger er für seine Untersuchung benutzt hatte.

Als er zurück ins Wartezimmer trat, war Martin erleichtert. Er sah die angespannten Gesichter der Wartenden und musste grinsen. Der geile Italiener mit seinem Spermiogramm war leider schon weg. Er zog seine Jacke an, grüßte und ging. Erst als er auf der Straße vor dem Biedermeierhaus stand, fiel Martin auf, dass er sich nicht das Gleitgel aus dem Hintern gewischt hatte. Wahrscheinlich hätte genau das hinter dem Paravent passieren sollen. Nun lief das Zeug von selbst hinaus. Martins Unterhose fühlte sich nass und kalt an.

Diamanten

Mit kräftiger Bassstimme sang die Künstlerin ein Schubert-Lied und schüttelte dabei dramatisch ihre blonden Locken. Die Malerei-Klasse hatte in die Aula der Akademie zu einer Kunstauktion geladen, der Erlös sollte eine Kursfahrt nach Los Angeles finanzieren helfen. Also hatten alle ein paar Arbeiten zur Verfügung gestellt, die nun für den guten Zweck versteigert werden sollten. Nun hatte die Malerei-Klasse den Ruf, besonders queer zu sein, und dazu passte auch das Publikum dieser Veranstaltung: Freundinnen und Freunde, Kunstmenschen, ein paar Galeristen und interessierte Sammler auf der Jagd nach Neuentdeckungen.

Martin war mit Arnold und David da, weil sie die Künstlerin kannten, die die Auktion leitete, eine ihrer Freundinnen. Im ledernen Domina-Outfit, mit hochgemiederten Brüsten, schwarzer Perücke und übertriebenem Drag-Make-up, falschen Wimpern und auf gefährlich hohen Absätzen stand sie vor den Gästen und rief ein Kunstwerk nach dem anderen zur Auktion auf. In der einen Hand hielt sie ein Mikrofon, in der anderen eine kleine Peitsche, mit der sie – zum Ersten, zum Zweiten und zum Dritten! – einem ebenfalls bloß spärlich mit Leder bekleideten, ausgesprochen haarigen Herrn, der dem Publikum als »Mister Bär Austria« des Vorjahres präsentiert worden war, den nackten Arsch versohlte. Auf diese Weise wurde im wahrsten Sinne des Wortes der Zuschlag der Meistbietenden bestätigt. Das Geschäft lief gut, nach ein paar versteigerten Arbeiten war der pelzige Hintern von Mister Bär schon ein bisschen rot. Trotzdem streckte er ihn der Auktionatorin und dem Publikum weiter freundlich lächelnd entgegen.

Ursprünglich hatten Martin und die Jungs nicht vorgehabt, etwas zu ersteigern, obwohl die Ausrufungspreise erstaunlich niedrig waren. Sie waren eher aus Sympathiegründen und vielleicht auch Pflichtbewusstsein da. Martin hatte in seinem Häuschen keinen Platz mehr für Kunst, David und Arnold konnten sich wie immer nicht einigen; wobei Arnold seinem Freund – wieder einmal – unterstellte, sowieso keinen Geschmack zu haben und er für gewöhnlich ohnehin alleine entschied, was bei ihnen zu Hause an die Wände kam. Bei der Vorbesichtigung hatte Martin Arnold auf das riesige Bild einer Kartoffel hingewiesen, ein richtiger Ölschinken. Arnold hatte die Anspielung schon verstanden, gegrinst und, halt bloß die Klappe!, den Zeigefinger an den Mund gelegt. David hatte bloß irritiert geschaut. Sie hatten überlegt, Lena und Rita ein hübsches Hochzeitsgeschenk zu ersteigern, sahen aber nichts, das ihnen irgendwie passend erschien. Dann hatten sie überraschend ein paar interessante Werke aufstrebender junger Kunstschaffender entdeckt. »Homoerotischer Kitsch«, befand Arnold zwar, aber schließlich fanden sie die Bleistiftzeichnung eines jungen polnischen Studenten ganz spannend. Und sie merkten, dass sich auch andere im improvisierten Akademie-Auktionshaus für die nur etwa DIN-A-4-große Zeichnung von dicken, adrigen Schwänzen interessierten.

In der ersten Reihe saß ein älterer Mann, einen deutlich jüngeren an seiner Seite – »Sicher sein Toyboy«, ätzte Arnold; »Er ist ein bekannter Sammler«, wusste Martin – und das Paar, beide im feinen Zwirn mit etwas affigen Einstecktüchern, hatte bereits zwei größere Ölgemälde einer skandinavischen Transgender-Malerin ersteigert, die idyllische Gartenszenen darstellten. Als die Domina endlich die Pornozeichnung ausrief, auf die vor allem Arnold plötzlich scharf war, brachten sich die Kunstsammler aus der ersten Reihe in Stellung. »Ausrufpreis fünfzig Euro«, brüllte die Domina mit strengem Ton in ihr Mikro, schon flogen ein paar Hände in die Höhe. In Zehnerschritten steigerten mehrere Bieter mit. Bei zweihundert Euro stieg David aus, der seinem Freund eine Freude machen wollte. Zweihundert Euro waren ganz schön viel. Schon marschierte die Domina mit ihrer Peitsche zu Mister Bär, der erwartungsfroh mit seinem Arsch wackelte. »Zweihundert Euro zum Ersten, zum Zweiten …«

Einem Impuls folgend hob Martin plötzlich seine rechte Hand. So schnell würde er nicht aufgeben. »Der Herr mit dem roten Haar bietet zweihundertfünfzig«, rief die Domina, mit ihrer Peitsche in Martins Richtung fuchtelnd; offenbar steigerte man jetzt in Fünfzigerschritten. Auch okay. »Zweihundertfünfzig zum Ersten …« Das konnten die Typen in der ersten Reihe nicht auf sich sitzen lassen. Sie boten dreihundert. Wieder hob Martin die rechte Hand. Dreihundertfünfzig. Vierhundert boten die anderen. David sah Martin an und zischte, er solle jetzt sofort aufhören, es reiche. Doch Martin erhöhte sein Gebot. »Fünfhundert bieten die Herren in der ersten Reihe«, rief die Domina schließlich. »Fünfhundert zum Ersten, zum Zweiten …« Arnold und David hielten Martins Hände fest, er befreite sich nach einer kurzen Rangelei. »Fünfhundertfünfzig von dem hübschen Gingerherrn in Reihe sechs«, krähte die Domina ins Mikro und schaute Martin dabei etwas irritiert an. Schon wieder überbot das Paar in der ersten Reihe. »Sechshundert zum Ersten, zum Zweiten und zum Dritten!« Plötzlich ging alles ganz schnell. Es sah ganz danach aus, als wollte die Kunstauktionsdomina ihren Bekannten vor weiterem Unglück bewahren. Mit einem Knallen landete die Peitsche auf Mister Bärs Hintern. Martin, der von der ganzen Aufregung total verschwitzt war, atmete erleichtert auf. Er war froh, nicht so viel Geld ausgegeben zu haben, ausgeben zu müssen. David und Arnold umarmten ihn, ebenfalls erleichtert.

»Diese reichen Schwulen machen die ganzen Preise kaputt«, sagte eine Dame, die kurz nach Beginn der Auktion hinter ihnen Platz genommen hatte, empört und so laut zu ihrer Begleitung, dass es alle hören konnten. Die Kunstmarkt-Schwulen aus der ersten Reihe schauten die Jungs triumphierend an, und David fragte Martin, was das, bitteschön, gerade sollte, sechshundert Euro, spinnst du? »Es ist einfach mit mir durchgegangen«, antwortete der. »Ich hätte es euch ja eh geschenkt.«

David zeigte Martin den Vogel. »Wo hätten wir das denn aufhängen sollen?«

Nun mischte sich Arnold ein. »Im Schrankzimmer bei den Schuhen vielleicht. Oder im Schlafzimmer.«

»Sicher nicht.« David rollte mit seinen schwarzen Augen. »In unser Schlafzimmer kommen keine fremden Schwänze.«

»Pssst«, machte die Frau hinter ihnen, und das Trio lenkte seine Aufmerksamkeit wieder Richtung Auktion.

Alle Kunstwerke waren inzwischen versteigert, sogar das Porträt einer Klopapierrolle »oil on canvas« im Stil alter Meister. Mister Bärs Popo glühte, man stieß mit Prosecco an. Zum Finale gab es erneut dröhnenden Bassgesang der blondgelockten Kunststudentin; diesmal eine Purcell-Arie. Martin hätte fast eine Menge Geld für eine kleine, zugegebenermaßen geile, Bleistiftzeichnung ausgegeben, die ihn eigentlich gar nicht interessiert hatte. Tatsächlich war es wie ein Rausch, ihn selbst irritierte sein Verhalten am meisten. Womöglich hatte er es auch bloß dem Sugar Daddy in der ersten Reihe zeigen wollen, denen klarmachen, dass man sich nicht einfach die ganze Welt kaufen konnte, bloß weil man Geld besaß. Letztlich hatten der Sammler und sein junger Begleiter dann doch bekommen, was sie wollten, egal.

Sie standen noch ein bisschen mit der Domina herum, da kam ein Typ zu ihnen, der sich als Künstler der begehrten Pornozeichnung vorstellte. »Ich schenk dir ein Blatt«, sagte er zu Martin. »Du musst nichts dafür tun, du musst es nur wollen.« Der Künstler sah nicht so aus, wie man sich einen Künstler vorstellt, der diese Art von Kunst macht. Eher wie ein Computernerd, was ihn aber nicht unattraktiver erscheinen ließ. Plus: Er war begabt. »Nein«, sagte Martin freundlich und zeigte auf Arnold. »Ich will nichts geschenkt, aber vielleicht er.«

Der Künstler taxierte Arnold. »Na, der muss aber zahlen.«

Martin staunte. Manchmal flogen ihm ganz unerwartet Sympathien zu.

Öffne dein Herz

»Pfffft«, machte Lena, nachdem sie auf das Display ihres Smartphones geschaut hatte.

Rita blickte sie fragend an.

»Steph möchte uns eine vegane Hochzeitstorte backen, ausgerechnet.«

»Aber sie kann nicht backen. Schon gar keine Hochzeitstorte!« Rita griff nach dem Handy ihrer Freundin und textete, auf keinen Fall, bitte, das sei viel zu viel Arbeit. Sie hätten schon einen Lieferanten, sie seien schließlich Profis, alles schon gecheckt. So ein selbstgebastelter Kuchen passte in ihren Augen nicht zu einer perfekten Hochzeitsfeier. »Was glaubt die denn? Eine Woche vor dem Fest!«

»Sie meint es doch nur gut.«

»Sie hat bloß Angst, dass es für sie nichts Veganes gibt. Immerhin hat sie einen Ruf zu verlieren.«

Rita begann, die Sachen vom Frühstückstisch abzuräumen und warf Marmelade, Butter, Milch mit etwas zu viel Schwung in den Eiskasten. In letzter Zeit war sie ein bisschen aufbrausend. Was einerseits damit zusammenhing, dass die Hochzeitsvorbereitungen doch mehr anstrengten, als sie vermutet hatte. Die eigene Hochzeit zu organisieren, war sogar für einen Veranstaltungsprofi wie sie eine Herausforderung. Außerdem hatte es mit der Schwangerschaft endlich geklappt. Rita war in der 15. Woche, sie und Lena wollten es aber noch niemandem erzählen. Wenn sie alleine waren, tat Rita trotzdem schon ganz schön auf hochschwanger. Wenigstens war ihr jetzt nicht mehr dauernd schlecht.

Sie hatten zuerst in ihrem schwulen Bekanntenkreis gefragt, unter anderem David, der sich so überhaupt nicht vorstellen konnte, Samenspender zu sein, nichtmal für sie. Über eine Webseite hatten sie dann doch einen Spender gefunden, einen jungen Studenten, den sie beide gleich beim ersten Treffen auf Anhieb mochten. Er war clever, hübsch, sie verstanden sich auf so vielen Ebenen. Und sie fanden ihn beide sexy. Doch, sie waren der Ansicht, dass auch Lesben Männer sexy finden dürfen. Sie wollten jedenfalls keinen anonymen Spender, auch wenn sowas im Ausland möglich gewesen wäre. Ihr Kind sollte ruhig Kontakt zu seinem biologischen Vater haben können. Eine befreundete Anwältin hatte das Juristische geregelt, sie hatten den jungen Mann komplett von jeglicher Verantwortung befreit – was die Juristin übrigens überhaupt nicht gut fand, aber dann meinte, das würde vor Gericht ohnehin nie halten –, und nach drei Versuchen hatte es auch schon geklappt: Sie erwarteten ihr erstes Kind. Und sie hatten es selbst gemacht, bei sich zu Hause und nicht im sterilen Behandlungsraum einer tschechischen Kinderwunschklinik. Zu Hause in ihrem Bett, nachdem der Spender nebenan auf dem Sofa zugange gewesen war. Beim ersten Mal hatten sie für ihn extra ein paar ziemlich grausige Pornos runtergeladen, obwohl das, wie er betonte, nicht notwendig gewesen wäre. Auf Zehenspitzen verließ ihr Spender die Wohnung, während Lena und Rita miteinander schliefen.

Wegen der Schwangerschaft musste es auch mit der Heirat plötzlich ganz schnell gehen. Freunden und ihren Familien konnten sie natürlich nicht sagen, dass Rita unbedingt ohne dicke Kugel auf den Hochzeitsfotos zu sehen sein wollte. Es würde sowieso schon schwierig zu erklären sein, weshalb sie nicht mit Prosecco anstieß. Sie sagten allen, dass der 25. März der einzige freie Termin auf Wochen hinaus sei, man möge ihn sich bitte freihalten.

Lena streichelte Rita, die mit einem nassen Wettex den Tisch abwischte, über den noch gar nicht sichtbaren Schwangerschaftsbauch. Ihr Baby. War zuvor die gemeinsame Agentur ihr Baby gewesen, jedes Projekt, jeder neue Kunde, so würde es bald ein Kind geben, endlich ein echtes Baby. Sie würden weniger arbeiten, um mehr für das Kind, ihr Kind, da sein zu können. Die beiden Frauen waren schon seit mehr als sechs Jahren ein Paar. »In Lesbenjahren ist das doppelt so viel«, sagte Lena immer, als wären Lesben beziehungsunfähig oder so. Die Heirat, genau genommen war es nur eine Verpartnerung, richtig heiraten durften sie ja in Österreich nicht, sollte ihre Liebe noch einmal unterstreichen, festigen. Gut, sie waren wohl auch ein bisschen spießig geworden, nach all der gemeinsamen Zeit, sie wollten es ihrem Umfeld zeigen: Frau und Frau. Das Büro, endlich kam Geld rein, eine größere Wohnung – mit Balkon – beim Yppenplatz, aus dem Arbeits- und Gästezimmer würde ein Kinderzimmer, sie hatten schon Wickeltisch und Bettchen ausgesucht. Gut, dass es den Lift gab, es brauchte nur noch einen extra schmalen Kinderwagen, der da auch hineinpasste.

Sechs Jahre. Beide waren sie große Fußballfans, Lena war damals mit ein paar Freundinnen zur Frauen-Fußball-WM in Deutschland gereist, hatte sich extra Karten für das Spiel Deutschland gegen Italien organisiert, weil sie genau wusste, dass die Italienerinnen verlieren würden, und sie darauf spekulierte, ein paar gutaussehende italienische Fan-Girls trösten zu können. Statt einer Ragazza hatte sie dann bei einer Kickerinnenparty Rita kennengelernt. Rita aus Wien, Rita, deren Eltern bei der UNO arbeiteten und die schon als Kind nach Österreich gekommen war. Die tolle Rita. Beide fanden es seltsam, dass sie sich in Wien noch nie begegnet waren; sie hatten die Szene hier immer für ziemlich überschaubar gehalten. Sie jubelten im Stadion, freuten sich über die Weltmeisterinnen aus Japan und als sie zurück waren, waren sie ein Paar.

Sie zogen zusammen. Rita hatte ihr Wirtschaftsstudium gerade beendet, Lena nach einem abgebrochenen Jus-Studium – ursprünglich hatte sie eine diplomatische Karriere ins Auge gefasst, war nichts draus geworden – bei einer Eventagentur gearbeitet. Nach ein paar Monaten beschlossen sie, auch eine gemeinsame berufliche Herausforderung anzunehmen. Anfangs war ihre eigene Agentur auf den guten Willen ihrer vielen Freunde angewiesen, nach einigen erfolgreichen Veranstaltungen hatten Lena und Rita plötzlich einen Namen in der Stadt, die »Lena-Rita-Events« hatten offenbar das gewisse Etwas, und mittlerweile wurden sie auch für größere Aufträge gebucht. Ihr Erfolg machte sie auch privat zum begehrten Powerpaar, zu Lenarita, den Wonder Women.

Vor zwei Sommern hatten sie Lenas kleinem Bruder den mattschwarz lackierten 300er-Mercedes Neunziger-Baujahr samt Wummerbassanlage abgekauft. Wenn sie gut drauf waren, fuhren sie damit samstagabends wie die ärgsten Machotypen die Ottakringer Straße auf und ab. Laut wummerten die Bässe, nur dass sie keinen Balkanturbopop spielten, sondern ihre Musik: Beth Ditto, Peaches, feministischen HipHop, so Sachen. Sie kamen sich dann vor wie Lady Gaga und Beyoncé im Video zu »Telephone« – nur viel, viel cooler. Die Leute blieben stehen und drehten sich nach ihnen um, das war ihre Hood, und der Mercedes war ihr »Pussy Wagon«. Okay, den würden sie jetzt wohl verkaufen müssen; wegen der Subwoofer war im Kofferraum kein Platz für den Kinderwagen und den ganzen anderen Kram, den Eltern so brauchtes.

Im vergangenen Spätherbst, sie hatten ein Arbeitswochenende für ihre paar Angestellten und die freien Mitarbeiter an der tschechischen Grenze organisiert, saßen alle zusammen um ein Lagerfeuer. Mit dabei ein Coach, eine Frau, die dem Team helfen sollte, noch enger zusammenzuwachsen. Alle sollten sagen, was sie an der Firma so schätzten und die meisten – diese Schleimer! – hatten Lena und Rita gelobt. Es war eh schon ein bisschen emotional, und nun versuchte Rita das Ganze noch zu toppen. Sie sagte, wie sehr sie die Zusammenarbeit mit allen schätzte, aber vor allem mit Lena, die Coaching-Frau verdrehte die Augen. Aus einem seltsamen Impuls heraus fiel Rita auf die Knie, stürzte dabei beinahe ins Feuer, und sprach die berühmten Worte: »Willst du meine Frau werden?« Lena brach in Tränen aus, alle applaudierten und einigen war es wahrscheinlich auch ein bisschen unangenehm. Lena sagte Ja, und nachdem der Termin ein paar Mal verschoben werden musste, ging es nun in die Zielgerade. Sie waren zwar mit allem spät dran, aber dafür waren sie Profis.

Ihre Hochzeit würde schon in die Kategorie »größere Veranstaltung« fallen. In einer Woche war es so weit. Lena und Rita wünschten sich ein schönes Fest, bei dem sich ihre Familien genauso wohl fühlen sollten wie ihre vielen Freundinnen und Freunde. Nachdem auf der Gästeliste mehr als dreihundert Namen standen, begannen sie, entfernte Bekannte und Geschäftspartner zu streichen. Auch ehemalige Studienkolleginnen, Exfreundinnen oder Menschen, mit denen sie schon länger nichts mehr zu tun hatten, flogen von der Liste, und am Ende gingen knapp hundert Einladungen raus, gestaltet von einem befreundeten Grafiker und natürlich wahnsinnig geschmackvoll. Vormittags sollte im Standesamt verpartnert werden – leider im 18. Bezirk, das schönere im Josefstädter Amtshaus gleich bei ihnen nur über den Gürtel hatte keine Termine mehr frei. Anschließend waren Apéro, Essen und

Party mit DJ, Dragkings und -queens im Glashaus am Donaukanal geplant. Auch hier mussten die beiden Frauen nehmen, was es auf die Schnelle noch gab. Aber das Glashaus neben den provisorisch zusammengeschraubten Holzhütten, wo im Sommer die halbe Stadt auf Sand-und Strandoase machte, war mit einem offenen Kamin ausgestattet, niemand würde frieren, und die Stimmung am winterlichen Kanal würde sicher, ganz bestimmt, fix auch schön.

Das Brautpaar wusste schließlich, was man aus einer schäbigen Location alles herausholen konnte und wen man dafür anrufen musste. Eltern und Großeltern durften stilistisch nicht überfordert werden, Freundinnen und Freunde sollten sich nicht wie im falschen Film vorkommen. Deko musste her. Sie bestellten das Catering bei ihrem Lieblingslieferanten, der würde auch noch richtige Tische und Sessel mitbringen. Ihren heiß geliebten Opa konnte sich Lena nicht auf wackligen Palettenmöbeln vorstellen. Sie checkten eine Soundanlage – bitte mit Mikro, es will sicher jemand eine Rede halten! – und fragten unter den DJs, die sie kannten, wer für sie auflegen wolle; es gäbe sogar Geld.

Während des Ortstermins mit dem Betreiber des Glashauses vor ein paar Tagen hatten sie dann tatsächlich erwogen, alles wieder abzusagen. Oder in irgendein Restaurant zu verlegen. Das Lokal war vollgeräumt mit Sommermöbeln, ein schiaches Lager mit ungeputzten Fensterscheiben. Grau lag die Stadt vor ihnen, grau floss der Donaukanal von rechts nach links, prächtig ging anders. Langsam schipperte ein Ausflugsboot vorbei. Kinder winkten fröhlich zu ihnen herüber, und Rita war kurz davor gewesen, ihnen den Mittelfinger zu zeigen.

»Wir könnten auf einem Schiff feiern«, hatte sie schließlich gesagt, sich eine Wutträne aus dem Gesicht wischend; die Schwangerschaftshormone.

»Wieso müssen wir überhaupt heiraten?«, war es Lena entwischt, Rita hatte bös geschaut und dann waren sie doch bei der Location geblieben.

Mit ein bisschen Fantasie würde man das Ganze sicher retten können, und es ging ja um sie beide, nicht um den Ort, redeten sie sich das Möbellager im Glashaus schön. Außerdem waren die Einladungen schon raus.

Und jetzt, eine Woche vor dem großen Tag, meldete sich Steph wegen des g'schissenen Kuchens. Die Hochzeitstorte war wirklich längst bestellt, wahrscheinlich war sie sogar schon gebacken. Die beiden Frauen organisierten ihre eigene Verpartnerung so professionell, als handelte es sich um ein gut bezahltes Auftragswerk. In ihrer Online-To-do-Liste, einem Google-Dokument, hatten sie schon fast alle Checkboxen abgehakt. Eigentlich hätte die Hochzeit sofort stattfinden können. Hochzeitskleider? Check. Die Ausrede, weshalb Rita nichts trinkt? Check. Es würde ohnehin niemand vermuten, dass sie schwanger war. Aus ihrem Kinderwunsch hatten sie jedenfalls nie eine große Sache gemacht. Sitzordnung? Check. Wobei das mit der Sitzordnung einigermaßen kompliziert gewesen war. Sollte man Freundes- und Familienkreis mischen? Mit ihren Freundinnen und Freunden könnte das sogar gut funktionieren. Mit ihren Familien würde es eher nicht hinhauen. Die waren doch bestimmt schon ein wenig von der ganzen Verpartnerungs-Situation überfordert. Die Bräute entschieden sich schließlich für einen Familientisch – sie nannten es tatsächlich so und lachten sich darüber kaputt –, an dem ihre Leute beieinander bleiben konnten, Eltern, Großeltern, Tanten und Cousinen. Später, nach dem Essen, wenn die Stimmung schon lockerer wäre, könnten sich die Kreise schließlich immer noch vermischen.

Die Kleider hatte die Hoschek gemacht. Weder wollten sie in butchig-schwarzen Herrenanzügen heiraten, wie manche ihrer Freundinnen, noch war eine von ihnen der Typ für eine kitschig-weiße Prinzessinnenrobe. Gut, sie hatten kurz darüber nachgedacht, die Angelegenheit ironisch anzugehen, waren in eines dieser Ball- und Brautmodegeschäfte am Gürtel gegangen, hatten die etwas überforderte Verkäuferin gebeten, ihnen ein paar Bonbonkleider zu zeigen. Ja, sie waren sogar in welche hineingeschlüpft, was gar nicht so einfach war. Schließlich waren sie sich aber doch irgendwie verkleidet vorgekommen und sagten leider nein. Die Verkäuferin schien über die Entscheidung erleichtert und wünschte ihnen alles Gute. Bei der Hoschek Kleider im Sixties-Look zu bestellen, eines weiß, eines schwarz, erschien ihnen für den Anlass passend. Jede machte für sich in dem Modesalon einen Termin aus, damit die andere sie erst auf dem Standesamt im, nun ja, Brautkleid sehen würde. Dasselbe galt für die Stylisten, die ihnen Frisur und Make-up machen sollten: Jede hatte ihren eigenen. So wäre das Outfit der Geliebten die große Überraschung an ihrem penibel durchgeplanten Hochzeitstag.

Es würde nicht die einzige Überraschung bleiben. »Ja, ich will«, stand ganz oben auf der To-do-Liste von Lena und Rita, gleich zwei Mal, und zwei Mal bereits abgehakt. Ganz unten auf der Liste stand als letzter Punkt »Der perfekte Tag«. Die beiden freuten sich schon sehr darauf, auch in die letzte Checkbox ein Hakerl machen zu können.

Alleinstehende Damen

»Schlechte Nachrichten?«

»Nö«, sagte Steph ein bisschen schnappig und pfefferte ihr Handy in hohem Bogen aufs Sofa. »Jemand möchte nur nicht, dass ich einen Kuchen backe.«

Der Mann, der fast jeden Tag bei ihr zu Hause rumhing, kam und ging, wann es ihm passte, praktisch eingezogen war, ohne etwas mitzubringen (abgesehen von ein paar löchrigen Unterhosen und ausgewaschenen T-Shirts), der ihre Zahnbürste benutzte (sie hatte ihm dann schließlich eine eigene gekauft) und ihren Rasierer (davon wusste sie nichts), dieser Mann rutschte nun mit seinem Hocker zu ihr herüber, schaute ihr in die Augen und zwickte sie in beide Wangen. »Dann backst du halt für mich. Ich mag alles, was du machst. Ja, back für mich Kuchen. Egal, was für einen. Von mir aus auch einen veganen.«

Steph schob seine Hände aus ihrem Gesicht und gab ihm einen Kuss. Dass sie mit veganem Lifestyle Geld verdiente, fand er immer noch seltsam. Manchmal zog er sie damit auf. Vor allem wenn sie, solange niemand zuschaute, die Sache nicht so superkonsequent durchzog.

»Sei nicht kindisch, Liebie.« Sie hatte sich angewöhnt, ihn so zu nennen. Nie zuvor hatte sie einem Mann Kosenamen gegeben, ihm schien es zu taugen. »Ich hoffe übrigens, du hast am Samstag schon was vor. Ich bin auf einer Hochzeit, aber von Begleitung steht nichts in der Einladung.«

Ganz stimmte das freilich nicht. Sie hätte ihn sicher mitnehmen können, Lena und Rita würden ganz sicher nichts dagegen haben. Aber sie wollte den neuen jungen Freund noch immer nicht herzeigen. Nicht einmal Martin hatte sie ihn vorgestellt, sie wusste auch nicht. Waren sie überhaupt zusammen, oder war er nur einfach da? Und worin bestand der Unterschied? Tonnenweise Schwule würden jedenfalls bei dieser Lesbenhochzeit sein, Steph hatte keine Lust, dass die ihn anmachten. Oder was Hässliches sagten. Über ihn, über sie, den Altersunterschied.

»Sind das die, die deine Backkünste nicht zu schätzen wissen?«

Sie nickte. Er hatte eh schon andere Pläne, was sich ausgezeichnet traf.

Steph glaubte ja an Zufälle. Sie hatten sich zufällig auf der Straße getroffen, zufällig war er mit ihr nach Hause gegangen, zufällig war er ständig da und zufällig hatte sie sich an ihn gewöhnt. Anfangs waren sie vorsichtig miteinander umgegangen, bloß nichts kaputt machen. Mit der Zeit war die Vertrautheit nicht nur ein Gefühl, sondern tatsächlich da. Sie wussten, welches Maß an Nähe und Distanz gut war, wie weit man mit seinen Scherzen gehen konnte. Wie bei einem neuen MacBook, bei dem man in der ersten Zeit vor dem Zuklappen sorgsam das mitgelieferte Stück Kunststoff auf die Tastatur legt, um Bildschirm und Tastatur zu schonen. Man tippt nur mit frisch gewaschenen Händen und achtet darauf, sein Kaffeehäferl nicht in der Nähe des Computers abzustellen. Zu viele Unfälle hat es in der Vergangenheit gegeben, ein paar Mal hat man sich früher schon die Buchstaben versaut. Nach ein paar Wochen jedoch vergisst man derlei Sorgfalt und wird nachlässig. Bis man sich dabei ertappt, ein Marmeladenbrot essend Mails zu checken.

Oder wie damals, als man es sich endlich leisten konnte, nicht mehr selbst die Wohnung zu putzen, sondern jemanden schwarz dafür bezahlte. Zuerst räumte man noch auf, bevor Dragitza kam, putzte ein bisschen vor und achtete darauf, dass unterm Bett keine Kondome lagen. In der Küche wischte man zumindest einmal kurz über die Arbeitsfläche und tauschte das stinkende Schwammtuch gegen ein neues. Mit der Zeit ließ man die nervige Vorputzerei; immerhin räumte man unterm Bett auf.

So war es diesmal bei Steph. Liebies Gegenwart beunruhigte sie nicht. Sie musste nicht perfekt sein. Weder musste sie den perfekten Körper haben, gleich nach dem Aufstehen so ausschauen wie auf dem Porträtbild ihres Blogs. Noch musste sie den perfekten Kuchen backen. Liebie mochte sie so, wie sie war. Sogar wenn sie grantelte, ihn »Oida« nannte, weil er wieder einmal seinen Kram in der ganzen Wohnung verstreut hatte. Oder er in einer Affenlautstärke seine Schwulenmusik hörte. Sie sagte tatsächlich »Schwulenmusik« zu Miley, Beyoncé, Ariana Grande und dem Zeugs. Obwohl sie es gar nicht so meinte, klang es ein bisschen abwertend.

Je mehr sie über Liebie und sich nachdachte, desto mehr Lust bekam sie, ihn auf diese Hochzeit mitzunehmen, mit Pauken und Trompeten einzumarschieren, holla, das ist mein neuer Freund, schmecks! Vielleicht sollte sie ihn fragen, ob er nicht doch mitkommen möchte. Aber er hatte ja schon selbst etwas geplant. Außerdem wollte sie Lena und Rita nicht die Show stehlen. Was übrigens kaum möglich sein würde bei den beiden Perfektionistinnen, sie hatten sicher schon alles durchgeplant.

»Wer heiratet überhaupt?«

»Kennst du nicht.«

»Okay.«

Er hakte nicht nach. Wieso will er eigentlich meine Freunde nicht kennenlernen, dachte sie und fragte ihn gleich laut: »Wieso willst du eigentlich meine Freunde nicht kennenlernen?«

Für seine Antwort musste er nicht lange überlegen. »Weil wir uns genug sind. Weil es erstmal nur um uns geht. Wird sich schon noch ergeben.«

»Ich wäre gerne so lässig wie du.«

»Bist du eh. Die bist die Allerlässigste. Backst du mir jetzt den Hochzeitskuchen?«

Bis ans Ende der Zeit

Jemand hatte »Tell her you love her« an die Wand im Mitarbeiterklo geschrieben. Obwohl er wusste, dass die Nachricht nicht ihm galt, sondern wahrscheinlich von irgendeiner verknallten Hotelkollegin stammte, die ihrem Schwarm mit dem Zaunpfahl winkte, musste er jedes Mal beim Pissen, ausgerechnet, über diese blöde Aufforderung nachdenken. Ja, er liebte Steph. Er liebte sie so, dass er sich manchmal beinahe zurückhalten musste, es ihr nicht zu sagen. Weil es nicht ging. Weil er es nicht konnte. Noch nie hatte er diesen bedeutungsvollen Satz »Ich liebe dich« zu irgendwem gesagt. Es hatte ihn aber auch noch nie jemand zu ihm gesagt; womöglich strahlte er ja etwas aus, was das verhinderte. Liebe, doch, er kannte das Gefühl. Aber abgesehen davon, dass es extrem uncool war, fand er den Satz »Ich liebe dich« dann doch zu ausschließlich und extrem platt. Klebrige Schlagerscheiße. Er liebte Steph. Saß er in ihrem Vorzimmer am Klavier, hatte er keine Hemmungen, seine Gefühle auszudrücken. Er konnte sich ja hinter Rihanna verstecken, wenn er sang »We're beautiful like diamonds in the sky«, hinter Beyoncés »I will love you until the end of time« oder hinter Sia wenn er ihr »House On Fire« grölte: »I need you, Baby, I want to drink you in like oxygen«. Sie beide als brennende Häuser, die Sauerstoff brauchen, damit sie noch besser brennen – was für ein Kitsch, aber wie gut! Interessanterweise waren es fast ausschließlich Musikerinnen, deren Songs er mochte. Wenn er sie sang, dann meinte jeder Love-Song nur sie beide: Steph-und-Liebie-Songs.

Sag ihr, dass du sie liebst? Er hatte seine eigene Art, es den Menschen zu sagen, dass er sie liebte.

Ich will deinen Sex

»Wir kennen gar keinen Friseur«, sagte David.

Arnold strich ihm mit seinem Zeigefinger über den Schnauzbart. »Du gehst doch zu einem! Tino, Tim, wie heißt der nochmal?«

»Toni. Ich meine, wir haben keinen Friseur im Freundeskreis. Außerdem ist Toni mein Barber.«

Arnold schob die Unterlippe vor und blickte seinen Freund betroffen an. »Wir kennen auch keinen geilen Polizisten.«

David hatte die kleine Anspielung verstanden, ging aber nicht darauf ein. »Wir sind mit Ärzten, Architekten, Wissenschaftlern und Leuten, die was mit Medien machen, befreundet. Arbeiter oder Handwerker sind da keine dabei. Findest du das nicht seltsam?«

»Hannes ist Krankenpfleger.«

»Krankenpfleger sind Angestellte. Außerdem war er Krankenpfleger. Er macht jetzt Genderstudies.«

»Stimmt. Mit lauter Seniorinnen. Zu meiner Zeit haben ältere Damen mit feinem Background an der Uni höchstens Kunstgeschichte belegt, um bei der Studienreise nach Sizilien mitreden zu können. Heute unterhalten sie sich mit dir über Feminismus, und wenn sie stricken, dann nicht Schals für die Enkerl, sondern rosarote Tittenmützen für die Anti-Trump-Demo.«

Ihr Gespräch bekam gerade eine neue Wendung, doch für David war das Thema noch nicht beendet. Es war Samstagvormittag, Hochzeitstag. Sie waren im Schrankzimmer, standen in weißen Calvin-Klein-Boxerbriefs vor den geöffneten Kastentüren, machten sich für das Lena-Rita-Verpartnerungsbrimborium zurecht, bügelten Maßhemden glatt, legten ihre Anzüge raus, so Sachen. Arnold hatte wieder diesen dreckigen Grinser gegrinst, für den ihn David unter anderem auch liebte. Als sie sich kennenlernten, glaubte er, eine europäische Version von Channing Tatum vor sich zu haben, dem Hollywoodschauspieler. Wenn er gute Laune hatte, erzählte Arnold immer herum, dass er als Stripper gearbeitet hatte, um sein Architekturstudium zu finanzieren. Was freilich nicht stimmte, ihn aber gleich viel interessanter machte. Stripper, ein Klassiker, nahm man ihm aber sofort ab.

Schließlich fiel Arnold Davids bester Freund ein: »Martin ist Landschaftsplaner. Gilt das als normaler Beruf?«

»Er ist doch kein Arbeiter.«

Arnold lachte: »Wir kennen auch keinen Balletttänzer oder Floristen.«

Doch darauf wollte David eigentlich gar nicht hinaus. Was er meinte: Sie hatten den Kontakt zur restlichen Welt verloren, bewegten sich in ihrer pinkfarbenen Blase. Zumindest war da so ein Gefühl, dass sein Leben – abgesehen vielleicht vom Job, wo er zwangsläufig andere Menschen traf – ausschließlich unter ihresgleichen stattfand. Man hörte dieselbe Musik, mochte dieselben Clubs, wohnte zwischen ähnlichen Möbeln – früher Ikea, neuerdings Mid-Century-Vintage – und kleidete sich ähnlich geschmackvoll. Wenn mehrere von ihnen beieinander waren, sahen sie wahrscheinlich für Außenstehende sogar ziemlich gleich aus. Sie teilten sich Putzfrau (Dragitza), Therapeuten (Herrn Richter) und Käsehändler (den wahnsinnig gutaussehenden Vorarlberger vom Bauernmarkt auf der Yppe). Wenn einer aus ihrer Gruppe etwas sagte, wussten alle, ob es nun ironisch gemeint war oder bitterernst, sie lachten über dieselben Witze und gaben dem ein »Like«, was sie ohnehin kannten. Als zum Beispiel George Michael gestorben war, bestellten sie alle im Internet dieses »Choose Life«-Shirt aus den Achtzigern.

Steph war damals ganz besorgt und fragte, ob sie jetzt Abtreibungsgegner seien oder was. Dabei musste die als Fag Hag sowas doch eigentlich verstehen.

Social Media spülte ihnen nur das in ihre Timelines, was sie sowieso gerne sahen. Brach das echte Leben in ihre kleine queere Welt ein, verfielen sie in eine Art Exotismus. Wenn zum Beispiel der Elektriker gerufen wurde, weil der Strom in der Küche nicht funktionierte. Oder wenn der Lift hin war und sie das Stiegenhaus nehmen mussten. Dann hatten sie mit echten Menschen zu tun, rochen den Muff aus den billigen Mietwohnungen in den unteren Etagen, dort, wo die Ausländer lebten, mit denen sie sonst eher nichts zu tun hatten. Oder im Fitnesscenter. Wenn sie bei den freien Gewichten auf die 36-Kilo-Hanteln warten mussten, die gerade wieder dieser geile Hunk mit dem breiten Nacken in Beschlag hatte. Und sogar dann schauten sie heimlich auf Grindr nach, ob der Elektriker, der hübsche kroatische Nachbar oder eben der geile Hunk im Gym vielleicht einen Account hatte.

Ihre Freunde machten alle fürchterlich interessante Dinge, retteten Menschenleben, schrieben Bücher, forschten offenbar neuerdings queerfeministisch, statteten Reklamefilme aus oder veranstalteten abgedrehte Partys, bei denen sie aufgeregt mit viel Make-up im Gesicht und auf Stöckelschuhen durch die Gegend rannten. Sie kannten Leute in wichtigen Positionen, sodass sie für Clubs und Konzerte grundsätzlich keinen Eintritt zahlten, im Theater immer die billigen Regiekarten bekamen und im jeweils angesagten Restaurant auch noch einen Tisch, wenn es über Wochen ausgebucht war. Und wenn einem von ihnen ein Unrecht geschah, kannten sie die richtigen Menschen, Journalistinnen, Politiker, einflussreiche Leute eben, die man nur anrufen musste, um einen großen Wirbel zu veranstalten. »Velvet Mafia« nannten sie die perfekte Vernetzung ihrer Welt spaßhalber, eine Art geheimer Bund, der für sie hervorragend funktionierte. Es existierten angeblich sogar Listen mit den Kontakten von Handwerksbetrieben, die gay-friendly waren, irgendwer wusste immer wen. Einmal hatte ein Flugbegleiter David und Arnold auf einem Flug nach London von sich aus in die Businessclass verfrachtet. Einfach so, dabei kannten sie den Typen überhaupt nicht. Es war sicher nicht das, was die rechten Verschwörungstheoretiker immer als Homolobby bezeichneten. Aber ein bisschen ging es in die Richtung.

»Wir kennen nicht einmal einen Flugbegleiter«, fiel David jetzt ein.

»Flugbegleiter ist auch kein interessanter Beruf. Barbie und Ken, die hatten immer total interessante Berufe. Die wären doch nie auf die Idee gekommen, Elektrikerin oder Straßenfeger zu werden.« Arnold hatte wirklich keine Lust mehr auf diese Unterhaltung, und wie immer, wenn er keine Lust auf etwas hatte, machte er sich über David lustig; Hashtag Ironie. »Obwohl: Friseur oder Flugbegleiter würde schon gut zu Ken passen. Und erinnerst du dich, neulich war vorm Haus wieder dieser fabelhaft aussehende Straßenfeger.«

»Den kennen wir gar nicht. Außerdem sehen unsere Freunde auch nicht alle fabelhaft aus.«

»Das ist nicht wahr«, rief Arnold und tat beleidigt. »Die könnten alle Models sein!« Selbstverständlich hatten sie auch weniger hübsche Männer im Freundeskreis – aber auch die waren höher gebildet und besser verdienend.

»Es geht nicht um den Beruf oder das Aussehen. Was ich sagen will: Wir kennen keine normalen Leute mehr. Arbeiter, Frauen, Migranten oder People of Colour.« David wollte erst »Ausländer« sagen, aber das kam ihm plötzlich seltsam unkorrekt vor.

»Was ist mit Steph? Lena, Rita, die heißen Bräute von heute?«

»Normale Frauen!«

Arnold gab seinem Freund einen Kuss. »Spatzl, du würdest auch mit keiner Billa-Kassiererin befreundet sein, wenn du kein wunderschöner schwuler Kinderarzt Mitte dreißig wärst, sondern ein heterosexueller Kinderarzt Mitte dreißig«, beendete Arnold die Diskussion. »Dass wir in einer Blase leben, ist wirklich nichts Besonderes. Jeder lebt in seiner Welt. Oder kennen deine Eltern normale Menschen?«

Vielleicht hatte Arnold recht. Vielleicht bewegten sie sich unter ihresgleichen, weil sie in einer Klassengesellschaft lebten. Was ihn und seine Freunde verband, war nicht die Tatsache, dass sie alle irgendwie auf irgendwelche Typen standen, sondern ihre Ansichten, ihre Bildung, ihre Haltung, ihr Konsumverhalten, letztlich also auch ihr Wohlstand. David überlegte kurz. »Aber wieso kennen wir keine Heteros?«

»Weil die damit beschäftigt sind, Kinder in die Welt zu setzen, damit du im Spital was zu tun hast, Spatzl.«

Arnold hatte jetzt schon zwei Mal »Spatzl« zu ihm gesagt, was nicht liebevoll gemeint war, sondern ein sicheres Zeichen dafür, dass ihre Diskussion gleich gegessen sein würde. David hasste es, wenn Arnold ihn so nannte, vor allem — was er wirklich manchmal tat — in der Öffentlichkeit. Im Schrankzimmer wurde es ihm zu eng, er ging ins Bad

Arnold folgte ihm. »Bow Tie oder Tie?«

Sie sahen eindeutig zu viele amerikanische Serien in der Originalfassung. »Seit wann sagen wir denn Bow Tie?«

»Okay, dann die Fliege.« Arnold verschwand wieder. David überlegte, welches Parfüm zum heutigen Anlass passte und entschied sich für »Sécrétions Magnifiques«, das laut Hersteller nach Blut, Schweiß, Sperma und Speichel roch. Dann fiel ihm ein, dass Dragitza es neulich beim Saubermachen runtergeschmissen hatte. Er war vom Nachtdienst heimgekommen und die ganze Wohnung roch überhaupt nicht magnifique, sondern stank ziemlich bestialisch. Ungefähr so wie der Darkroom im Berliner Berghain am Sonntagmittag. Zumindest stellte sich David das so vor, er war ja noch nie dort gewesen. Erst verdächtigte er seinen Freund, den Flakon mit dem teuren Duft fallengelassen zu haben. Seine Parfüms waren für Arnold tabu. Der wiederum schob alles auf Dragitza, und dann war es David unangenehm gewesen, ihre unterbezahlte Putzfrau mit sowas zu konfrontieren. Also doch kein Blut, Schweiß, Sperma und Speichel für den großen Hochzeitstag. David griff schließlich zu »Fat Electrician«, das nach Vanille und Gras roch. Er fand den Namen lustig, stellte sich eine übergewichtige Elektrikerin im blauen Overall vor.

»Welche Schuhe?«, tönte es aus der Kleiderkammer.

»Sneakers«, rief David zurück. Auch wenn er dem Anlass entsprechend Anzug, Maßhemd und nun also Fliege trug, wollte er seinen eleganten Aufzug heute mit Turnschuhen ein wenig brechen.

»Das ist so Neunziger.« Arnold war ins Bad gekommen, Davids Adidas-Sneakers in der Hand, und verdrehte die Augen. »Vielleicht doch lieber Crocs zum Anzug?«

David kam sich gerade alt und verarscht vor, nahm aber trotzdem die Sneakers entgegen, die ihm Arnold hinhielt. Sicher würde er ihn gleich wieder aufziehen. »Dann ist es halt retro«, sagte er und schlüpfte schnell in die schon ein bisschen ausgelatschten Schuhe.

Arnold betrachtete seinen Freund fasziniert. David schien wirklich nicht zu bemerken, dass der rechte Schuh rote

Streifen, der andere grüne Streifen hatte. Durften Farbenblinde eigentlich im Spital arbeiten?

David hatte die Schnürsenkel fertig gebunden und bemerkte, dass Arnold ihn die ganze Zeit beobachtet hatte. »Alles in Ordnung?«

»Schaust hot aus. Wie immer.«

Heimlich freute sich David über das Kompliment. »Dann sollten wir jetzt gehen, sonst kommen wir noch zu spät.«

»Du bist ja richtig aufgekratzt.«

»Ich will bloß nicht, dass wir als Letzte beim Standesamt antanzen und den großen Auftritt hinlegen.«

»Spatzl, den werde ich mit dir so oder so haben.«

Arnold hatte ihn schon wieder Spatzl genannt. Sie machten sich auf den Weg.

Ich hab ein Mädchen geküsst

Rita ärgerte sich. Über das blöde Währinger Amtshaus, das wie ein trostloses Schulgebäude aussah, über den hässlichen Raum im zweiten Stock, die Standesbeamtin und jetzt auch noch über die Pianistin. Eine ältliche Dame, Typ verhuschte Klavierlehrerin, die sich hier ein bisschen was dazu verdiente. Sie kämpfte am Elektroklavier unüberhörbar mit Katy Perrys »I Kissed a Girl«. Wieso hatten sie überhaupt diesen Song bestellt, zumal Sonderwünsche extra kosteten? Wäre es nach ihr und nach Lena gegangen, die in wenigen Augenblicken ihre Frau sein würde, hätten sie sowieso eine eigene Musikerin mitgebracht. Oder einen befreundeten DJ gefragt. Aber das war nicht möglich gewesen, und ganz auf Musik verzichten wollten sie bei ihrer Verpartnerung dann auch wieder nicht. Wäre ja nichts mehr übrig geblieben von der ganzen Zeremonie, außer zwei Unterschriften unter einem amtlichen Dokument. Aus diesem Grund hatten sie, leider, auch den Programmpunkt »Ansprache der Standesbeamtin« mitgebucht. Rita hatte mit der grantigen Frau im schwarzen Talar mit rotem Krägelchen schon vorhin fast Streit angefangen. Sie hatten noch ein bisschen warten müssen, weil Lenas Großvater noch nicht da war, und die Beamtin hatte Stress gemacht. Sie wären schließlich nicht der einzige Termin heute, das ginge hier alles zackzack. Rita hatte ihr recht deutlich klar gemacht, dass das heute für sie und Lena sehr wohl ein wichtiger Tag sei, auf den sie, ihre Freunde und Familien sich sehr gefreut hätten. Sie, die Standesbeamtin, möge das bitte respektieren, auch wenn sie hier bloß ihren Job mache. Entsprechend schlecht war die Stimmung gewesen.

Nun saßen die Bräute, Lena im weißen, Rita im schwarzen Hoschek-Kleid, auf schweren Sesseln an einem massiven

Tisch, schauten auf einen leicht speckigen Wandvorhang aus erbsgrünem Samt, über dem etwas schief das Wiener Wappen befestigt war, und spürten hinter sich die Unruhe ihrer versammelten Freunde und Familien.

Die Verpartnerungsbeamtin hatte sie schon zweimal »liebes Pärchen« genannt, ausgerechnet, manche Gäste kicherten bereits. Weil eine Verpartnerung eben keine normale Eheschließung war, vermied es die städtische Bedienstete offenbar, sie als Brautpaar oder wenigstens Paar anzusprechen. Hatte sicher auch juristische Gründe. Trauzeugenlos und ohne Jasagen unterschrieben sie schließlich den Wisch, den ihnen die Grantige vorgelegt hatte und der ihre Lebensgemeinschaft fortan regeln sollte. Es war ungefähr so feierlich, als hätten sie eben den Kaufvertrag für einen Gebrauchtwagen unterzeichnet.

»Liebes Pärchen«, hob die Standesbeamtin erneut an, um ihnen etwas über die Liebe im Allgemeinen und ihre Beziehung im Speziellen zu erzählen; eine Frau, die sie heute zum ersten Mal sahen. Es ging ums Füreinanderdasein, eine Standardrede, die auf Lena und Rita überhaupt nicht passte. Sie kannten ihre Freunde und wussten, dass sie sich über die hausbackene Ansprache den restlichen Tag lustig machen würden. Ach, eigentlich hörten Lena und Rita schon nicht mehr zu. Sie sahen einander an, freuten sich auf das Baby, liebten sich und waren froh, als endlich applaudiert wurde. Der Applaus beendete den offiziellen Teil des Tages.

Die verhuschte Klavierlehrerin räusperte sich und schaltete ihr Instrument wieder an. Als Auszugsmusik hatte sie Lena und Rita allen Ernstes »Let it be« von den Beatles vorgeschlagen, was die beiden erst respektlos und später kurios fanden, dann aber den Hochzeitsmarsch auswählten. »Tam, tam, tadah«: So würde das hier wenigstens so wirken wie eine echte Trauung. Sie stellten sich zum Ausgang und nahmen die Glückwünsche ihrer Gäste entgegen, schüttelten Hände, umarmten Tanten und Tunten.

Im Stiegenhaus, wo – zackzack! – bereits die nächste Hochzeitsgesellschaft wartete, stand Peter, ein Pappschild in der Hand, das vor ein paar Wochen bei einer Demo übrig geblieben war und auf dem »Gleiches Recht für alle!! Weg mit der Ehe!« gefordert wurde. Mit sehr vielen Ausrufezeichen. Peter wirkte wie ein verlorener Demonstrant, die Bräute verstanden zum Glück die Ironie dahinter, ihre Familien und das wartende Hochzeitspaar guckten ein bisschen verunsichert.

Alles drängte die Stiegen des Amtshauses hinunter, draußen vor dem Portal bildete sich ein Stau, weil viele Hochzeitsgäste jetzt dringend eine Tschick brauchten. Jemand hatte Plastikbecher mitgebracht und schenkte Prosecco aus. Der Himmel war grau verhangen, trank man sich eben den Tag schön. Auf der Straße stauten sich dann auch noch die Autos, als Lena im weißen Kleid Arm in Arm mit ihrem uralten Großvater aus der Tür trat. Verbotenerweise warfen ein paar Gäste Reis, und für die schaulustigen Passanten musste es so aussehen, als hätte der Greis im schwarzen Anzug die junge schöne Frau mit dem Brautstrauß geheiratet. Autofahrer hupten, aus Anteilnahme oder weil sie nicht weiterkamen, Hochzeitsgäste grölten, eine Sektflasche ging zu Bruch und dazwischen stand Peter mit seinem Schild. Schnell machten sie noch ein Gruppenfoto auf der Straße, dann konnte der lockere Teil des Tages beginnen. Wie bei einer Parade setzte sich der kuriose Zug in Bewegung Richtung Shuttlebus, der alle zum Donaukanal bringen sollte, wo gefeiert wurde. Straßentauben stritten sich um die Reiskörner auf dem Asphalt.

Auf dem kurzen Fußweg – der Bus hatte nicht direkt vor dem Amtshaus parken können – hakte sich Steph bei Rita unter, lachte und fasste ihr an den Bauch. »Und wer ist der Vater?«

Rita, die noch dabei war, das Trauma mit der schrecklichen Standesbeamtin zu verarbeiten, schaute sie entsetzt an. »Woher weißt du?«

»Oh nein.« Steph biss sich auf die Lippen. Offenbar war es noch nicht offiziell, dass Lena und Rita ein Kind erwarteten. Martin hatte es ihr während der stinkfaden Zeremonie zugeflüstert und – verdammt! – eh dazugesagt, dass es noch geheim sei. »Du hast dieses Glühen einer Schwangeren«, log sie. Denn natürlich glühte Rita nicht mehr als sonst auch. Bauch war unter dem schwarzen Sixties-Kleid, das ihr perfekt passte, auch keiner zu sehen.

Die Braut war schon wieder auf hundertachtzig. Wieso wollte die wissen, wer der Vater war? »Die Schwangerschaft, Mister Steph, haben wir eigentlich noch geheim halten wollen. Welcher Arsch hat dir das gesteckt? Und wer weiß es schon alles?« In dem Moment beobachtete sie, wie Arnold auf Lena zuging und ihr ebenfalls an den Bauch griff. »Okay. Eh alle.«

»Ooooch, ein Baby«, machte Arnold.

Lena lachte, schüttelte den Kopf und schob seine Hände weg. »Ich krieg dann das nächste.« Sie schien es nicht zu stören, dass Arnold ihr Geheimnis kannte. Okay, sie war es auch, die David davon erzählt hatte. Allerdings hatte sie nur gesagt, sie und Rita seien schwanger, nicht verraten, wer von ihnen beiden. Und natürlich mit dem Zusatz, es nicht weiter zu tratschen, Arztgeheimnis und so. David hatte es Arnold erzählt, der erzählte es Martin, Martin gerade eben Steph und wahrscheinlich wussten es mittlerweile eh schon alle im Bus, der endlich losfahren konnte, weil alle saßen. Okay, die

Verwandten, die sich über ein Enkelkind sicher sehr freuen würden, waren ganz bestimmt noch nicht im Bilde. Mit denen sprach nämlich niemand.

Lena und Rita waren also schwanger – und wer war der Vater? Beziehungsweise wie hatten sie es angestellt? Diese Frage wurde in der letzten Reihe erörtert, wo wie zu Schulbuszeiten die ärgsten Lästermäuler Platz genommen hatten; Klassiker.

»Mit dem langen Eislöffel«, krähte Peter und wedelte mit seinem Demo-Schild herum. Ein anderer fragte, wo David sei. Er als Arzt und Fachmann sollte das jetzt, bitteschön, mal allen erklären. David war das kurze Stück mit dem Auto gefahren, er konnte also keine Auskunft geben.

Steph stieß Martin in die Seite, der neben ihr saß. »Also ich hätte dich als Samenspender genommen.«

»Ich bin schon Generation Opa«, sagte Martin, und dann rief er die letzte Bank zur Mäßigung auf. Das sei hier keine Schullandwoche, sondern die Hochzeit von Lena und Rita, sie könnten ruhig mehr Respekt und überhaupt. Im hinteren Teil des Busses ging das Rätselraten um die Vaterschaft leise weiter, und als sie kurze Zeit später am Donaukanal ankamen, glaubten alle zu wissen, wer der Vater von Ritas Baby war: David. »Der Latino-Doktor sieht am besten aus, ist der Gescheiteste von uns, er hat sicher auch die perfekten Gene«, rief Peter. »Und er kann Autofahren.«

Arnold wunderte sich. David hätte ihm bestimmt davon erzählt. »Stimmt das?«, fragte er trotzdem Lena, die vor ihm saß und versuchte, ihre immer noch sehr aufgebrachte Gattin zu beruhigen.

»Nein«, mischte sich nun Rita an. »Aber ihr werdet den Samenspender heute alle kennenlernen. Ich habe ihn eingeladen, er kommt später.«

»Hauptsache, er kommt«, witzelte Peter von hinten.

»Wieso haben sie im Standesamt eigentlich Katy Perry gespielt?«, dachte die schöne Mo laut nach, um das Thema zu wechseln. »Können wir nicht einfach nur noch Künstlerinnen und Künstler unterstützen, die wirklich queer sind?« Für eine Katy-Diskussion, die höchstwahrscheinlich nicht sehr stimmungsfördernd gewesen wäre, war glücklicherweise die Fahrtzeit zu kurz. Der Bus hielt, der Chauffeur öffnete die Türen, die Hochzeitsgesellschaft machte sich ans Aussteigen. Ein paar Stufen ging es zum Kanal hinunter, wo vor dem Glashaus bereits David wartete. Endlich würde der Tag wirklich schön werden.

Lena schaute Rita fragend an. Sie hatte offenbar nicht geahnt, dass ihr Samenspender auf der Einladungsliste stand. So war das nicht abgesprochen gewesen, sie kannten ihn ja kaum. Nun war Lena es, die sich ärgerte. Peter versuchte, sie, sein Anti-Hochzeits-Schild und sich selbst auf ein Selfie zu bekommen. »Mach nicht so ein Gesicht, das ist heute der schönste Tag deines Lebens!«

»Bitte nicht«, sagte Lena.

Teil von mir

Schließlich zeigte sich doch noch die Sonne. Als die Hochzeitsgesellschaft beim Glashaus unten am Kai ankam, warteten bereits schwarz gekleidete Studentenjobber, Tabletts mit gut gefüllten Gläsern vor sich hertragend: Prosecco für alle, Saft für die Kinder und, pssst!, werdenden Mütter. Wien sah plötzlich weniger grau aus an diesem Frühlingsnachmittag am Kanal, und die Leute bedienten sich. Man blinzelte in die Märzsonne, prostete einander zu, machte Fotos, blieb aber mehr oder weniger unbewusst unter sich: Auf der einen Seite die Freunde, auf der anderen Seite die Familie; da Schwule und Lesben, und dort Heteros. Einzig Lenas Großvater, ein elegant gekleideter kleiner Herr, wache Lausbubenaugen im fröhlichen Faltengesicht, traute sich, die Seiten zu wechseln, gesellte sich zu einer Gruppe junger Männer und machte Small Talk. Mächtig stolz sei er auf seine Enkelin, so jung und schon so viel zustande gebracht. Die eigene Firma und jetzt also auch noch verheiratet. Er schien recht moderne Ansichten zu haben, aber in seiner Welt war das »Unter die Haube kommen« offenbar immer noch oberstes Ziel. Und zwar nicht nur für Frauen. »Und Sie, junger Mann, auch schon verheiratet?« Lenas Opa war zu Arnold hinübergegangen, der mit David auf ein paar zu Möbeln zusammengezimmerten Europaletten saß.

»Wir brauchen das nicht«, antwortete er.

»Aber Sie könnten heiraten, und damit ist schon viel erreicht.«

David befürchtete, dass sein Freund jetzt eine Grundsatzdiskussion beginnen, dem alten Herrn den Unterschied zwischen eingetragener Lebensgemeinschaft und Ehe erklären würde, dass das keine Gleichstellung sei und so weiter. Doch erstaunlicherweise hielt sich Arnold zurück und machte stattdessen einen Gag. »Ich hab noch nicht den richtigen gefunden«, sagte er. David fand es gar nicht komisch. »Den richtigen Anzug«, legte Arnold nach und winkte eine Kellnerin her, die ihnen nachschenkte.

»Für mich nicht mehr.« David hatte das Auto da.

Lenas Ärger war zu diesem Zeitpunkt schon verraucht, sollte ihr Samenspender, wie hieß der nochmal?, doch kommen! Sie und Rita waren auf einen Tisch vor dem Eingang zum Glashaus geklettert und klatschten in die Hände, um die Aufmerksamkeit der Hochzeitsgäste zu bekommen, die bereits begeistert ihre Handys zückten. »Schön, dass ihr alle da seid, Freunde, Freundinnen und Familie«, rief Lena und man erwartete eine erste Ansprache. Doch sie machte es kurz. »Wir werden jetzt alle reingehen und ich bitte euch, die Plätze zu nehmen, die wir für euch vorgesehen haben.«

Mit Schrecken erwartete Martin die berühmte Durchmischung, die das Bräutepaar angedroht hatte. Er hatte keine Lust, neben irgendeinem faden Verwandten zu sitzen und trat als einer der Ersten in den gläsernen Raum. Gegebenenfalls würde er schnell noch ein paar Tischkärtchen austauschen. Aber: falscher Alarm. Die Sitzordnung war klassisch, alle hockten in ihren Biotopen. Martin sollte gemeinsam mit David, Arnold, Peter und den anderen an einem der edel ganz in weiß eingedeckten Tischen sitzen. Steph hatten sie am Nebentisch platziert, gemeinsam mit ein paar ihrer Gay-Freunden; sie wäre also beschäftigt. Ihre Familien schließlich hatten Lena und Rita an einem Extratisch untergebracht, den Peter sofort den Hetentisch taufte.

Tatsächlich waren Heteros auf dieser Hochzeit in der Unterzahl, registrierte David. Sogar hier bewegten sie sich in einer Blase. Allerdings wollten zwei Cousinen von Rita partout nicht am Hetentisch Platz nehmen und zwängten sich, unangenehm aufdringlich »Wir wollen bei den Schwulen sitzen« skandierend, zu Martin und den anderen. »Weil die Schwulen die besseren Partys feiern«, antworteten die lauten Cousinen, als sich Martin erkundigte, wieso es, bitteschön, bei ihnen am Tisch interessanter sein sollte als nebenan. Die anderen schauten die zwei Partynudeln, die aus unerfindlichen Gründen im Dirndl gekommen waren, gelangweilt an, um zumindest für einen Moment dem Klischee zu widersprechen. Selbstverständlich konnten sie die besten Partys. Aber sie würden sicher nicht die Alleinunterhalter machen heute. Die Cousinen zogen zum nächsten Tisch, wo sie von Stephs Gays mit Gejohle empfangen wurden.

Lenarita hatten es mit ihren Branchenkontakten zu Caterern, Floristen und Dekorateuren geschafft, aus dem hässlichen Glashaus eine ganz passable Hochzeits-Location mit Blick auf den Donaukanal zu machen. Okay, der üppige Blumenschmuck, Tisch- und Sesselhussen aus weißem Stoff und die Schleifchen in Regenbogenfarben hätten besser in irgendein Event-Schloss gepasst als in die Bobohütte mit ihrem DIY-Charme. Die ersten Läufer und Spaziergänger blieben draußen schon interessiert stehen, um zu schauen, was da im Glashaus los war. Obwohl es heute nur um sie als Paar ging, sie eigentlich alle Aufgaben delegiert hatten, konnten Lena und Rita die Veranstaltungsprofis doch nicht ganz verbergen. Wie immer checkten beide in einer Tour, ob alles passte. Wo blieben denn die Kellner mit den Vorspeisen? Wieso ging hier nichts weiter? Wer hatte die Cousinen zu den Gays gesetzt? Und wieso hatten eben diese Cousinen Rita bereits zwei Mal gefragt, warum sie nichts trinke an ihrem schönsten Tag? Doch langsam entspannten sich auch die Bräute, ihre Gäste fühlten sich wohl, das Essen – es gab Spanferkel, das alle lobten, unglaubliche Knödelberge, Kraut und etwas Veganes, bei dem die meisten das Gesicht verzogen – war perfekt wie im Landgasthof, und schließlich begannen sie, ihr eigenes Hochzeitsfest zu genießen.

Mit zunehmendem Alkoholkonsum wurde es lauter im Glashaus. Allein die Eltern der Bräute hatten sich nicht viel zu erzählen, sie kannten einander wohl noch nicht so gut. Rita und Lena, deren Plätze eigentlich klassisch am Familientisch waren, saßen immer öfter bei ihren Freundinnen herum. Martin beobachtete die beiden, fand, dass sie glücklich aussahen, freute sich und überlegte, woran es lag, dass einem Freunde oft viel vertrauter sind als die eigene Herkunftsfamilie. Schufen sie sich hier ihre Familie selbst? Waren sie Friends and Family in einem?

»Deine Freunde kannst du dir nicht aussuchen.« David hatte sich zu Martin gesetzt und ihm offenbar angesehen, worüber er nachdachte. Er starrte auf die doppelte Portion Schwein, die er sich vom Buffet geholt hatte. »Ich sollte das nicht essen.«

»Du kannst es vertragen.«

»Sehe ich so aus?«

»Du trainierst es eh wieder weg.«

Während David also seine Body-Issues hatte, Martin über Freundschaft grübelte, ging es am anderen Ende des Tisches, schon wieder, um die Dudes. Peter hatte schon einiges intus und begutachtete Sportler, die am Glashaus vorbeiliefen. »Ich bin ein klein bisschen serbosexuell. Ich steh auf diese dunklen Typen …«

Arnold unterbrach ihn. »Kann es sein, dass du ein klein bisschen rassistisch bist, Peter?«

»… allerdings nur auf die jungen, so bis dreißig. Jugos altern ja nicht so gut.«

»Jetzt auch noch Age-Shaming!« Arnold tat natürlich nur so empört. Er selbst konnte sich auch nicht vorstellen, mit einem Älteren was anzufangen.

Auf dem Klo unterhielten sich zwei aus Stephs schwulem Harem, die mit ihrer identischen Aufmachung – Karohemd, Hosenträger, Barberbart und -scheitel – wirkten wie eineiige Zwillinge oder wie geklont. »Ich hatte neulich bei einem Geschäftstermin einen Batzen von diesem australischen Bartpflegemittel im Gesicht«, erzählte der eine. »Das Zeug, das so arg nach Piña Colada riecht. Das hat ausgesehen wie du weißt schon was.«

»Und?«, fragte der andere neugierig.

»Ich habe es erst viel später vorm Spiegel entdeckt.«

Ein anderer kam aus der Klokabine, sein Smartphone in der Hand. »Ich habe auf Facebook nur Freunde, mit denen ich schon mal im Bett war.«

»Treiben es die Typen in Pornos eigentlich noch im Bett?«, fragte ihn einer der Lookalikes, womöglich war er Spezialist in diesem Bereich.

»Macht ihr es eigentlich noch im Bett?«

Der Zwillingstyp überlegte. »Höchstens, wenn wir in einem Hotel sind.«

Arnold, der gerade reinkam und den letzten Satz gehört hatte, musste innerlich zustimmen. Er dachte an Mister Potatoe und seine anderen Grindr-Dates in Hinterhöfen, Autos oder öffentlichen Klos – im Bett hatte da schon lange nichts mehr stattgefunden. Plötzlich merkte er, dass die Twins ihn anstarrten. Offenbar hatten sie ihm eine Frage gestellt und erwarteten eine Antwort.

»Dein scharfer Arztfreund trägt zwei unterschiedliche Schuhe. Hat das eine besondere Bedeutung?«

Es war also doch aufgefallen. »Keine Ahnung, sein Stil«, sagte Arnold. Die Typen gaben sich erstaunlicherweise mit seiner Antwort zufrieden und verließen die Waschräume. Arnold hörte noch, wie einer der beiden »Ich finde, er sieht aus wie Freddie Mercury« erklärte. »Scharf«, sagte der andere. Wieso hatte er David nur mit unterschiedlichen Sneakern aus dem Haus gehen lassen? Er war wirklich kein guter Boyfriend.

Auf dem Weg zurück zu ihrem Tisch traf Arnold Peter, der ihm auf den Hintern zeigte. »Schätzchen, was bedeutet eigentlich die weiße Stoffserviette in deiner Gesäßtasche?«

»Dass ich mir gerne den Mund abwische? Könnte man jetzt bitte wieder damit aufhören, in allem irgendeinen sexuellen Code zu suchen?«

Das große Fressen ging ansatzlos in die große Kuchenjause über. Glücklicherweise hatte nicht Steph die Hochzeitstorte beisteuern dürfen, sondern die angesagteste Konditorei der Stadt lieferte einen mehrstöckigen Zuckertraum mit Regenbogendeko und zwei Marzipanbräuten. Sie sahen wirklich ein bisschen so aus wie Lena und Rita, überhaupt passte die Torte hervorragend zum restlichen Spießer-Ambiente. Prompt diskutierten zwei junge Frauen in kunstvoll zerrissenen Kleidern aus schwarzer Spitze darüber, ob das auffällig dunkle Gesicht der einen Marzipanbraut jetzt rassistisch sei oder noch durchging. Sie einigten sich schließlich darauf, dass die echte Rita ja nun mal so aussehe, außerdem wollte niemand Streit mit dem Konditor anfangen, der stolz neben seinem Werk stand. Obwohl eigentlich alle satt waren, mussten die Bräute die Torte nun feierlich anschneiden.

Die Gäste applaudierten. Lena und Rita verteilten die Tortenstücke.

»Wenn eine Regenbogenfahne drin steckt, essen wir's«, sagte Peter, ein Stück Torte in einer Serviette auf der flachen Hand. »Mit Regenbogenfahne kann man uns nämlich alles andrehen.«

»Ich schaff das nicht mehr«, sagte David und lud sich ein riesiges Hochzeitstortenstück auf den Teller.

»Schmeckt nicht«, fand Steph, aber sie musste das wahrscheinlich sagen.

»Schmeckt doch«, sagte Martin, der sich von Peter füttern ließ. Keiner konnte mehr, doch alle fraßen munter weiter. Auch am Hetentisch schienen sie ganz zufrieden zu sein. Man näherte sich langsam an. Schwiegerväter tranken mit Szenegetränken Bruderschaft, Schwiegermütter gaben einander Verwandtschaftsküsschen und Lenas Opa schwenkte eine kleine papierne Regenbogenfahne, die er aus der Tischdekoration entfernt hatte. Die Dirndl-Cousinen, die, nachdem sie bei Martin und den Jungs nicht so gut angekommen waren, den Vor- und den Hauptgang am Tisch mit den Gays verbracht hatten – und das, obwohl Steph eher ungern weibliche Konkurrenz sah –, kehrten für die Torte zu ihren Herkunftsfamilien zurück. Hach, mit den Schwulen sei es immer so lustig, schwärmten sie und klaubten ebenfalls ein paar Fähnchen aus der Blumendeko. Außerdem hätten sie ein Geheimnis erfahren, sie dürften aber nicht darüber sprechen.

Vom Hetentisch ausgehend brach plötzlich eine große Welle der Sympathie über die kleine LGBT-Gemeinschaft hinein, eine Mischung aus echter Begeisterung und Wohlwollen, weil sie schließlich alle Freundinnen und Freunde von Lenarita waren. Freunde kann man sich nicht aussuchen. Familie aber auch nicht.

Kronleuchter

Langsam war es Abend geworden, der große Himmel über der Stadt glühte unverschämt kitschig in Orange und Rosarot und spiegelte sich im müde dahinfließenden Donaukanal, Lena und Rita schalteten wieder in den Gastgeberinnenmodus und forderten die Hochzeitsgesellschaft auf, das Glashaus kurz zu verlassen, jetzt kämen nämlich die Ballons. Alle hätten auf ihren Plätzen Kärtchen gefunden mit der Bitte, gute Wünsche darauf zu schreiben und dies hoffentlich auch getan. An Martins Tisch hatten sie natürlich irgendeinen Quatsch draufgekritzelt, der Hetentisch hatte die Sache ein bisschen ernster genommen. Ein paar Streber halfen, die Kärtchen einzusammeln und an den weißen Luftballons zu befestigen, die vor dem Glashaus mit Gas befüllt worden waren. Jeder solle sich nun einen Ballon nehmen, hieß es, schnell, schnell, bevor es dunkel wird.

Die Hochzeitsgesellschaft war träge geworden, nun drängten alle raus ins Freie. Der kühle Abendwind tat gut, denn im Lokal war die Luft schon einigermaßen heiß, nicht zuletzt wegen des offenen Kamins.

Jeder schnappte sich einen Ballon, Martin, Arnold und Peter mussten an die misslungene Kunstaktion von neulich denken, an Ritas Kind und, hahaha, den edlen Samenspender – wo blieb der überhaupt, wollte sie ihnen den nicht vorstellen? – und natürlich fürchterlich kichern. »Dildonaukanal«, sagte Peter und sie prusteten schon wieder los, dass die anderen irritiert schauten. Lena und Rita gaben, eins, zwei, drei, das Kommando und einhundert bestens gelaunte Menschen ließen einhundert weiße Ballons mit mehr oder weniger guten Wünschen, Herzchen oder eben Quatschbotschaften in die Höhe steigen. Sie machten Ohh und Ahh und es war wirklich ein hübsches Bild, das unmittelbar von vielen Smartphones festgehalten und via Instagram verbreitet wurde. Lena und Rita hatten sich zwar gewünscht, dass Bilder von ihrem Fest nicht gepostet werden sollten. Nun schien es den beiden egal zu sein. Sie umarmten sich. David hielt Arnolds Hand, mit der anderen fuhr er über Martins Rücken. Peter drückte Steph an sich, jeder hatte wen zum Festhalten, und Lenas Großvater wedelte immer noch mit seinem Regenbogenfähnchen.

Einhundert weiße Ballons schwebten in den orange-rosa Wiener Abendhimmel.

Flaschengeist

Milf? Hatte der hässliche Typ mit dem Vogelgesicht am anderen Ende des Tisches sie gerade Milf genannt? Er war ein Kumpel von Peter, den Steph nur vom Sehen kannte, und den eigentlich alle fetzendeppert fanden. Wieso war der unnötige Typ überhaupt da? Nach der gelungenen Aktion mit den Luftballons war die ganze Hochzeitsgesellschaft wieder ins Glashaus zurückgegangen. An die Sitzordnung, die vorher noch so ernst genommen wurde, hielt sich niemand mehr. So saß Steph nun an einem Tisch mit diesen Gays, die sie kaum kannte. Und die sie beleidigten.

Es nervte sie plötzlich gewaltig, oft die einzige Frau unter lauter Männern zu sein. Lauter schwulen Männern, deren Gesprächsthemen um irgendwelche Partyerlebnisse, Grindr-Dates, Drag-Outfits oder die richtige Diät während der Muskelaufbauphase kreisten. Über die unkorrekten, frauenfeindlichen Witze konnte Steph plötzlich nicht mehr lachen. Nicht, dass ihre schwulen Freunde blöd oder oberflächlich gewesen wären, im Gegenteil. Sie waren gebildet wie sie, humorvoll, alle ein bisschen bobo und sie dachten politisch ähnlich und engagierten sich sogar, wenn's darauf ankam. Die meisten würden sich wahrscheinlich sogar als Feministen bezeichnen. Aber sie waren eben auch schwul, und wenn sie unter sich waren wie die hier am Gay-Tisch, mussten sie sich ihrer Werte und Haltungen gegenseitig nicht versichern, sie durften derb sein, gemein und albern – gnadenlos gegenüber sich selbst, aber eben auch dem Rest der Welt. »Für einen guten Gag würde das schiache Vogelgesicht wahrscheinlich seine eigene Mutter verraten«, dachte Steph. »Dabei ist seine Mama sicher für ihn das Wichtigste auf der Welt.« Eigentlich konnte sie dieses gute Verhältnis, das viele ihrer Freunde zu ihren Müttern hatten, noch nie nachvollziehen. Obwohl sie doch sonst alles nur zu gut verstand.

Wenn Steph unter Schwulen war, waren sie unter sich. Sie hatte sich daran gewöhnt. Lange war sie sich vorgekommen wie Kylie Minogue in dem Video zu »Slow«, wo sich Kylie zwischen lauter geilen Typen in Badehosen räkelte. Jetzt plötzlich, in diesem Moment, hatte Steph das Gefühl, nicht dazuzugehören. Nein, sie wollte überhaupt nicht mehr dazugehören. Ihre Kylie-Position unter all diesen Badehosenhotties gefiel ihr nicht mehr. Hätte sie doch einfach ihren Freund zu dieser Lesbenhochzeit mitgenommen, aber Liebie hatte ja schon was anderes geplant. Vorhin hatte sie ihm ein verzweifeltes »miss u« getextet, aber keine Antwort bekommen. Wo war der überhaupt? Plötzlich kam sie sich sehr allein vor; Martin war mit seinen Jungs, David, Arnold, Peter und den anderen, beschäftigt. Ihr fiel auf, dass sie in letzter Zeit eh oft genervt war; vor allem, wenn sie bei Essenseinladungen oder Partys wie jetzt als einzige Frau Tischgespräche über riesige, winzige oder seltsam geformte Schwänze mitverfolgen musste. Bitte! Sie hatte dem blondierten Typ neben sich erzählt, dass ihr Freund jünger sei und er, leider, heute nicht dabei sein konnte. Diese Neuigkeit musste bis zum Vogelgesicht am anderen Ende des Tisches gegangen sein, der sie nun Milf nannte; die Abkürzung für »Mom I'd like to fuck«. Ach, vielleicht war es sogar als Kompliment gemeint. »Shhhh«, machte einer, »Mister Steph gehört zu uns!«

Gerade schauten die Typen an ihrem Tisch auf ihren Handys nach, wie nahe das nächste Grindr-Date war. »Zwanzig Meter«, rief einer, und alle überlegten, wer im Raum »Knolli2000« sein könnte, von dem man auf seinem Profil nur einen Knackarsch in Lederhose sah. »Sicher einer von denen am Hetentisch«, rief er. »Jeder hat doch einen heimlich schwulen Verwandten.«

Steph stand auf und wechselte den Tisch.

Draußen war es inzwischen ganz finster geworden, im Glashaus hatten die Kellnerinnen Kerzen angezündet, die in Papiertüten flackerten, und eine stimmige Heurigen-Beleuchtung aufgedreht. Lichteffekte kreisten über der kleinen Tanzfläche. Auf dem Kanal waren noch ein paar Ausflugsschiffe unterwegs. Martin sorgte dafür, dass das Kaminfeuer nicht erlosch, weil das Personal ein bisschen überfordert schien und er sich damit auskannte. Es gab inzwischen Cocktails, und obwohl der DJ Tanzbares spielte, blieben die meisten Gäste sitzen und unterhielten sich lautstark. Gerade tanzten Lenarita etwas hölzern ihren Hochzeitstanz, einen langsamen Walzer zum »Lalaland«-Soundtrack, das Publikum applaudierte wohlwollend.

Steph beobachtete die beiden Cousinen, die von Tisch zu Tisch gingen, auf das tanzende Paar zeigten und hinter vorgehaltener Hand tuschelten. Lange Jahre unter den Gays hatten sie zur Expertin in Sachen Tratsch werden lassen. Steph ahnte schon, dass hier etwas vor sich ging, und als die Cousinen, die schon reichlich was intus hatten, an ihrem Tisch angekommen waren, wurde ihr klar, worum es ging. Die blöden Weiber gingen herum und erzählten allen, dass Rita ein Kind erwartete. »Es war künstliche Befruchtung«, wusste die eine. »Ein Klonbaby aus dem Reagenzglas«, die andere.

»Wenn sie noch weiter auf dem Thema rumreiten, fange ich an zu laktieren«, sagte Peter. Steph merkte spitz an, dass man es eigentlich werdenden Eltern überlässt, wann sie mit derlei Nachrichten an die Öffentlichkeit gingen, schämte sich aber gleich dafür. Schließlich hatte sie es selbst ein paar Stunden zuvor herumerzählt. »Du bist ja bloß eifersüchtig«, sagte die eine der beiden Cousinen zischend. »Weil du selbst keine Kinder kriegen kannst«, zischte die andere.

Steph war fassungslos. Wie kamen diese Lästerschwestern denn darauf? Gerade als sie sich wehren, einen feministischen Vortrag halten wollte, von wegen Mutterrolle und Weiblichkeit, gingen im Glashaus die Musik und die Lichter aus. Zackbumm, vielleicht ein Kurzschluss. Auch von draußen drang kaum Licht durch die Fenster herein; die Stadt war nämlich ebenfalls dunkel. Die Gespräche verstummten. Im schummrigen Feuerschein des Kamins und der Kerzenbeleuchtung wirkte die Szenerie urgemütlich, aber auch ein wenig unheimlich. Einer der Kellner leuchtete mit dem Handy, ein anderer fummelte hektisch am Sicherungskasten herum, aber der Fehler war nicht zu finden. Offenbar war es ein größerer Stromausfall, der nicht nur sie betraf.

Nach wenigen Minuten gab es wieder Strom. Musik war noch keine da: der DJ hatte die kleine Zwangspause genutzt, um aufs Klo zu gehen. Dafür stand jetzt mitten im Raum ein junger blonder Mann mit Schnauzbart, der vorher noch nicht da gewesen war. Ja, er stand wie hingezaubert auf der Tanzfläche direkt im Lichtkegel eines grellen LED-Scheinwerfers, und alle schauten ihn an.

»Liebie?«, entfuhr es Steph. Ihren Freund hatte sie hier überhaupt nicht erwartet, warum war der denn auf einmal da?

Ben, überlegte Martin, genau: Ben war sein Name. Hier stand plötzlich der Paarundzwanzigjährige, mit dem er vor ein paar Wochen im Marea Alta sein allererstes Opa-Gespräch geführt hatte. Ben, der alles wollte: Frau und Kinder, ein Haus am See und mit geilen Muskelkerlen knutschen. Im

Scheinwerferlicht erkannte Martin erst, wie jung Ben war. Jung und schön stand er da, vielleicht ein wenig underdressed für den Anlass: Bomberjacke, Sweater, Jeans und Sneakers.

Arnold sah nur auf die Schuhe, die der späte Gast trug. Er trug die gleichen ausgelatschten Adidas-Sneakers wie David heute, nur dass bei seinem Freund der linke drei grüne Streifen hatte, der rechte drei rote. Bei dem Typen war es genau andersrum. Waren denn alle farbenblind? Dann kam es ihm: Der Typ trug einen Schuh von David und umgekehrt.

David blickte den Mann, der da plötzlich im Fokus einer ganzen Festgesellschaft stand, an und schwieg.

Fast war es, als sei der Auftritt geplant gewesen, erst das dramatische Blackout, dann der Scheinwerfer, so musste es sein! Die Cousinen dachten wohl, der hübsche junge Mann sei die verfrühte Mitternachtseinlage, ein Stripper oder so. Endlich kämen sie auch auf ihre Kosten, sie und die Schwulen! Begeistert klatschten sie in die Hände und riefen »Ausziehen, ausziehen!«

»Klar«, sagte Peter und verzog das Gesicht. »Wieso auch kein Männerstrip. Bei so einer Homohochzeit weiß man schließlich nie, selbst wenn hier gerade zwei Lesben heiraten.«

»Darf ich vorstellen, der edle Spender!« Rita war aufgestanden und deutete abwechselnd auf ihren Bauch und auf den jungen Mann mit dem Schnauzbart. Am Hetentisch, wo die Cousinen ihre Tratschmission noch nicht erfüllt hatten, waren sie ratlos. Dort verstand man überhaupt nicht, was Rita meinte. Einzig Lenas Opa schien es kapiert zu haben. »Ich werde Urgroßvater«, rief er und klatschte vergnügt in die Hände.

Arnold starrte immer noch auf Bens Sneakers. Schließlich stand er auf, ging wie in Zeitlupe zur Bar und nahm dem

Barmann eine Wodkaflasche aus der Hand, setzte an und trank. Er trank sehr lange, ohne Ben aus den Augen zu lassen. David, der ihm von seinem Platz aus zugesehen hatte, erhob sich ebenfalls und ging zu seinem Freund hinüber. »Du hast genug«, sagte er und nahm ihm die fast leere Flasche aus der Hand. »Genau, ich habe genug«, sagte Arnold, und seine Zunge war schon ein bisschen schwer.

»Lass uns gehen.« David, der immer noch nüchtern war, blieb ruhig.

»Du hast was mit ihm gehabt!«, lallte Arnold und deutete mit einer fahrigen Bewegung zu Ben, der gerade Steph umarmte. David wollte sich den torkelnden Arnold schnappen, der entwischte ihm und fiel Richtung Mischpult, wo der DJ gerade das Mikrofon testete. »Du hast mit diesem Typen gefickt«, rief Arnold. Der DJ konnte ihn gerade noch auffangen. Arnold hatte nun das Mikro direkt vor dem Gesicht. »Alle«, brüllte er, »alle haben mit diesem geilen Typen gefickt!« Die Anlage funktionierte plötzlich wieder. Es war so ein richtiger Neunziger-Ellen-Coming-out-Moment. Nur nicht so lustig. Und ohne Coming-out. »Ihr habt alle mit ihm gefickt«, rief Arnold noch einmal, bevor der DJ den Regler nach unten schieben konnte.

Die Tendenz stimmte zwar, aber ganz so war es natürlich nicht.

Es war so: Steph schlief mit Ben.

David hatte mit Ben Sex.

Martin würde womöglich mit Ben ficken, aber sie hatten nur eine Nacht lang durchgeredet.

Ben war zwar der Vater von Lenaritas Kind, aber geschlafen hatten Lena und Rita miteinander.

Und die Cousinen riefen immer wieder »Ausziehen! Ausziehen!«

David nahm dem DJ Arnold ab. Der gestikulierte und redete auf ihn ein. »Wir haben ausgemacht, dass unsere Freunde tabu sind.«

David hasste es, mit Betrunkenen zu diskutieren, erst recht mit Arnold. »Ben ist kein Freund, wir kennen ihn doch gar nicht.«

»Ach, Ben heißt er? Er ist der Boyfriend von Martin.«

»Martin hat gar keinen Boyfriend.«

»Dann ist er der Boyfriend von Steph.«

»Als ob ich das gewusst hätte! Außerdem bin ich nicht mit Steph befreundet.«

»Aber ich.« Arnold ließ sich auf den Sessel neben Martin fallen und legte seinen Arm um ihn. »Martin, Baby, ich muss dir noch was erzählen.«

David sah beide an. »Wie was erzählen?«

»Ich erzähle ihm alles, was du nicht wissen sollst.« Arnold klang plötzlich sehr gehässig. »Er weiß alles von mir, jedes G'schichtl.«

In dem Moment kam Steph mit Ben zu ihnen an den Tisch. »Darf ich vorstellen: Mein Freund«, sagte sie, und es klang zynisch. »Aber ich denke, ihr kennt ihn eh schon alle.« Sie waren sich unsicher, wie sie den Jungen begrüßen sollten und entschieden sich beide für ein knappes Hallo. Arnold schnaubte und sah ein bisschen so aus, als würde er Ben gleich beißen.

Die Situation war festgefahren. »Ich habe mich von Ethan getrennt«, sagte Martin schließlich.

»Von wem?«, fragte David, und jetzt hatte Martin Grund, sauer zu sein. Sein bester Freund hatte keine Ahnung. Von gar nichts.

»Ethan, den du immer schon blöd gefunden hast.«

Da näherte sich das Vogelgesicht von vorher ihrem Tisch.

»Also doch eine Milf, wusste ich es ja«, sagte der Arsch im Vorbeigehen. Steph war die Erste, die es im Glashaus nicht mehr aushielt. Sie schnappte sich Ben, und sie verließen einigermaßen überstürzt die Party.

»Könnt's ihr bitte weniger dramatisch sein«, rief Peter ihnen hinterher. Und die Cousinen so: »Ist sie jetzt mit dem Stripper abgehauen?«

Das Hochzeitsfest implodierte. Alle begannen miteinander zu streiten, manche packten schon ihr Zeug und machten sich für den Aufbruch bereit. Die Musik war viel zu laut, ein Kellner stolperte beim Abräumen über Arnold, der auf dem Boden herumkroch und seine Kontaktlinse suchte. Ein ganzes Tablett voller Gläser fiel lärmend runter. Am Gay-Tisch bewarfen sie sich gegenseitig mit Hochzeitstorte. Peter machte sich auf die Suche nach »Knolli3000«, den er auf Grindr entdeckt hatte. »Es ist doch nur eine Homoehe, beruhigt euch mal alle wieder«, rief einer von den Gays.

Nun war es Lena, die zum Mischpult ging. Diese Art zu feiern war Fake. Es war nicht ihr Fest, es war ein beschissenes Fakefest, das sie ihren Familien zuliebe so gemacht hatten. Sie nahm sich das Mikrofon, hantierte an den Reglern, stoppte die Musik und sagte mit Grabesstimme: »Geht's einfach alle scheißen!«

Schnell fuhr der DJ die Musik wieder hoch. Und die Eltern der Bräute, die sich plötzlich ganz gut verstanden, fanden immer noch: »So nette Menschen, diese Homosexuellen.«

Elastikherz

Ziemlich resolut hatte David Arnold gepackt, von der Garderobenstange irgendeine Jacke, die ziemlich sicher nicht seinem Freund gehörte, gerissen, und ihn aus dem Glashaus herausbugsiert, wo die Stimmung gerade ihren traurigen Tiefpunkt erreicht hatte. Sie mussten diese Hochzeitsfeier verlassen. Sofort. Arnold war viel zu betrunken, um ohne Hilfe die Stufen vom Kanal hinauf zur Straße zu gehen, David musste ihn von hinten anschieben und ertappte sich dabei, den Arsch seines Freundes scharf zu finden. Ohne dass der es überhaupt bemerkte, knetete er die muskulösen Arschbacken durch die Anzughose. Vollkommen falscher Moment.

Zum Glück stand Davids Auto gleich in der Nähe, kein Taxifahrer hätte Arnold in diesem Zustand mitgenommen. Wieso war er überhaupt plötzlich so besoffen? Wahrscheinlich war er schon vorher vom Prosecco auf härtere Getränke umgestiegen und dann noch der Schnaps. Jedenfalls hing er nun schwer an Davids Arm, wedelte mit einem Regenbogenfähnchen, das er aus der Tischdekoration gerissen hatte, und lallte. Vielleicht kam es David auch nur so vor, weil er selbst komplett nüchtern war, aber er hatte seinen Freund noch nie so abgestürzt gesehen. Der lamentierte, rotzte und heulte in einer Tour, was war das denn!

Andererseits war es David auch ganz recht, jetzt nicht diskutieren zu müssen, über die Geschichte mit dem Bürschchen aus dem Barbershop, Ben, offenbar Stephs Neuer, die kurz zuvor publik geworden war und Arnold so aufgebracht hatte. »Freunde sind tabu«, verstand David immer wieder aus Arnolds Geplärr. Jede einzelne Silbe betonte er mit dem Regenbogenfähnchen wedelnd. Es würde natürlich überhaupt nichts bringen, ihm zu erklären, dass dieser Ben kein Freund war. Dass sie beide schließlich eine offene Beziehung führten, dass er nichts Verbotenes getan hatte. Also ließ David Arnold lallen und mit dem Fähnchen fuchteln, und als sie beim Auto ankamen, verfrachtete er ihn auf die Rückbank, von der er erst seinen ganzen Kram räumen musste: Sportklamotten, Müll, ja sogar Badesachen vom letzten Sommer lagen da noch herum. David stieg vorne ein und hoffte, dass Arnold nicht kotzen würde. Oder wenigstens rechtzeitig Bescheid gab. »Der Neue von Steph ist tabu«, lallte es von hinten. Jaja, dachte David und startete den Motor. Viel zu laut startete auch das Autoradio. FM4, eine unerträgliche Punkrocknummer, wie David fand. Er drehte das Radio ab. Von der Rückbank war nur noch ein Grunzen zu hören, und nach ein paar Minuten war Arnold eingeschlafen.

Wenig später bog David in die Gasse, in der sie wohnten. Es war Samstag, kurz vor Mitternacht, und es gab keine Parkplätze, was ungewöhnlich war. David fuhr zweimal um den Block, aber es war nichts zu machen. Er beschloss, vor ihrem Haus schnell zu halten, den schnarchenden Arnold auf der Rückbank hinten zu wecken und aussteigen zu lassen und ein paar Blocks weiter das Auto abzustellen. Unmöglich konnte er ihm noch einen Fußweg zumuten. Er rüttelte seinen Freund an der Schulter. »Schatz, aufwachen.« Arnold grunzte, wachte aber tatsächlich auf und ließ sich, tatsächlich, von David auf den Gehsteig stellen.

»Warte hier auf mich, ich suche bloß einen Parkplatz und bin gleich wieder bei dir«, sagte David.

Arnold hielt sich mit einer Hand an der Hauswand fest, mit der anderen fuchtelte er mit dem Regenbogenfähnchen in der Luft herum. »Stephs Freund ist tabu für dich.«

»Ich hab's verstanden.« David hatte das ungute Gefühl, dass er Arnold vielleicht besser gleich raufbringen sollte, aber hinter ihm hupte bereits eine Autofahrerin, er war im Weg. »Ich bin gleich wieder da, bleib einfach stehen.«

David stieg ins Auto ein. Er genoss es, kurz für sich allein zu sein, zum ersten Mal an diesem Tag. Er überlegte sogar, das Radio anzuschalten. Dann fiel ihm ein, was Arnold vorhin zu Martin gesagt hatte. Die beiden hatten Geheimnisse. Arnold vertraute seine Männergeschichten Martin an. Und Martin erzählte ihm nichts weiter. Was zum Teufel! David fühlte sich betrogen.

Zwei Blocks weiter fand er einen Parkplatz und hoffte, dass er ihn nicht wieder vergessen würde. Er schaltete den Motor ab, stieg aus, sperrte ab und machte sich auf den Heimweg. Beim Kebab-Türken war noch eine Menge los, aus dem Bauchstich-Beisl dröhnte ein schlimmer Ohrwurm-Schlager aus den geschlossenen Fenstern, Frauen sangen mit schriller Stimme mit, dass irgendwer »ein Phänomen« sei. Im wie immer grell beleuchteten Jugo-Lokal saßen ein paar Männer vor ihren Bieren und starrten ins Leere. Draußen auf der Straße war niemand zu sehen; es war auch noch zu kühl für das sonst übliche Streetlife in ihrem Grätzel. Er mochte diese Gegend. Er, das Rich-Kid aus Wien-Döbling, lebte so gerne hier in der Vorstadt. Mit Arnold. Sein Leben.

Als David zu ihrem Haus kam, stand Arnold nicht mehr davor. Er überquerte, verdammte Scheiße, die Straße und fand seinen Freund mit blutigem Gesicht wimmernd auf dem Asphalt liegen. »Arnold, was ist passiert?« David half ihm auf und war froh, erstens nüchtern zu sein und zweitens so gut in Form, dass er ihn ohne Mühe hochstemmen konnte. Er verstand nur Bruchteile von dem, was Arnold faselte, unzusammenhängendes Zeug: Ausländer, scheiß Schwuler, Nazis, zusammengeschlagen. Aua. David schaute nochmal, ob er irgendjemanden, Zeugen vielleicht, sehen konnte. Doch die Straße war menschenleer. Sollte er die Rettung rufen? Arnold hatte, soweit er das im Licht der Straßenlampe beurteilen konnte, bloß eine Platzwunde auf der Stirn, viel Blut, aber halb so schlimm. Er entschied, ihn erst einmal hinaufzubringen und zu verarzten. Sollten sich Symptome einer Gehirnerschütterung zeigen, würde er mit ihm zu den Kollegen ins Spital fahren.

Zwei Krieger in »Game of Thrones«, dachte David, als er den verletzten Arnold ins Haus und in den Lift hineintrug. Zwei muskulöse Männer, vom Schlachtfeld ins Loft. Oben legte er ihn aufs Sofa, holte den Erste-Hilfe-Koffer und versorgte die zum Glück wirklich nicht besonders schlimme Wunde auf Arnolds Stirn. Unzählige Male hatte er sowas in der Notaufnahme gemacht.

Arnold lag auf Davids grauer Kindheitsdecke, Blut tropfte, aber er schien keine Schmerzen zu haben. Vielleicht spürte er ja auch bloß nichts, weil er so blunzenfett war. Schlecht war ihm offenbar auch nicht, es schien nichts Ärgeres zu sein. David entschied, dass die Wunde nicht genäht werden musste. Wären sie jetzt nicht in ihrem Wohnzimmer, sondern auf der Unfall-Ambulanz, würde er ihm die Kleider mit der Schere vom Leib schneiden, um ihn zu untersuchen. Und obwohl David die Vorstellung gefiel, zog er ihm den teuren Anzug und das Hemd einfach aus, schaute, ob er weitere Verletzungen hatte und trug den nun Unbekleideten rüber ins Bett. Arnold hatte noch ein paarmal lallend erzählt, dass er zusammengeschlagen worden sei. Aber bis auf den Cut an der Stirn konnte David keine Anzeichen für Gewalteinwirkung finden. Er würde morgen versuchen, Genaueres zu erfahren, ging aber davon aus, dass Arnold in der Vollfetten aufs Trottoir geknallt war.

Als David ins Wohnzimmer zurückkehrte, hörte er aus dem Kleiderhaufen vor dem Sofa Arnolds iPhone vibrieren. Wenn das Handy noch da war, war es sicher kein Überfall gewesen. Peter fragte, David las seine Nachricht auf Arnolds Sperrbildschirm, was passiert sei. »Typisch. Die Ausländer schlagen Homosexuellen zusammen«, schrieb Peter. »Die Schweine!«

David holte sein Telefon und rief Peter an. »Alles in Ordnung, er hat nur eine Platzwunde.«

»Arnold hat mir getextet, dass er von Ausländern attackiert worden ist.«

David wunderte sich, dass Arnold in seinem Zustand überhaupt noch WhatsApp-Nachrichten verfassen konnte. »Quatsch, er ist einfach nur hingefallen.«

»Du musst das nicht kleinreden. Eure Nachbarn sind homophobe Arschlöcher.«

»Sind sie nicht.«

»Dann waren es sicher irgendwelche Rechten. Ich rufe gleich morgen die Dings an.« Peter kannte eine Journalistin bei der linksliberalen Wochenzeitung. »Die bringt das ganz groß raus. Hast du die Polizei gerufen? Und die Rettung?«

»Oida, ich bin die Rettung. Ich schwör dir, Peter, es ist nichts passiert. Arnold ist gestürzt. Er ist total besoffen. Lass uns morgen nochmal reden. Baba.«

David drückte den ebenfalls nicht mehr ganz nüchternen Peter weg. Auf dem Weg ins Bad beschloss er, doch noch einmal auf die Straße zu schauen. Er zog sich also die Jacke wieder an, machte die Wohnungstür hinter sich zu. Der Lift war noch oben, und er fuhr runter. Vor dem Haus deutete nichts auf eine Schlägerei hin. Bloß die papierne

Regenbogenfahne, mit der Arnold die ganze Zeit herumge-
fuchtelt hatte, lag zerknüllt auf dem Gehsteig. David kickte
sie mit dem Fuß auf die Straße unter ein parkendes Auto und
kehrte wieder ins Haus zurück.

Im Lift vibrierte sein iPhone. Eine Nachricht von einer
unbekannten Nummer: »Schön, dich zu sehen. Ben.«

Lass es sein

Nachdem Lenaritas Hochzeit quasi implodiert war, hatte sich Martin für einen polnischen Abgang entschieden. David war eh schon, ebenfalls gruß- und kusslos, mit Arnold verschwunden, der einen irrsinnigen Fetzen hatte. Steph war, nachdem sie Martin triumphierend ein »Ich wusste, dass er schwul ist« an den Kopf geworfen hatte, mit Ben, ihrem Ben, einfach abgehauen. Peter saß noch mit den zudringlichen Cousinen am Gay-Tisch, schaute genervt und tippte aufgeregt etwas in sein Handy. Die beiden Bräute sahen so aus, als wollten sie ebenfalls bald nach Hause gehen. Weil es jetzt eh schon alle wussten, war Rita im Laufe des Abends in den Hochschwangeren-Modus übergegangen und ließ sich von ihrer Gattin mit Hochzeitstorte füttern. Lena, die vorhin noch so aufgebracht gewesen war, hatte sich beruhigt. Die Familie, das Baby, mit einem Mal schien es Wichtigeres zu geben als ein nicht ganz perfektes Hochzeitsfest.

Schlagartig verstand Martin, was da vor sich ging: Alles war anders geworden. Sie waren elende Spießer geworden. Wegen nichts hatte er seinen besten Freund gekränkt, ja, er hatte ihn verraten. Unauffällig bewegte er sich Richtung Notausgang, fand seine Jacke und verließ das Glashaus. Morgen würde er Lena und Rita eine Nachricht schreiben, sich, haha, für die Einladung und das, hahaha, schöne Fest bedanken. Er würde sich entschuldigen für etwas, wofür er gar nichts konnte und ihnen alles Gute wünschen mit dem Kind. Denn natürlich war es nicht seine Schuld, dass das Hochzeitsfest eskalierte, er wusste ja auch nicht. Mit David würde er reden müssen, falls David überhaupt noch mit ihm redete. Er würde Arnold klar machen müssen, dass er nicht sein Therapeut war, dem er seinen Grindr-Scheiß vor die Tür kippen konnte. Er würde sich bei Steph – hatte sie überhaupt einen Grund, wegen ihm angefressen zu sein? – melden, sich endlich die Sache mit Ben erzählen lassen und mit Ethan in New York skypen, ob mit ihm alles okay war. Hey, er hatte gerade seine Long-Distance-Beziehung beendet, war nach all den Jahren wieder solo, und niemand kümmerte es. Ein bisschen wehmütig war er vielleicht. Aber es fühlte sich irgendwie auch nicht so besonders anders an. Wahrscheinlich, weil es an seiner Situation, wenig überraschend, gar nichts änderte. Die meisten hatten schließlich nicht mal mitbekommen, dass es da einen Boyfriend in Amerika gab. Gegeben hatte.

Die Nacht war fast winterlich-kühl. Vor dem Glashaus, an einen Stapel Europaletten gelehnt, stand immer noch das Demoschild, mit dem Peter im Standesamt aufgetaucht war: »Gleiches Recht für alle!! Weg mit der Ehe!« Man sollte einfach nicht heiraten. David nahm das Schild und warf es in den schwarz dahinfließenden Donaukanal. Schnell trug die Strömung es fort. Kurz überlegte er, ob das die richtige Message für den Osten war. Am Schwarzen Meer würden sie die Botschaft eh nicht verstehen. Außerdem würde das Schild nie so weit kommen.

Als Martin die Stufen zur Salztorbrücke hinaufging, hörte er plötzlich »Let it be« von den Beatles. Im Glashaus spielte der DJ die letzte Nummer. Vielleicht passte der Song ja ganz gut. Die verbliebenen Gäste saßen noch an den Tischen herum, auf denen die Kerzen schon ganz klein heruntergebrannt waren.

Durch die beschlagenen Scheiben sah es nach einem wirklich wunderschönen Fest aus.

Sei mein

»Von der Hochzeitstorte habe ich jetzt gar kein Stück bekommen.« Ben war nur sehr kurz im Glashaus gewesen. Ohne es zu bemerken, hatte er Lenaritas Fest gekillt, und Steph war, ob sie nun wollte oder nicht, sauer. Anscheinend hatte die halbe Stadt was mit ihrem Freund, und sie fragte sich langsam, woran das eigentlich lag. Er war wie ein Magnet. Dabei hatte sie ihn niemandem vorgestellt, war mit ihm nicht auf Partys gewesen, nicht einmal Martin hatte ihn gesehen. Dachte sie zumindest. Hatte er aber, dabei war er gar nicht sein Typ. Ihr Ben war der Samenspender der Bräute. Plus: Er hatte mit David geschlafen. Ausgerechnet mit diesem Porno-Typen! Martins David, mit dem sie ohnehin schon immer Probleme hatte. Wer weiß, was Ben noch alles gemacht hatte. Und nun beschwerte er sich, dass sie so rasch aufgebrochen waren und er sich nicht hatte satt essen können? Wäre er halt früher gekommen. Obwohl, und jetzt musste sie schon wieder innerlich lachen, dann hätte er die Hochzeitsfeier vielleicht schon eher kaputt gemacht, ihr kleiner Wedding-Crasher.

Immerhin waren sie gemeinsam gegangen, wie ein Paar. Am Schwedenplatz hatten sie gleich die Bim erwischt, die sie zwar etwas umständlich, aber dafür direkt zu Steph nach Hause brachte. Es war eine dieser seltenen altmodischen Straßenbahnen, und sie saßen ganz alleine hinten im Anhänger. Steph liebte diese alten Züge, die durch die Stadt rumpelten, die hölzernen Sitzbänke, den Geruch nach feuchtem Holz, das warme Glühbirnenlicht bei Nacht, das die Menschen schöner aussehen ließ. Nicht, dass die beiden das nötig gehabt hätten. Ausgerechnet mit David, dachte sie wieder, sie versuchte, das Bild ganz schnell wieder loszuwerden.

Die Bim zuckelte den Ring entlang und bog mit einem Quietschen hinterm Parlament ein.

»Die Torte war sicher super.« Ben hatte wirklich gerade nur Essen im Sinn.

»Schau mal, Liebie, was ich da habe«, sagte Steph und zog aus einem blauen Ikea-Sack eine Tortentransportbox.

»Eine Hochzeitstorte?«

»Genau!« Steph hatte, auch wenn sie von den Bräuten mehrfach darauf hingewiesen worden war, dass es wirklich nicht notwendig sei, eine vegane Hochzeitstorte gebacken. Stunden hatte sie in ihrer Küche verbracht, einmal hatte sie sogar von vorn begonnen, weil das g'schissene Backrohr den ersten Tortenboden hatte verbrennen lassen. Sie war stolz auf ihre Torte gewesen, eigentlich nur ein flacher, selbstverständlich veganer Kuchen, eine Art Sachertorte ohne Eier und Butter, die sie mit einem Marzipanregenbogen verziert hatte und mit Zuckerschrift bemalt: »Rita & Lena« stand darauf. Sie hatte den Zuckerguss zu dünn, und, weil es keine Zitronen mehr gab, mit Essig angerührt, die weißen Buchstaben waren unschön verlaufen, es sah eher aus wie eine unappetitliche Kleckserei. Den ganzen Tag, seit sie im Standesamt waren, hatte sie den Ikea-Sack mit der Transportbox mitgeschleppt. Als sie dann die perfekte mehrstöckige Konditortorte im Glashaus sah, genierte sie sich für ihr stümperhaftes Werk. Sie packte die Torte erst gar nicht aus, sondern versteckte sie in der Garderobe.

Nun aber, sie waren immer noch die einzigen Fahrgäste, zauberte Steph die Torte hervor, hob den Deckel hoch und hielt sie Ben hin, tadah! Ben war auch wirklich sehr nett und lobte sie. »Sieht schön aus«, log er.

»Magst du ein Stück?«

»Ja, ich will«, sagte Ben und Steph fiel auf, dass sie diesen Satz am heutigen Tag zum ersten Mal zu hören bekam.

Steph stellte die Kuchenbox auf dem Sitz gegenüber ab und machte eine einladende Geste. »Bedien dich.«

Er sah sie an. »Ohne Messer?«

»Nimm die Finger.«

Ben guckte kritisch, vergrub aber dann seine Hand mitten in der Torte. Er riss einen Brocken schokoladebraunen Teig, etwas zerlaufene Zuckerschrift und ein Stück des Marzipanregenbogens heraus und stopfte sich alles auf einmal in den Mund. Ein Fehler. Diese Torte war nicht gut. Um präzise zu sein, sie war ungenießbar. Es war wie ein langsames Ersticken. Ben kaute, würgte und verdrückte den trockenen Kuchen. Er hatte zwei Möglichkeiten: Entweder log er sie an, lobte ihre Backkunst; dann müsste er wahrscheinlich künftig jeden Tag einen ihrer Kuchen essen. Oder er sagte einfach die Wahrheit. Er entschied sich für Letzteres.

»Du kannst wirklich nicht backen.« Jetzt war es heraußen. Ben hatte es geschafft, das faustgroße Stück ihrer Antitorte runterzubekommen und schnappte nach Luft.

»Ich weiß.« Steph lächelte ihr Triumphlächeln. »Aber ich backe trotzdem.«

Und mit einem Mal war Ben klar, was er an ihr so mochte: dieses trotzige Trotzdem. Sie ließ sich nicht beirren.

Bei der U6-Station stiegen sie aus, Ben trug die derangierte Hochzeitstorte vor sich her – als ob es dort noch etwas zu derangieren gegeben hätte. Beim Überqueren des Hernalser Gürtels stolperte er über sein offenes Schuhband. Er konnte sich gerade noch fangen, aber in hohem Bogen flog die Torte auf den Asphalt. »Lass liegen«, sagte Steph. Von der anderen Straßenseite aus beobachteten die beiden, wie die Autos eine ziemlich misslungene, vegane Regenbogenhochzeitstorte zu Gatsch fuhren.

Schlechte Religion

Am Tag nach der Lenarita-Hochzeit geisterten eine Menge Nachrichten durch diverse WhatsApp-Gruppen. Auf Facebook und Insta wurden – trotz des ausgesprochenen Postingverbots – Fotos von gestern geteilt, auf denen alles hochglanzperfekt wirkte, Standesamt, Stehempfang, Torte, Essen, Party, Luftballone im Wiener Abendhimmel, DJ, Ansprachen, offenbar hatten sie sogar getanzt. Die Gäste sahen so fabelhaft aus wie die beiden Bräute, alle hatten fröhliche Gesichter. Es schien wirklich wie der schönste Tag. Von Eskalation keine Spur. Die Bräute bedankten sich im Chat und hofften, dass alle gut nach Hause gekommen waren – übrigens könne man langsam anfangen, ihnen Babyklamotten zu schenken. Die Cousinen beklagten sich, dass sie »irrsinnig verkatert« seien, lobten aber gleichzeitig die Organisatorinnen und erwähnten noch einmal, dass »die Schwulen« die besten Partys feierten; offenbar waren sie mit ein paar anderen nach der Feier im Glashaus noch in irgendeinen Club weitergezogen. Peter schmiss sie aus der Gruppe und fragte, wer die beiden »Dirndltussis« überhaupt eingeladen hatte. Also in den Chat. Peter fragte auch nach, wie es Arnold ging und ob er jetzt die Dings anrufen solle, diese Journalistin.

»Wieso, was ist mit Arnold?«, wollte Martin wissen, und David schrieb, betont knapp, »Nix ist, egal.« Martin sollte ruhig merken, dass er angefressen war.

»Was ist mit Arnold?«, schickte Martin Peter eine Direktnachricht.

»Er ist zusammengeschlagen worden, gestern auf dem Heimweg.«

»What? Von wem?«

»Ausländer oder Nazis«, antwortete Peter, »er kann sich nicht erinnern. Er war urangesoffen.«

»WTF!? Nazis oder Ausländer?«

»Er kann sich offenbar selbst nicht entscheiden.«

»Schlimm? Waren sie bei der Polizei? Was ist mit David?«

»Es ist vor ihrem Haus passiert, als David einen Parkplatz gesucht hat. Aber die kleine südamerikanische Krankenschwester hat ihn eh gut versorgt. Er schreibt, halb so wild und spielt es runter. Typisch.«

»Was ist Arnold passiert?«, textete Martin an David und bekam nach ein paar Minuten nur ein genervtes Emoji zurück.

»Alles okay?«

Keine Antwort.

Martin fragte Steph, ob sie was von David und Arnold gehört habe. Sie las die Nachricht, aber antwortete nicht. Klar, wieso sollte sie auch was von David hören, ausgerechnet. David ging mit ihrem neuen Boyfriend ins Bett.

Schließlich versuchte er es direkt bei Arnold, obwohl er sich vorgenommen hatte, den Freund seines besten Freundes erstmal nicht mehr zu kontaktieren. Arnold ließ sich Zeit mit seiner Antwort. Stunden später kam sie: »Sers, alles gut, danke der Nachfrage. Nur eine Platzwunde im Gesicht. Und Schädelweh vom Saufen.«

»Es heißt, du bist überfallen worden.«

»Ich bin HINgefallen.«

»Kein Überfall? Bei Peter hat es sich nach homophober Attacke angehört.«

»Hab ich mir eingebildet. Nix passiert. Der 15. Bezirk ist mein Safe Space.«

»Okay mach's gut.«

Einerseits war Martin froh, dass bei Arnold wohl alles in Ordnung war, dass es keinen Überfall gegeben hatte. Was ihn jedoch beunruhigte, war die Tatsache, dass für sie alle so eine Attacke durchaus im Bereich des Vorstellbaren war. In einer Stadt, in der sie sich eigentlich immer sicher gefühlt hatten, von Leuten angegriffen zu werden, die sie hassten, weil sie schwul waren. Vielleicht war ihm auch nur so unbehaglich zumute, weil Martin spürte, dass gerade etwas kaputt ging, das ihm wichtiger war als alles andere: Freundschaft.

Er schenkte sich einen Kaffee ein, als auf seinem iPhone eine weitere Nachricht aufploppte. Ethan. In New York war Morgen. »FUCK YOU!«, schrieb er, in Großbuchstaben. Martin löschte Ethans Kontakt. Er zog eine Jacke an, nahm das Kaffeehäferl, ging raus auf die Veranda. Dann holte er den Spaten aus dem Schuppen und begann, im Nieselregen das Gemüsebeet umzugraben.

Ruf mich an, vielleicht

Es geschah auf einer Party in der TU, Monate vor Steph. Ben war frisch von seiner Freundin getrennt, die immer einen anderen aus ihm machen wollte. Er war frei. Trotzdem stellte sich das Leben solo stressiger heraus als gedacht, er hätte Zeit für sich gebraucht – und musste stattdessen jobben und lernen. Und er wohnte bei einem Kumpel auf dem Sofa. An diesem Abend war Ben wie meistens allein unterwegs. Es war Herbst, und Wien wurde wieder früh dunkel. Er hatte was getrunken, getanzt und ein Mädchen entdeckt. Sein Typ, sein Alter, große Augen, Undercut, Haartolle, die ihr immer wieder ins Gesicht fiel, wenn sie den Kopf im Rhythmus der Musik bewegte. Tanzend war er ihr nähergekommen vom anderen Ende des Dancefloors. Auch sie hatte ihn sofort gesehen, als er den Raum betrat, jetzt lächelte sie, lachte, warf die Tolle, was er sexy fand. An der Bar holten sie Nachschub, sprachen nicht, prosteten einander zu, tanzten weiter, küssten, was gut schmeckte, sie steckte ihm ihre Hand in den Mund, er lutschte an ihren dreckigen Fingern (was nicht so gut schmeckte) und er ging schließlich mit ihr nach Hause, Schulter an Schulter über den nächtlichen Karlsplatz, Gehbier dabei, Prost.

Sie wohnte im Dritten, also nicht weit weg, Botschaftsviertel, gediegener Altbau, Hochparterre, streicheln, küssen im Vorzimmer, Kleider runter, aufs Bett fallen ohne Licht anmachen, weiter streicheln, lecken, Ständer, zwei Ständer. Ben war es egal, dass das Mädchen ein Typ war, es fühlte sich gut an, er fühlte sich gut an. An ihm, in ihm drin, sein Schwanz in Ben drin. Dann gemeinsam heiß duschen, einseifen, abtrocknen, irgendeinen Scheiß aus dem Eiskasten fressen, einschlafen. Ben blieb nur diese eine Nacht. Er hatte noch nie große Lust gehabt, sich festzulegen. Alle mussten sich immer festlegen, wussten genau, ob sie Heteros oder Schwule waren, Top oder Bottom, aktiv oder passiv. Schnitzel oder vegan.

Bei Steph war es anders. Sie ließ ihn so sein, wie er war, wollte ihn nicht verändern, keinen anderen aus ihm machen. Er musste sich nicht entscheiden. Er war einfach bei ihr, und das war gut. Sie hatten beide ihren Freiraum. Er fragte nicht nach, wenn sie weg war, sie nervte nicht, wenn er manchmal tagelang nicht bei ihr zu Hause auftauchte.

Ben kam und ging, wann es ihm passte, kurz nachdem er sie getroffen hatte, gab ihm Steph bereits den Wohnungsschlüssel. Anfangs hatte er noch bei seiner Exfreundin Wäsche gewaschen. Er schlief auch manchmal dort, weil sie ohnehin für ein paar Monate verreist war. Manchmal, heimlich, übernachtete er auch im Hotel, in dem er jobbte – er wusste ja, wann welches Zimmer frei war, buchte sich ins System ein. Schließlich aber zog er bei Steph ein, wusch seine dreckigen Sachen bei ihr. Alles, was er besaß, passte in einen großen Rucksack, Laptop und ein paar Klamotten.

Er hatte mit diesem gutaussehenden Arzt eine kleine Affäre angefangen, von der ja niemand ahnen hatte können, dass sie publik würde. Er hatte Vorlesungen auf der TU besucht und irgendwann auch noch Zeit für eine Semesterarbeit gefunden. Ein paarmal hatte er Ketamin eingeworfen und wahrscheinlich Dinge getan, an die er sich nicht erinnern wollte. Konnte er sich auch nicht. Er hatte sogar ein Kind gezeugt. Jedenfalls indirekt. Bald würde er Vater sein. Und er hatte wieder begonnen, Klavier zu spielen, weil bei Steph eines im Vorzimmer rumstand. Er war geblieben.

Ben hatte Steph nie gefragt, wie alt sie eigentlich war. Oder er hatte sie gefragt und es wieder vergessen, weil es nicht wichtig war für ihn. Hauptsache, sie war da. Er kapierte auch nicht, womit genau sie ihr Geld verdiente, sie war Bloggerin, aber was war das für ein Beruf?

Er liebte sie, wie er noch nie einen Menschen geliebt hatte. Er mochte alles an ihr, ihre Zärtlichkeit, die sie oft versteckte, genau wie ihren riesengroßen Grant. Den sie niemals an ihm ausließ. Sie nannte ihn Liebie, wohl ihre Art zu sagen, dass sie ihn gern hatte. Die ersten Wochen, Monate waren da immer nur sie. Steph hatte so viele Freunde, Bekannte, Freunde-Freunde, sie traf eine Menge Leute in der Stadt, Ben bekam sie nicht zu Gesicht. Aber die Wohnung war voll mit Fotos, ihr Handy war voll mit Fotos von Typen, und ein paar kamen ihm auch bekannt vor.

»Was machst du denn da, Liebie?«, fragte sie einmal, als er mit ihrem Handy auf dem Sofa saß und ihre Alben durchscrollte.

»Ich schau mir dein Leben an.«

»Weiß nicht, ob das mein Leben ist, oder nur Fake.«

»Du feierst mit ihnen.«

»Sie bedeuten mir nichts.«

»Niemand von denen?«

»Okay, ein paar schon.«

Ben zog sie zu sich und öffnete die Kamera-App. »Lass uns ein Foto von uns machen.«

»Nein, nicht.« Steph wand sich aus der Umarmung.

»Was ist das Problem?«

»Ich habe Angst, dass es dann nicht mehr echt ist.«

Was natürlich quatsch war. Steph wusste das genauso gut wie Ben, der den Eindruck hatte, sie wollte ihn einfach nicht herzeigen. Bis zu dieser Hochzeit, zu der ihn die Lesben eingeladen hatten. Er hatte sich gefreut, Martin wiederzusehen. David, den Arzt mit dem eifersüchtigen Freund, Lena und

Rita, mit denen er das Kind gemacht hatte. Er wollte zu diesen Menschen dazugehören, aber offenbar herrschte da gerade Funkstille.

»Machen wir was mit Martin«, sagte er.

Martin. Steph hatte seit der Hochzeit nichts mehr von ihm gehört. Was übrigens an ihr lag: Sie hatte seine Anrufe einfach weggedrückt, seine Nachrichten nicht beantwortet und schließlich hatte er aufgehört, sie zu kontaktieren.

»Treffen wir Martin«, sagte Ben nochmal.

»Vielleicht.«

Er reichte ihr das Handy. »Ruf ihn an.«

»Später.«

Ein anderes Mal, es war endlich wärmer geworden und die Schlafzimmerfenster standen weit offen, lagen sie beide halbnackt auf dem Bett. Es war diese Situation vor dem Sex, die nur Menschen kennen, die bereits viele Male miteinander geschlafen hatten. Man konnte sich Zeit lassen, es langsam angehen, die erste aufgeregte Geilheit war vorbei, das Sich-gegenseitig-Entdecken. Jetzt kam der entspannte Teil. Sie kannten ihre Körper schon, wussten voneinander, wie sich was anfühlte und wie man sich anstellen musste, damit es gut wird. Oft schon hatte Steph die seltsamen verschlungenen Linien auf Bens Oberkörper betrachtet, die zu seiner zarten Gestalt einen gewissen Kontrast darstellten. Sie hatte ihn immer noch nicht gefragt, wieso er diese Tätowierungen hatte, was die Geschichte dahinter war. Weil sie nicht pushy sein wollte. Auch seine Lebensgeschichte hatte er ihr nur in Bruchstücken erzählt. Das Tattoo nahm sie als Teil von ihm wie sein schönes Bubengesicht, seinen Arsch, seinen Schwanz und seine Art zu sprechen. Oder seine grölende Stimme, wenn er am Klavier saß und sang.

Mit dem Zeigefinger, genauer mit dem blutrot lackierten Nagel ihres Zeigefingers, fuhr sie die Linien auf seinem Körper entlang, umkreiste seine winzigen Brustwarzen, über die einfach hinwegtätowiert worden war, gelangte zum Nabel und etwas tiefer, wo strohblondes Schamhaar aus einer lottrigen hellblauen Bubenunterhose wucherte, wieder hinauf zu seiner Halsschlagader, die gleichmäßig pochte. Es war schon mehr ein Kratzen als ein Streicheln, er lag auf dem Rücken, hatte die Augen geschlossen und genoss ihre Berührungen.

»Was bedeutet dein Tattoo?«

»Das sind bloß meine Gedanken.«

Immer noch waren seine Augen geschlossen. Sie schaute ihn an, fand seine Antwort einigermaßen blöde und unnötig bedeutungsvoll. »Was für Gedanken?«, wollte sie fragen, da entdeckte sie ein winziges Zucken seiner Mundwinkel. Und dann lachte es aus ihm heraus. Er schüttelte sich vor Lachen, und sie war glücklich, dass er ihr keinen pathetischen Scheiß aufgetischt hatte. Sie lachten beide aus vollem Hals, und die Frühlingssonne da draußen, die lachte auch.

Es war leicht, mit Ben zusammen zu sein.

Halt's Maul und tanz

Drei Wochen waren vergangen, seit sie die Hochzeit von Lena und Rita gecrashed hatten. Der Frühling veränderte die Stadt; was man unter anderem daran erkennen konnte, dass es schon ein paar unerträglich heiße Tage gegeben hatte, die Leute weniger, aber dafür umso hässlichere Klamotten trugen, und dass es in den öffentlichen Verkehrsmitteln nicht mehr nach nassem Hund und Mottenkugeln roch, sondern ungeduscht und nach Schweiß. Was das betraf, war Wien immer noch eine fürchterlich stillose Metropole. Wenn man lange genug da war, fiel einem das schon gar nicht mehr auf. Aber Ethan, Martins New Yorker Freund, genauer: sein Exfreund, hatte immer über den schlechten Geschmack der Wienerinnen und Wiener gelästert.

Weniger die Stillosigkeit der Fahrgäste, vielmehr der Gestank in den Öffis war mit ein Grund für Martin, wieder aufs Rad umzusteigen, wenn er ins Büro oder zu geschäftlichen Terminen musste. Privatleben hatte er nämlich gerade keines, Martin bemerkte das allerdings erst nach einiger Zeit – in der Arbeit war einfach zu viel zu tun, und auch sein Garten brauchte ihn.

Natürlich hatte Martin immer wieder auf Instagram geschaut, was seine Freunde so machten. Aber er hatte Steph, David und Arnold, Peter oder Lenarita jetzt echt schon sehr lang nicht mehr gesehen. Oder Ben, den er eigentlich gar nicht kannte. Zwar hatte sich die Sache mit Ethan mehr oder weniger von selbst geregelt, nur wie er sein Sololeben genießen könnte, Martin wusste es nicht. Abgesehen von der Zeit, die er für Flirts oder Aufrisse nicht hatte: Er hatte verlernt, zu flirten und wusste nicht mehr, wie Aufreißen geht. Ja, er hatte keine Ahnung, ob man »flirten« und »aufreißen« überhaupt noch sagte. Schnelle Geschichten interessierten ihn gerade nicht so. Dauerhafte aber ebenfalls nicht. Er wollte keinen neuen Freund, keine neue Beziehung, er wollte nur seine Freunde zurück. Die erste Traurigkeit darüber, dass sein Freundeskreis offenbar gerade nicht existierte, war schließlich einer Grundwut gewichen, einem Zustand, der ihm ganz und gar nicht taugte. Und der ihn hatte unrund werden lassen. Da konnte er im Garten noch so viel umgraben, ausrupfen, abschneiden.

Martin war unzufrieden und muffig. Er saß, kurze, aber nicht zu kurze Hosen, türkises Polo, er hätte fast als Konservativer durchgehen können, wenn auf seiner Baseballkappe nicht »FEMINIST« stünde, auf seinem Singlespeedrad und war ziemlich schnell unterwegs durch den Achten. Er musste ins Büro und war, wie neuerdings häufig, zu spät dran, und jetzt stand da auch noch diese blöde Kuh mitten auf der Straße. Beinahe hätte er sie über den Haufen gefahren. Dabei hatte er Grün, Grühün! Obwohl Martin in Eile war, beschimpfte er beim Ausweichen die Frau, ob sie deppert sei, sie hätte Rot. Er schämte sich selbst für diesen Ausbruch, konnte aber als Choleriker manchmal einfach nicht anders. Die Alte mit ihrer kecken »Ich möchte den Geschäftsführer sprechen«-Frisur war allerdings auch nicht viel besser. »Geh schwuler Depp, schleich dich«, schrie sie ihm hinterher. WTF!? Für eine boboangehauchte Desigual-Schnepfe aus der Josefstadt mit frecher Frisur war das ganz schön unerhört. Passte so gar nicht zu ihrem fröhlich-bunten Sommerkleid. Martin stoppte, fuhr die paar Meter zurück und brüllte mit seiner trotz Heiserkeit erstaunlich lauten Stimme und einem noch röteren Schädel, als er ihn eh schon besaß, die Frau an. »Du g'schissenes Arschloch!«

Schnappatmung auf beiden Seiten. Blitzschnell schossen Martin ein paar Dinge durch den Kopf: Hatte er sie gerade echt Arschloch genannt? Durfte man eine Frau überhaupt Arschloch nennen? Mit einer »FEMINIST«-Kappe auf dem Kopf. Vielleicht doch, wenn sie Desigual trug und »schwuler Depp« zu einem gesagt hat? Woher wusste sie überhaupt, dass er schwul war. Und: Hoffentlich hatte diese unschöne Szene niemand beobachtet, der ihn kannte. Das Büro war nicht weit entfernt, vielleicht waren Kollegen in der Nähe, oder die nette Bäckereiverkäuferin, bei der er jeden Tag seine Jause holte. Weil, seimasichehrlich, es war schon auch ein bisschen unwürdig für einen Mann Anfang fünfzig, sich so aufzuführen. Verstohlen sah er sich um, doch niemand schien von der Begebenheit Notiz genommen zu haben. Martin zeigte der Frau rasch noch den Mittelfinger, die dezente Variante des Arschlochbrüllens, und trat in die Pedale.

David, das wusste Martin, reagierte in solchen Situationen immer besonders ruhig. Vergangenen Sommer, es hatte schon vormittags über 30 Grad, war sein – hoffentlich noch – bester Freund zum Beispiel mit nacktem Oberkörper ins Spital geradelt, er sah eher aus, als käme er eben von einer Party. An einer Ampel brüllte ein Prolet völlig grundlos »woame Sau« aus dem Autofenster. David, der Konflikten eigentlich lieber aus dem Weg ging, stieg vom Rad und ging ganz nah zu dem Typen hin. Als er sah, dass auf der Rückbank ein Kleinkind in seinem Kindersitzchen saß, erklärte er dem Vater, er sei grad auf dem Weg zu einem anstrengenden Wochenenddienst auf der Notfallambulanz und er hoffe zwar sehr, dass die Situation nie käme. Aber. Er würde auch als »woame Sau« sein Kind gerne wieder zusammenflicken. Weil das sei nämlich sein Job als Arzt, und er mache diesen Job ausgesprochen gern. Das Kind, das könne schließlich nichts dafür, einen Vollidioten zum Vater zu haben. Alles mit seiner supersanften viennahispanischen Schnarrstimme und dem schönsten David-Lächeln. Der Typ schaute blöd, sagte nichts mehr und ließ das Fenster hochfahren. Martin war unglaublich stolz auf David gewesen, als er ihm später die Geschichte erzählte. Natürlich hätte er auch gerade so besonnen reagieren können. Nichts wäre eskaliert.

Aber sein Zorn brauchte ein Ventil. Während er sein Fahrrad ins Büro schob, fiel ihm ein, dass er gleich einen Termin mit dieser ihm unbekannten Architektin hatte. Was, wenn das die Frau war, mit der er sich drei Minuten zuvor ums Eck ein Schreiduell geliefert hatte? Er überlegte. Nein, das konnte nicht sein. Architektinnen würden niemals grellbunte Sommerkleider von Desigual tragen. Niemals. Und sie würden ihn auch nicht schwule Sau nennen.

Sein iPhone vibrierte.

Limonade

»Mäuschen, wir müssen reden«: Die Message war von David, das erste Lebenszeichen seit der Hochzeit. Mäuschen. Martin musste lachen. »Mäuschen, den musst du eine Nummer größer nehmen«, hatte vor ein paar Jahren mal ein Verkäufer bei American Apparel zu ihm gesagt und einen Sweater in XL aus dem Regal gefischt. Seither wusste Martin, dass er, erstens, eine Nummer breiter und, zweitens, vielleicht eine Spur zu alt für bunte Jungmenschenklamotten aus fairer US-Produktion geworden war. Und dass er, drittens, sicher kein Mäuschen sein wollte. Manchmal nannte ihn fortan David, dem er ganz aufgebracht die Geschichte erzählt hatte, trotzdem so. Dabei hatte er gehofft, dass ihm der blöde Name nicht hängenbleiben würde.

Don't mäuschen me! Martin hatte damals beschlossen, keinesfalls auf Jungmenschenklamotten zu verzichten und, in Bezug auf seine Körperbreite, mit David zum Crossfit-Training zu gehen. Zu der Zeit machten das viele in ihrem Bekanntenkreis, dann halt auch er. Beim Crossfit hatte er sich wirklich angestrengt, schwere Gewichte gestemmt, mit dem Vorschlaghammer auf Autoreifen geklopft, Liegestütze gemacht wie blöd und sich von Trainern herumkommandieren lassen und einen für seine Verhältnisse ganz ordentlichen Körper zusammenbekommen. Er war zufrieden gewesen, in seinem wahnsinnig hohen Alter noch ohne Ächzen und Stöhnen von der Liegeposition in die Aufrechte zu kommen. Nämlich dreißig Mal hintereinander, wenn es sein musste. Irgendwann wurde ihm das Ganze aber trotzdem zu viel Competition. Er mochte sich nicht mehr gegen die Jüngeren behaupten, erst recht nicht gegen David, der immer mehr Gewichte als er auf die Langhantelstange auflegte und in die Höhe stemmte. Tatsächlich spielten seine Knie auch nicht mehr mit. Obwohl ihm das Raue, Unmittelbare in der Crossfit-Box, einem spartanisch ausgestatteten Keller eines Hauses auf der Josefstädter Straße, wirklich entsprach. Obwohl es ihm gefiel, wie hier Frauen und Männer, junge und ein paar in seinem Alter gemeinsam auf ziemlich harte Art Sport machten. Obwohl ihm taugte, dass man dort mehrmals die Woche für eine Stunde so heftig trainierte, dass einem nichts anderes mehr durch den Kopf ging, als diese eine Stunde zu überleben. Und, ja eh, ihm gefielen auch ein paar der gut gebauten Kerle dort; im Sommer, wenn es sogar im Turnkeller unten heiß wurde, trainierten sie mit nacktem Oberkörper, schweißnass.

Er hatte sogar, wie es üblich war, ständig vom Crossfit gesprochen. Aber letztendlich musste Martin es sich eingestehen: Er war zu alt für den Scheiß. David lachte ihn aus, als er ihm das sagte, nannte ihn Opa und Memme. Er habe eh genug Bewegung, hatte Martin geantwortet. Er arbeitete viel draußen, ging regelmäßig in der Alten Donau schwimmen. Außerdem fuhr er doch meist mit dem Rad. Kurz vor seinem Fünfziger hatte er sich erst das Singlespeed gekauft, war mit dem neuen, chromblitzenden Teil bei David im Spital vorbeigefahren, hatte eine WhatsApp-Nachricht geschickt, komm mal kurz raus, und es ihm vorm Haupteingang stolz präsentiert: »Das ist mein Midlife-Crisis-Porsche.« David hatte gelacht, ihn darauf aufmerksam gemacht, dass das neue Rad keine Gangschaltung, ob es überhaupt Bremsen, und er ganz schön außer Atem. Aber genau darum ging es Martin ja. Kurz, er hatte wirklich ausreichend Bewegung. Zumindest im Sommer, das musste genügen.

Jetzt, wo David ihn wieder an die Mäuschenangelegenheit erinnert hatte, stellte Martin fest, dass er sich selbst vom

Markt der sexuellen Eitelkeiten genommen hatte. Zuerst war er natürlich gekränkt gewesen, dass der Verkäufer im hippen Kleidergeschäft ihn so blöd angeredet hatte. Dann war es ihm egal gewesen und schließlich hatte er es sogar kurios gefunden. Die Geschichte kam gut an. Gar nicht verwunderlich, dass American Apparel Pleite gegangen war, hahaha. Dass sein eigener Marktwert für ihn die Bedeutung verlor, kam nicht von einem Tag auf den anderen; der Prozess war eher schleichend. Er war nicht mehr angewiesen auf Anerkennung, positive Bemerkungen über sein Aussehen, seine Attraktivität, die Oberfläche. Solche Komplimente brauchte er nicht mehr. Weil, so abgedroschen es klang, wenn du älter bist, den Körper von damals nicht mehr hast, dann zählen innere Werte. Martin merkte plötzlich, dass sein Wissen, sein Humor, seine Freundschaft und nicht zuletzt sein Interesse an den Menschen in seiner Umgebung ebenso anziehend auf andere wirkten wie möglicherweise früher sein Aussehen. Der große, fesche, starke David würde auch noch draufkommen, in zehn, fünfzehn Jahren.

»Mäuschen«, hatte David also geschrieben, »wir müssen reden.« Natürlich freute sich Martin, und er würde jetzt keine Spielchen spielen, nicht auf Tauchstation gehen, ihn nicht warten lassen. Telefonieren war quatsch, reden bedeutete, einander zu treffen. »Bei dir oder bei mir?«, schrieb er zurück, und weil David Nachtdienst hatte, besuchte Martin ihn nach der Arbeit im Spital.

Früher hatte er den Freund regelmäßig im Dienst besucht. Er mochte es, an David, den er so gut kannte, neue Seiten zu entdecken. Er hatte den Wandel vom Medizinstudenten zum Arzt mitbekommen und fand es spannend, ihn in seinem Arbeitsumfeld zu sehen, den Doktor, der sich souverän durch die Ambulanz bewegte, mit den kleinen Patienten, Eltern, Kolleginnen sprach. Wenn es hektisch zuging, setzte sich Martin dann im Wartebereich so hin, dass er das Geschehen gut im Blick hatte. Ja, Martin sah David gerne zu und es berührte ihn, dass er sich selbst auch im professionellen Umfeld treu blieb. Er verstellte sich nicht, war authentisch. Heute aber gab es wenig zu tun. David holte ihn in der Eingangshalle ab und sie fuhren nach einer etwas krampfigen Begrüßung mit dem Lift in sein Dienstzimmer. Unterm offenen weißen Kittel trug David ein verwaschenes SpongeBob-Shirt. Früher hatte er sich manchmal im Dienst ein Superman-Cape über die Schultern gehängt, allerdings untersagte ihm das dann die Spitalsleitung, was Martin schade fand. Dazu trug David blaue Arzthosen und Crocs. Tatsächlich Crocs. Wahrscheinlich ist er der einzige Schwule auf der Welt, der die hässlichen Plastikdinger freiwillig anzieht, dachte Martin. Außerdem hatte David wieder Vollbart, die Schnauzerphase war offenbar vorüber, was Martin ein klein wenig bedauerte. »Du siehst aus wie ein Räuber«, sagte er, nachdem sie im Lift geschwiegen hatten. »Fürchten sich die Kinder nicht vor dir?«

»Die sollen ruhig ein bisschen Respekt haben.«

»Haben eh alle vor dir.«

»Hier im Spital schon.«

»Alles okay daheim?« Martin schaute ihn prüfend an. »Wie geht's Arnold?«

David schien zu freuen, dass Martin und sein Freund in den vergangenen Wochen auch keinen Kontakt gehabt hatten. Trotzdem fragte er nach. »Schreibt ihr euch nicht?«

Martin schüttelte den Kopf. »Nö.«

»Zurecht. Ist mein Freund, nicht deiner. Und du bist mein Freund, nicht seiner.«

Martin wusste, was David wurmte: In seinen Augen hatte Martin ihre Freundschaft verraten, indem er sich zu Arnolds Verbündetem machte, sich von Arnold seine Männergeschichten erzählen ließ, sie ihm aber nicht brühwarm weitertratschte. Arnold, berichtete David, habe sich eh rasch von dem Sturz erholt. Die kleine Narbe im Gesicht sollte ihn daran erinnern, nicht so viel zu saufen. Klang David etwa hart?

Über glänzend poliertes Linoleum gingen sie einen schlecht beleuchteten Gang an einer Reihe schmuckloser Dienstzimmertüren vorbei. Hinter welcher Tür David hauste, konnte man sofort erkennen. Sie war mit Aufklebern verziert, mit weißem Hansaplast hatte er seinen Namen und seinen ärztlichen Rang auf den dunkelgrünen Lack getaped.

David öffnete die Tür. Der kleine Raum wirkte unordentlich. Okay, das war untertrieben: Es herrschte das totale Chaos. Sportsachen, Laufschuhe, Klamotten, vier Paar Sneakers lagen herum, auf dem Tisch zwei Tabletts mit halb leergegessenen Nudelnmitirgendwas-Tellern, Kaffeehäferl, Trinkflaschen, leere Red-Bull-Dosen. Red-Bull-Dosen? Seit wann trank David so süßes Zeug? Das schmale Bett war ungemacht, eine gelb bezogene Decke lag zusammengeknüllt am oberen Ende der Matratze. Vielleicht wirkte Davids Zimmer auch nur in der sterilen, aufgeräumten Krankenhausumgebung wie der ärgste Sauhaufen. So würde er also ohne Arnold, ohne schickes Loft mit Putzfrau leben, überlegte Martin. Genau, es sah aus wie in Davids alter Wohnung, bevor er mit seinem peniblen Freund zusammengezogen war.

Vom Fenster aus hatte man einen schönen Blick auf die nächtliche Stadt. Mit einer Handbewegung bedeutete ihm David, auf dem Bett Platz zu nehmen, er selbst setzte sich auf den Bürosessel, der vor einem kleinen Schreibtisch mit Computer stand.

Martin machte es sich auf der Dienstpritsche bequem und schob sich dazu die gelbe Decke hinter den Rücken. »Du machst grad, als hätte ich dich mit Arnold betrogen.«

»Das hast du auch«, sagte David und hielt Martin eine Mineralwasserflasche hin, die er ablehnte.

»Ich habe ihn nicht gefickt.«

»Das andere war schlimmer. Hattest du eigentlich auch mit Stephs Neuem was?«

»Weil mit Ben scheint's die halbe Stadt? Nein.«

»Aber da lief doch was ...«

»Ich hab ihm zugehört«, sagte Martin. »Wie hast du ihn kennengelernt?«

Ben war das Bürschchen, das beim Barber vor David dran gewesen war. Der Junge hatte sich David ausgesucht, ihm heimlich einen Zettel mit seiner Handynummer in die Jacke geschoben. David war neugierig, schrieb eine SMS und sie trafen sich ein paar Mal.

»Ich habe nicht gewusst, dass er mit Steph zusammen ist ...«

Das Diensttelefon auf dem Schreibtisch klingelte, David hob den Hörer ab, offenbar ein Notfall. Er besprach irgendwas Medizinisches und legte dann auf. »Wird länger dauern. Aber du kannst gerne noch bleiben«, sagte er und erhob sich.

Er ging zur Tür, kam dann nochmal zu Martin zurück, der ebenfalls aufgestanden war, und umarmte ihn so fest, dass dieser glaubte, seine Rippen knacksen zu hören. Wieder klingelte das Telefon, David verließ den Raum. Großer, starker David. Sein David.

Martins Herz klopfte vor Freude. Er sah sich im Dienstzimmer um. Die Schreibtischlampe machte ein angenehmes, gedämpftes Licht, das Chaos wirkte plötzlich ganz heimelig. An die Tür seines Spindes hatte David Fotos geklebt. Ein Foto seiner Mutter, eines von sich selbst, eines mit Arnold, Bilder von Leuten in Spitalskleidung, wahrscheinlich Kolleginnen. Schließlich entdeckte Martin auch ein Foto, das David vor ein paar Jahren von ihm gemacht hatte. Mit Filzstift hatte David »Mäuschen« drauf geschrieben, die Ä-Punkte waren Herzen. Erst jetzt merkte Martin, dass die ganze Zeit Musik aus seinem iPhone kam. Leise, ganz leise war Beyoncés aktuelles Album »Lemonade« zu hören. »Get a bigger smile on my face, being alone«, sang Queen B. Martin stoppte die Musik, legte sich auf das schmale Bett und schaute an die Decke, an die David mit Verbandstape noch ein großes Herz geklebt hatte. Martin schloss die Augen. Hatte David hier mit Ben?

Draußen vor dem Fenster konnte Martin das Rattern eines Rettungshubschraubers hören. Alles würde gut.

Unbürgerliche Rhapsodie

»Wenn du dich jetzt ganz ausziehst, wär's noch besser.« Alice, die den Karaoke-Abend im Marea Alta moderierte, war gnadenlos und ziemlich in Fahrt. Kurz vorher hatte sie drei junge Lesben von der Bühne gescheucht, die sich an einem schlimmen Boyband-Hit aus den Neunzigern abarbeiteten. Eigentlich stand das Trio bloß so rum und tänzelte ein wenig zu den Backstreet Boys. Der Saal tobte trotzdem. »Waren die drei damals überhaupt schon auf der Welt?«, hatte Peter Arnold gefragt. Und jetzt beanspruchte also dieser sehr behaarte Herr mit nacktem Oberkörper die Bühne für sich, schaute angestrengt und machte Geräusche, die entfernt nach Queens »Bohemian Rhapsody« klangen. »Ausziehen, ausziehen«, riefen ein paar, und die strenge Alice wiederholte ihre Aufforderung: »Wenn du nicht gleich die Hose runterlässt, zieh ich den Stecker.« Der Bär knöpfte seine Jeans auf, »Mama mia, mama mia, mama mia, let me go«, kreischte das Publikum.

Anders als in den spießigen Karaoke-Lokalen, wo für gewöhnlich ehrgeizgetriebene Wannabes versuchten, einen glanzvollen Auftritt hinzulegen, waren die Karaoke-Abende im Marea ein großer Spaß für alle. Jeder traute sich zu singen (oder zumindest auf die Bühne zu gehen), das Publikum grölte mit und war oft sogar lauter als diejenigen, die das Mikrofon in der Hand hielten. Die Musikauswahl war trashig, aber besser als in den Karaoke-Bars, meistens jedenfalls. Whitney Houston bestellte hier niemand. Und von Mariah Carey wünschte man sich auch nur das Weihnachtslied, das irrerweise gerade zum Ganzjahres-Hit geworden war: »All I want for Christmas is you.« Aus Ironiegründen, versteht sich.

»Singt jetzt noch mal einer was von den Spice Girls, dann fackel ich den Laden ab«, sagte Peter zu Arnold und verschwand Richtung Klo. Sie waren nur zu zweit unterwegs, David hatte Dienst und mit Martin herrschte ja gerade Funkstille. Arnold schob sich durch die Menschenmenge zur Bar, um zwei Flaschen Bier zu holen. Schon wieder machte jemand einen depperten Harry-Potter-Witz: Die Wunde auf seiner Stirn war zwar gut verheilt, aber immer noch sichtbar. Dabei hatte ihm David doch extra diese Spezialsalbe besorgt. Nein, Arnold war nicht mit »seinem Besen« da und, nein, es dürfte auch sonst keiner auf »seinem Besen« reiten. WTF!?

»Auf dem Häusl hat jemand ›Stadt stellt Fragen‹ an die Wand geschrieben«, sagte Peter, als er vom Klo zurückkam. Offenbar gab es von dort nichts Aufregenderes zu berichten.

»Wenn das hier die Antwort ist, möchte ich die Frage ja lieber nicht wissen.« Arnold reichte ihm sein Bier und machte mit dem Kopf eine Bewegung Richtung Bühne, auf der eine Frau und ein Typ gerade inbrünstig Madonna interpretierten.

»Wieso? Ist doch gar nicht so schlecht.«

»Die wirken auf mich beide nicht so, als wären sie Jungfrauen, ›touched for the very first time‹«, lästerte Arnold. »Lass uns auch mal was singen.«

»Ich hoffe, du hast deine Stripperklamotten dabei, Alice schaut eh schon dauernd zu uns her.«

»Ich hoffe, du trägst saubere Unterwäsche.«

Und wenige Augenblicke später standen Peter und Arnold selbst auf der Bühne oben und sangen was von Cher. Zumindest probierten sie es.

Sie wählten einen Song aus, von dem sie glaubten, ihn supergut zu kennen. Tatsächlich hatten sie keine Ahnung, wie der Text ging. Sie kannten maximal den Refrain. Solo war das Ganze sowieso anstrengend, zu zweit oder in der Gruppe ging es leichter – man hatte jemanden zum Festhalten, wer sich nicht ganz sicher war, schaute einfach, was die anderen taten.

Bei den Strophen strauchelten sie nämlich immer, manchmal waren sie regelrecht überrascht, was da unten auf dem Monitor alles stand. Sie wussten nicht, was als nächstes kam und wie sie den Text mit der Melodie zusammenbringen sollten, wo die ganzen Lyrics unterkriegen. Sie scheiterten grandios. Aber zum Glück kam dann gleich wieder der Refrain. Da fühlten sie sich sicher und brüllten lauthals mit: »If I could turn back time …« Im Prinzip verlief ihr ganzes Leben wie ein Karaoke-Abend: Wer den Text nicht wusste, sang irgendwas, Hauptsache, nicht aufhören zu singen. Weil die Musik immer weiterging.

Jedenfalls so lange, bis Alice den Stecker zog. Die Darbietung von Peter und Arnold mochte sie wohl. Auf der Bühne waren die beiden ohnehin hauptsächlich damit beschäftigt, ein Selfie von sich anzufertigen. Arnold, der sich nicht lang hatte bitten lassen und sein Oberteil schon ausgezogen und ins Publikum geschmissen hatte, hielt in der einen Hand sein iPhone, in der anderen das Mikrofon, Peter nahm seine Starpose ein und Minuten später hatte das Foto über zweihundert Likes. Auf Instagram konnte man glücklicherweise nicht hören, wie schlecht die beiden sangen. Ja, sie hatten Spaß.

Ein paar Stunden und einige Biere später hockten zwei etwas derangierte Karaoke-Sänger, Stars auf Instagram, im Whirlpool auf Arnolds und Davids Terrasse. Sie ließen sich warmes Wasser um ihre nackten Hintern blubbern, tranken

Prosecco, schauten in den schwarzen Wiener Nachthimmel und hatten immer noch Chers »Turn back time« im Ohr. Plötzlich sprang Arnold auf, holte eine Gießkanne, tauchte sie direkt neben Peter tief ins Wasser und goss den Lavendelstrauch, dessen Äste schon ganz trocken waren. Er murmelte etwas von »fast vergessen« und glitt zurück ins Sprudelbad.

Peter deutete auf ein Licht am Himmel, das sich rasant bewegte: »Da, ist das ein Komet?«

»Nein, bloß ein Flugzeug.«

»Oder ein Satellit.«

Schweigen.

»Wir haben gar nichts von Blümchen gesungen.«

»Wir werden alt.«

Vogel, freigelassen

»Kaffeetschi?« Stephs Nachricht erwischte Martin unvermittelt. Er wartete am Ring beim Burggarten, dass die Ampel Grün wurde, und dachte darüber nach, dass er genau hier, als die Passage noch eine Fußgängerunterführung mit öffentlichen Toiletten war und keine Schnöseldisco, dass er genau hier vor hundert Jahren einmal das WC benutzt und nicht gewusst hatte, dass sich dort Schwule zum Sex trafen. Damals war er frisch nach Wien gekommen und kannte sich noch nicht so gut aus. Neben ihm am Pissoir stand ein sehr populärer Schlagersänger im grünen Lodenmantel, ein grünes Lodenhütchen auf dem Kopf, und schaute ihm geifernd auf den Schwanz. Martin fand die Situation eklig und sah zu, dass er das Häusl verließ.

Er schaute auf sein iPhone. »Kaffeetschi« hatte Steph geschrieben, der Wiener Ausdruck für einen kleinen Kaffeetratsch. In ihrem Fall stand »Kaffeetschi« aber auch für Kaffee und Tschick, Zigaretten. Seit vielen Jahren war das ihr gemeinsamer Code, wenn es etwas zu besprechen gab, was Wichtiges, das nicht am Telefon oder per Mail ging. Auch als Martin längst nicht mehr rauchte, als man in Lokalen nicht mehr rauchen durfte, traf er Steph dann in einem Kaffeehaus. Meist war es dringend, manchmal auch bloß die Sehnsucht nacheinander. Er hatte schon länger nichts mehr von Steph gehört, und jetzt hatte sie also »Kaffeetschi?« getextet. Das erste Lebenszeichen nach dem Eklat, vielleicht nicht gleich antworten, kurz warten. Aber er war ja kein Teenagermädchen. Statt zurückzuschreiben, drückte er auf ihre Nummer und rief sie an. Nach nur einem Läuten war sie dran. Beziehungsweise Martin hörte eine schrille Frauenstimme, die »Ja, gib's mir!« plärrte.

Er hatte früher oft mit Steph telefoniert, wenn sie daheim war. Ihm war gleich klar, dass die schrille Stimme nicht seiner Freundin gehörte, sondern einer der Frauen, die im Callcenter in ihrem Hinterhof arbeiteten, bei einer Telefonsexagentur, die sie wahrscheinlich mies bezahlte.

»Was ist denn bei dir los?«, fragte er trotzdem.

»›Gib's mir‹ – wer glaubt denn sowas?« Anfangs, wenn er Steph daheim besucht hatte, musste Martin über das kuriose Gestöhne, das durchs geöffnete Küchenfenster drang, noch lachen. Er fand es lustig, dass die rundliche Mittsechzigerin, die er manchmal im Stiegenhaus traf, die herbe Telefon-Domina spielte, während Steph sich die Nägel lackierte und er sich ein Brot schmierte. Vom Fenster aus beobachtete er dann, was in dem Büro vor sich ging. Ältere Frauen mit Headsets, die ganz alltägliche Dinge taten, Zeitung lasen oder Kreuzworträtsel lösten und dabei theatralisch vor sich hin stöhnten. Eine Zeitlang arbeiteten da unten auch Männer, Spießertypen mit Halbglatze, die sich wahrscheinlich als notgeile Gayboys ausgaben. Es war wirklich bizarr.

»Das Fenster ist offen«, sagte Steph. Er konnte hören, wie sie an ihrer Tschick zog.

»Alles gut?«

»Bei mir schon. Ben ist in das alte WG-Zimmer von Ursula gezogen, weißt eh der Musikerin.«

»Die Rumpelkammer?«

»Genau, das Gästezimmer. Wir sind schon fast wie ein altes Ehepaar.«

Martin fand ihr Gespräch etwas seltsam. Schließlich hatten sie wochenlang nicht miteinander gesprochen, sie hatte seine Anrufe weggedrückt und er wusste eigentlich gar nicht genau, was Sache war. Immerhin: Sie schien schnappig, aber nicht unglücklich zu sein.

»Und bei dir?«, fragte sie, und fast wollte er beginnen, ihr vom Garten zu erzählen. Was blühte, was weg musste, wie wacker sich die Jungpflanzen hielten. Wenn man einen Garten hat, muss man nicht über den anderen Quatsch reden, das Alter oder Krankheiten.

»Ich habe David getroffen«, sagte er stattdessen, und im selben Moment fiel ihm ein, dass David nicht gerade ihr Lieblingsthema war.

Zu spät. »Schön für dich«, ätzte sie. Oida, wieso hatte sie ihn überhaupt kontaktiert?

»Gehen wir auf einen Kaffeetschi?«, versuchte er, das Telefonat anzuschieben.

»Ben will dich sehen.«

Das war es also, sie sollte nun wohl ein Treffen zu dritt organisieren und hatte gar keine Lust.

»Gerne«, sagte Martin. Er war sich gar nicht sicher, ob das stimmte. Sie war echt patzig zu ihm. »Magst du mich auch sehen?«

Schweigen.

»Bist du noch dran?« Blöde Frage, im Hintergrund hörte er ja die Telefonsexgeräusche. Pause. Langsam nervte ihn dieses Telefonat.

»Ich geb dir mal Ben.«

Das Gespräch mit Stephs Freund war noch abgedrehter. Martin und er kannten sich ja gar nicht, abgesehen von dem Abend auf der Treppe im Marea Alta. Ben erzählte von der Uni, dass er das Klavier in Stephs Vorzimmer hatte stimmen lassen. Martin wusste nicht einmal, dass der Junge Musiker war. »Ich würde dich gerne wiedersehen«, sagte Ben schließlich. »Steph übrigens auch.«

Jetzt war es raus. Er hatte für sie gesprochen, was eigentlich gegen Stephs Prinzipien verstieß.

»Gib sie mir nochmal«, sagte Martin. Irgendwie hatten sie vor lauter Kommunizieren auf allen Kanälen verlernt, ganz normale Telefongespräche zu führen. Telefonierte man überhaupt noch, außer wenn man bei einer Beschwerdehotline oder seinen betagten Eltern anrief? Ihre Konversation stockte wie ein Telefonat mit Verwandten in den Achtzigern, verlief irgendwie holprig, stoppte, und jetzt quatschte auch noch Ben dazwischen. Er musste ihr das Handy zurückgegeben haben. Martin hörte sie wieder ausatmen. Sie rauchte wie ein Schlot.

»Schön, von dir zu hören.« Martin versuchte es mit einem Scherz. Er stellte sich vor, dass sie jetzt hoffentlich grinsen musste und ärgerte sich, dass er sich nicht mit Facetime bei ihr gemeldet hatte. Dann hätte er sie wenigstens sehen können. Sie und Ben. Der dürfte nun am Klavier sitzen, das Gestöhne wurde von Klaviermusik übertönt. Es klang ein bisschen nach »Bird Set Free« von Sia.

»Wir feiern am Samstag Bens Geburtstag mit einem Picknick im Lainzer Tiergarten, Wiener Blick. Komm mit!« Musste sie sich zusammenreißen oder klang ihre Stimme tatsächlich schon fröhlicher?

»Wie alt wird er?«

Steph schien zu überlegen. »Wie alt wirst du?«, rief sie schließlich in den Klavierlärm. Die Antwort konnte Martin am Handy nicht verstehen. Er war überrascht. Erstaunlich, aber sie hatte ihn offenbar nie nach seinem Alter gefragt.

»Vierundzwanzig, kommst du trotzdem?«

Und Martin sagte ja.

Die Pop-Kinder

»Wann sind wir denn endlich oben?« Steph, Ben und Martin gingen nun schon eine ganze Weile durch den Wald, der Weg war steil, die Luft schwül, alle drei hatten sie schweres Gepäck dabei, sie waren viel zu warm angezogen und kamen ganz schön ins Schwitzen. Ben wurde langsam ungeduldig.

»Der nächste Hügel ist der letzte.« Martin wusste, dass das gelogen war, er versprach es Ben trotzdem als kleine Motivationshilfe. Obwohl der Wiener Westen nicht ganz in seiner Nachbarschaft lag, war er schon so oft im Lainzer Tiergarten gewesen, die letzten Jahre auch immer wieder mit David und Arnold, dass er sich hier auskannte. Er mochte diese Ausläufer des Wienerwaldes, wo trotz der Nähe zur Stadt seltsamerweise nie wirklich so viele Leute waren. Die Bezeichnung Tiergarten war irreführend für das riesige, von einer hohen steinernen Mauer umgebene Waldgebiet. Frei lebende Wildschweine stellten hier die einzige tierische Attraktion dar. Beim Nikolaitor hatten die drei den Tiergarten durch eine hölzerne Eingangstür betreten, hatten den Parkwächter gegrüßt und nun gingen sie schon sicher seit einer halben Stunde die breite Forststraße steil bergauf, vorbei an uralten Buchen. Trotz des frühsommerlichen Wetters waren kaum Spaziergänger unterwegs, manchmal begegneten ihnen ambitionierte Menschen mit Nordic-Walking-Stöcken. Das Trio schleppte Picknickdecken mit, Essen und sogar Prosecco, der hoffentlich noch kühl sein würde, wenn sie ihr Ziel erreichten. Erst oben wollten sie auf Bens Geburtstag anstoßen.

Als sie auf dem Hügel ankamen, machte Ben ein enttäuschtes Gesicht. »Oida, da geht es schon wieder bergab und dann kommt noch ein Berg?« Oida. Er sprach schon wie Steph, dachte Martin. Er wunderte sich, überhaupt die Einladung zu diesem seltsamen Ausflug angenommen zu haben. Nach all dem, was geschehen war. Aber er freute sich auch über die Annäherung auf neutralem Gebiet, wie Steph es formuliert hatte. Es war das erste Treffen mit ihr seit dieser Hochzeit, Ben hatte er überhaupt erst zwei Mal gesehen. Und offenbar wurden zu diesem Geburtstagspicknick auch keine weiteren Gäste erwartet. Hatte der Junge keine Freunde?

»Das ist der letzte Anstieg, versprochen.« Martin wischte sich den Schweiß von der Stirn. Sein Hemd war nass. Steph hatte ihn gezwungen, seine wollene Knickerbocker und die warmen Stutzen anzuziehen. Früher hatte er diese Strecke nicht als so anstrengend empfunden. Das Alter? Schließlich schob er die Tatsache, dass sich ihr Waldspaziergang mit der kleinen Steigung fast schon wie eine Bergwanderung anfühlte, auf das Gepäck, das sie mit sich führten. Das ganze Essen, die Getränke, das Geschirr. Und alles bloß für sie drei, ein Wahnsinn! Ben war maulig wie ein kleines Kind, eh lieb, aber halt auch ein bisschen nervig. Wie diese Bälger, die bei langen Autofahrten alle fünf Minuten fragen, wann man endlich »da« sei. Was antwortete man da? Gleich? Trotzdem erfüllte es ihn auch mit Genugtuung, dass der Junge mit seinen vierundzwanzig Jahren ganz schön außer Atem war. Ben hatte sich, nicht ganz passend für einen Waldspaziergang, ebenfalls in Schale geworfen. Sicher auf Stephs Betreiben trug er ein – inzwischen fast bis zum Bauchnabel aufgeknöpftes, man konnte seine Tätowierungen sehen – weißes Hemd, schwarze Schnürlsamthosen und Lederschuhe. Sein blondes Haar quoll unter einem Strohhut hervor, der Steph gehörte.

Sie selbst trug zu ihrem rostroten Rock eine blauweiß gestreifte Rüschenbluse, Sakko und Hut mit weiter Krempe, ein typisches Steph-Outfit im Stil der Fünfzigerjahre. Nur ihre braunen Goretex-Wanderstiefel wirkten etwas unpassend. Sie zog, ebenfalls nicht ganz stilgerecht, einen grün-blau karierten Einkaufstrolley hinter sich her. Munter sprangen die beiden Gummireifen über Steine und Wurzeln. Steph hatte nicht viel gesprochen, seit sie losgegangen waren. »Ich glaube dir kein Wort«, japste sie nun und zerrte an ihrem Wägelchen. »Du hast vorhin schon gesagt, dass wir gleich da sind.«

Die nächste, die jammert! »Es kann sich wirklich nur noch um Stunden handeln«, sagte Martin und kam sich vor wie bei einem Familienausflug. Sie sahen aus wie eine spießige Familie aus den Fünfzigerjahren: Mutter, Vater, Kind. Oder eher: Teenager.

Fünf Minuten später bogen sie von der Forststraße links in einen schmalen Pfad ein, gelangten auf eine Lichtung, hinter der sich eine saftig grüne Blumenwiese auftat, die sie nur noch zu überqueren hatten. Wegen einer Wildsau mit ihren Frischlingen, die ausgerechnet dort auf dem Weg herumstanden, wo sie vorbei wollten, mussten sie dann doch noch einen kleinen Umweg machen. »Wie süß«, rief Ben. Steph konnte ihn gerade noch davon abhalten, direkt zu der Wildschweinfamilie zu gehen. »Liebie, nicht!«, rief sie, »Schweinemütter können ganz schön aggressiv werden.«

»Nicht nur Schweinemütter«, sagte Martin, und alle drei lachten. Sie liefen quer über die Wiese, Stephs Einkaufstrolley machte glücklicherweise nicht schlapp, und dann sahen sie da das Picknickplätzchen mit Tischen und Bänken und einem Wahnsinnsblick runter auf die Stadt. »Na«, machte Martin, »habe ich euch zu viel versprochen?«

Allerdings saß dort bereits jemand, was die drei Ankömmlinge nicht sonderlich freute. Beim Näherkommen allerdings stellte sich heraus, dass es Lena und Rita waren, die da saßen. Sie hatten ebenfalls einen Picknickkorb dabei. Große

Wiedersehensfreude, obwohl Martin Lena und Rita trotz deren Beteuerungen nicht glaubten, dass sie bloß zufällig da waren. Steph packte mal wieder ihre »Es gibt nur Zufälle«-Theorie aus, Geherze und Umarme, gut schaut ihr aus. Alles schien verziehen.

Rita wirkte wirklich schon sehr schwanger. Selbst wenn sie nicht dauernd die Hände auf ihrem Bauch abgelegt und dazu ein zufriedenes Gesicht gemacht hätte, wäre alles klar gewesen. Obwohl der Boden ein bisschen feucht war, breiteten Steph und Martin im Schatten eines Baumes ihre Picknickdecken aus, stellten Tupperschüsseln mit Nudelsalat, Mozzarellaparadeiser und Taboulé ab, dazu Geschirr, Plastikbecher.

Der erste Prosecco wurde aus der Kühltasche in Stephs Wagerl geholt. Erstaunlicherweise war die Flasche kalt geblieben. Steph drehte am Verschluss herum und gab dem Korken mit dem Daumen einen kleinen Schubs, dass er mit einem lauten Knall in die Höhe sauste. Fast der komplette Inhalt der Flasche ergoss sich über das Gras, alle johlten. »Wir haben ihn zu sehr geschüttelt«, sagte Ben im Tonfall eines Weinkenners und holte eine neue Flasche. »Vielleicht warten wir besser ein paar Minuten.«

»Es muss was Magisches sein«, sagte Martin, der gerade dabei war, eine Gurke für ihre Gin-Tonics in Streifen zu schneiden. Steph, Ben, Rita und Lena sahen ihn an, als ob er jetzt übergeschnappt sei. Mit der Gurke deutete er in die Richtung, aus der sie vor zwanzig Minuten selbst gekommen waren. Am Waldrand sah man drei Figuren, die sich ihnen näherten. »Sie fühlen sich vom Geräusch knallender Proseccokorken einfach magisch angezogen.« Nun erkannten auch die anderen, dass es sich bei den Ankömmlingen um David, Arnold und Peter handelte. Alle drei in ziemlich knappen Höschen und engen Muskel-Shirts, also eher over- oder underdressed für den Wald, jedenfalls ziemlich unpassend. Die drei sahen aus wie Gymheads oder vielmehr Gogoboys, die sich auf dem Weg zur CSD-Parade verlaufen hatten. Peter trug dazu noch einen roten Cowboyhut, die anderen ihre Basecaps. Auch sie schleppten offenbar schweres Picknickgeschütz.

»Komm mir nicht zu nahe, ich hab Magen-Darm, mein Arschloch brennt wie blöd.« Typisch Peter, immer ein bisschen provozieren.

»Schöne Begrüßung!« Martin war den Neuankömmlingen entgegengelaufen. Glücklicherweise sah Peter nicht krank aus. Herr Richter würde wahrscheinlich analysieren, dass er mit seinen Bemerkungen versuchte, sich angesichts der vielen Kerle möglichst unattraktiv darzustellen.

Aber Herr Richter kannte Peter nicht. »Heute fühl ich mich halt einfach zu hässlich, um schwul zu sein.«

»Solange es nichts Sexuelles ist.« Martin küsste ihn und die beiden Jungs zur Begrüßung.

»Ist das eine Einminuten-Skulptur oder freust du dich, mich zu sehen?« Peter schien ziemlich in Form zu sein. Er zeigte auf die Gurke, die sich Martin in die Hosentasche gesteckt hatte, um beide Hände für Umarmungen frei zu haben.

Martin haute ihm mit der Gurke auf den Kopf. »Seid ihr nur zufällig hier oder wolltet ihr uns sehen?«

»Reiner Zufall«, sagte Arnold, der inzwischen erkennen konnte, wer da noch alles beim Picknickplatz wartete. Martin glaubte ihm aufs Wort.

Stephs Gesicht hatte, als sie David und die anderen kommen sah, plötzlich rote Hektikflecken bekommen. Ben beobachtete seine Freundin und beschloss, die brenzlige Situation, die sich hier abzeichnete, etwas zu entspannen. »Es gibt nur Zufälle«, sagte nun er und grinste frech. »Deine eigene Theorie!« Aber Steph hatte offenbar an sich und dem Problem, das sie mit David hatte, gearbeitet. Ein paar Therapiestunden bei Herrn Richter schienen dafür draufgegangen zu sein. Als die drei nämlich mit Martin bei den restlichen Picknickern ankamen und das große Hallo startete, ging sie betont lässig auf David zu und drückte ihm einen dicken Schmatz direkt in sein bärtiges Gesicht. Martin, der das Ganze skeptisch beobachtet hatte, dachte kurz über das Aggressionspotenzial dieses Kusses nach. Aber da war nichts Aggressives. Er war überrascht, offenbar war das Verhältnis zwischen Steph und Ben mittlerweile so fest, dass auch Davids Anwesenheit keine Bedrohung mehr darstellte. Ben und David begrüßten einander betont beiläufig, aber man sah dem Jungen an, wie er sich freute.

»Wow, der Boden ist so weich wie die dicken Teppiche der Luxushotels in Las Vegas!« Peter warf sich mitten auf eine der ausgelegten Decken und machte einen auf Stadtkind. Ausgerechnet er. »Spielt jemand Fußball?«, fragte er und zog einen Ball aus seinem Rucksack. Lena schien als Einzige Interesse zu haben. »Später vielleicht.«

Arnold packte aus, was sie – übrigens ebenfalls schwitzend und schnaufend – den Berg hinaufgeschleppt hatten, Picknickdecken wurden zusammengelegt, das Buffet um einige Köstlichkeiten erweitert. Noch mehr Salate, Brot vom Joseph, Butter und Käse vom hotten Vorarlberger Käsehändler, Würste, hartgekochte Eier, ganz frischer Marillenkuchen, den David gemacht hatte, eine Thermoskanne Milchkaffee und – was sonst? – Prosecco.

»Und wer denkt an mich?«, jammerte die sehr schwangere Rita.

Ben öffnete seinen Rucksack und präsentierte ihr ein ganzes Sortiment bunter Szenelimonaden. Rita strahlte. »Du bist der beste Vater von allen.«

Sie, man konnte es nicht anders sagen, fraßen sich satt. Viel zu viel Essen war da, Trinken auch, und sie schlugen sich die Bäuche voll. Sogar David, der doch früher immer streng darauf geachtet hatte, was er zu sich nahm, langte zu. Sie stießen mit bunten Plastikbechern auf Ben an – die anderen hatten übrigens wirklich keine Ahnung, dass er heute Geburtstag hatte –, und mit jeder Flasche Prosecco wuchs das Gefühl, zur richtigen Zeit am richtigen Ort zu sein. Für den Moment war alles stimmig, und eine große Zufriedenheit machte sich breit. Sie waren ausgelassen, vielleicht auch ein bisschen überdreht. Ach, es war der beste Tag der Welt.

»Colby Keller hat total abgekaute Fingernägel. Wie Elijah Wood in ›Herr der Ringe‹.« Schwule Pornostars: Peters Lieblingsthema. Ganz besonders Colby Keller, ein Amerikaner, der neben Hardcorefilmen auch noch Kunst produzierte und für Vivienne Westwood modelte.

Sogar Rita konnte plötzlich mitreden. »Schön, dass dir das auch auffällt. Ich hab damals bei den Großaufnahmen überhaupt nicht mehr hinschauen können.«

»Wo schaust du denn dann hin?«

»Auf den Ring natürlich!«

»Bei Schwulenpornos?«

»Herrgott, bei ›Herr der Ringe‹. Ach so, haha!« Sie hatte es endlich kapiert.

»Bei Pornos schau ich auf den Cockring«, sagte nun Ben mit einem prüfenden Blick Richtung Steph, die zufrieden eine Wurst aß. Ihr schien es gerade sowas von wurscht zu sein, dass ihr Freund von Schwulenpornos sprach.

Martin pflückte ein paar Ameisen vom letzten Stück Marillenkuchen. Die Viecher waren gerade dabei, über die Reste des Essens herzufallen.

»Bei ›Kommissar Rex‹ habe ich nicht aufhören können, auf die Beule in der Hose des Kommissars zu achten, da war die Kamera dauernd auf Schritt- und Schäferhundhöhe.«

»Ja, aber richtig scharf war das nur bei Gedeon Burkhard«, fand Peter.

»Wie alt warst du damals? Sieben?«

»Es ist mir halt trotzdem schon aufgefallen. War Kommissar Rex eigentlich Top oder Bottom?«

»Powerbottom«, sagte Steph und ärgerte sich kurz. Sie wollte bei diesem fetzendepperten Gaytalk eigentlich nicht mehr mitmachen, konnte aber nicht anders.

David wurde philosophisch. »Unsere kleine Welt lässt sich sowieso nicht mehr in Ficker und Gefickte einteilen.«

Peter fand den Satz unerhört. »Eure kleine Welt vielleicht nicht. Aber die große Welt da draußen schon. Schaut euch an, was in Amerika passiert, im Nahen Osten oder in Russland.«

»Summer is coming«, sagte Arnold, um endlich auch mal etwas zu sagen. Und dann überlegten alle, was sie im Sommer machen würden. Was sie endlich wieder machen würden.

Sie würden küssen ohne Angst vor Erkältungsviren.

Sie hätten wieder Dreck unter den Fingernägeln von der Gartenarbeit.

Sie könnten nachts in die Alte Donau hüpfen und im öligschwarzen Wasser schwimmen.

Sie hätten schmutzigen Grindr-Sex in Hinterhöfen oder im Park.

Sie würden wieder Kleider tragen und keine Unterhosen drunter.

Sie wären wieder neidisch auf die Frauen, die Röcke tragen dürfen.

Mit nichts drunter!

Ich habe im Sommer oft auch keine Unterhosen drunter an!

An Straßenbahnen würden wieder Regenbogenfähnchen im Fahrtwind flattern, wenn CSD-Parade ist.

Sie würden tanzen und erst vormittags heimkommen.

Sie würden Zwetschgen ernten und Marmelade kochen.

Sie würden durch Sommergewitter radeln.

Die Stadt würde nach Süden riechen.

In Martins Garten würde es das Sommerfest geben.

Sie würden wegfahren, ans Meer, endlich wieder ans Meer.

Oder nach Schweden, dort ist es nicht so heiß!

Frauen-Fußball-EM wäre.

Sie bekämen ein Kind.

Alles würde gut.

Blauer Himmel. Acht Menschen saßen im Gras auf bunten Picknickdecken zwischen Speiseresten, schmutzigen Plastiktellern und -bechern, Schüsseln und leeren Flaschen. Sie saßen auf einem Hügel über Wien und blickten herab aufs Häusermeer. Grillen zirpten. Die Distanz zu dem, was da unten war, und dem, was da oben ist, tat ihnen gut. Von ihrer Anhöhe aus wirkte die Stadt, ihre Stadt, plötzlich ganz winzig, lauter kleine Pixel. Sie sahen herunter, schwiegen und es war überhaupt nicht schlimm, dass keiner von ihnen mehr etwas sagte. Es war alles gesagt.

»Was schaut ihr denn da runter? Wir sind doch eh alle heroben!« Peter beendete das große Schweigen, das irgendwie auch etwas Feierliches hatte. »Außerdem haben wir noch gar keine Bilder für Instagram gemacht!« Arnold wieder. Sie hatten tatsächlich vergessen, das schöne Leben heroben zu fotografieren. Stundenlang hatte niemand sein Smartphone gezückt, niemand wollte schnell irgendwas Deppertes googeln – nicht einmal, als es darum ging, wer vor Gedeon Burkhard »Kommissar Rex« gespielt hatte –, niemand musste Mails oder WhatsApp checken oder sich kurz bei Grindr einloggen, um nachzusehen, wer in der Nähe geil war. Sie waren einfach nur da gewesen.

Arnold baute sein iPhone auf dem Picknicktisch auf, positionierte alle, setzte den Selbstauslöser in Gang und hockte sich zu den anderen auf die Picknickdecke. Sie schauten zu, wie der Foto-Timer von Zehn hinunter zählte. Acht. Martin betrachtete die Menschen um sich herum. Lena und Rita, Peter, Steph, Arnold und David, Ben, seine Familie. Sieben. Lena küsste Rita. Fünf. Peter machte Arnold Hasenohren. Drei. Daddys, Mütter und demnächst auch ein Kind. Schön, dann werde ich ja bald doch sowas wie Opa, dachte Martin. Keiner von ihnen nahm eine Selfie-Pose ein, keiner lachte falsch. Zwei. Steph hatte ihren Kopf in Bens Schoß gelegt, die Augen geschlossen und lächelte. Eins.

Martin stutzte. Hatte ihm Ben gerade zugezwinkert?